COORDINADOR:

NACHO FERRER

VIVIR DEL FÚTBOL EN EL EXTRANJERO

Para entrenadores, jugadores y todo tipo de profesionales del Fútbol: ese excelente producto de exportación de la marca España

NACHO FERRER: es Entrenador Nacional de Futbol y Director Deportivo, con más de 25 años de experiencia en el fútbol base español, seis de ellos en la cantera del Real Madrid C.F. Es autor de Goles de color azabache (Salvatella, 2008), El Entrenador de Éxito: cómo obtener el máximo rendimiento de un equipo de fútbol (Wanceulen, 2012) y Fútbol base: 12 temporadas (Wanceulen, 2013). Desde 2016 es Seleccionador Territorial en la Federación de Fútbol de Madrid y profesor de táctica en la Escuela de Entrenadores.

©Copyright: "Autor"
©Copyright: De la presente Edición, Año 2017 WANCEULEN EDITORIAL

Título: VIVIR DEL FÚTBOL EN EL EXTRANJERO
Autor: NACHO FERRER (COORDINADOR)

Editorial: WANCEULEN EDITORIAL
Sello Editorial: WANCEULEN EDITORIAL DEPORTIVA
Colección: WANCEULEN FÚTBOL FORMATIVO

ISBN (PAPEL): 978-84-9993-767-0
ISBN (EBOOK): 978-84-9993-768-7

Impreso en España. 2017.

WANCEULEN S.L.
C/ Cristo del Desamparo y Abandono, 56 - 41006 Sevilla
Dirección web: www.wanceuleneditorial.com y www.wanceulen.com
Email: info@wanceuleneditorial.com

Reservados todos los derechos. Queda prohibido reproducir, almacenar en sistemas de recuperación de la información y transmitir parte alguna de esta publicación, cualquiera que sea el medio empleado (electrónico, mecánico, fotocopia, impresión, grabación, etc), sin el permiso de los titulares de los derechos de propiedad intelectual. Cualquier forma de reproducción, distribución, comunicación pública o transformación de esta obra solo puede ser realizada con la autorización de sus titulares, salvo excepción prevista por la ley. Diríjase a CEDRO (Centro Español de Derechos Reprográficos, www.cedro.org) si necesita fotocopiar o escanear algún fragmento de esta obra.

Agradecimiento especial al Comité de Entrenadores de la Real Federación Española de Fútbol, por su ayuda a la hora de ubicar y contactar a los entrenadores en los diferentes países del mundo.

Si trabajas en el extranjero y no estás localizado por la RFEF, ¡te interesa!

Incorpórate a su base de datos escribiendo un e-mail a pvazquez@rfef.es

Ya estamos preparando un segundo volumen de este libro.

Si echas de menos algún país y quieres hablarnos sobre él, escribe a nachoferrer.spain@gmail.com

ÍNDICE

1. Prólogo (Julen Lopetegui) 9
2. Prólogo (Víctor Orta) 11
3. Introducción (Nacho Ferrer) 13
4. Arabia Saudí (Julián M. Villar-Aragón) 17
5. Armenia (Carlos Luengo) 49
6. Azerbaiyán (Patricia González) 75
7. Canadá (Eric Tenllado) 87
8. China (Guillermo Trama) 111
9. Colombia (Tolo Darder) 131
10. Estados Unidos (Eloísa Borreguero) 145
11. Georgia (Andrés Carrasco) 161
12. Guinea Ecuatorial (Esteban Becker) 183
13. Hong Kong (Xavi Bravo) 205
14. India (Óscar Bruzón y Javier Cabrera) 223
15. Inglaterra (Carlos Antón) 241
16. Kazajistán (Pablo Valenzuela) 265
17. Omán (Juan Ramón López Caro) 281
18. Portugal (Julio Velázquez) 295
19. Suiza (Lorenzo Guerrero) 303
20. Tailandia (Carlos Sánchez) 329
21. Gestión de Selecciones Nacionales Extranjeras
(Antonio Ruiz Vilches) 347

PRÓLOGO

Julen Lopetegui

Me pide Nacho Ferrer un prólogo sobre este libro, que habla de la experiencia internacional del entrenador español.

Creo que puedo aportar mi propia vivencia sobre algo que afortunadamente ha cambiado hace unos años en el fútbol español. De un tiempo a esta parte, el buen hacer de bastantes técnicos en el panorama internacional y el éxito cosechado a diferentes niveles (clubes y selecciones) ha relanzado el valor y la figura del entrenador español, algo que ha permitido que tengamos acceso a diferentes ligas y a distintas culturas futbolísticas.

Particularmente, creo que lo que esa demanda ha buscado es transmitir una manera de ver, de sentir y de entrenar un determinado estilo futbolístico, pero también tengo la certeza que esa experiencia ha dotado al propio entrenador español de prácticas y destrezas que hacen más completo al mismo.

En definitiva, la interacción con culturas y metodologías distintas no puede tener otro resultado que el de la mejora continua y el enriquecimiento del conocimiento propio.

También considero que el hecho de tener que convivir continuamente con idiomas y costumbres diversas hace que abramos nuestra mente a todos los niveles (familiar, profesional y personal), algo que, confieso, personalmente me ha generado y reportado muchísimas cosas positivas.

Hoy en día hay cierta costumbre en acotar mucho determinados estilos o "denominaciones de origen" en la figura del entrenador. Particularmente, pienso que nuestro camino tenemos que hacerlo al revés: abriendo nuestra mente, estando dispuestos a aprender de todos y sabiendo que la verdad absoluta en el fútbol no existe, pero sí la ambición, la perseverancia, la humildad y la determinación para intentar llevar nuestro sueño a cualquier lugar donde el fútbol esté presente.

PRÓLOGO

Víctor Orta

Todos somos conscientes que en el fútbol español ha habido un gran cambio: de ser importador de talento en el pasado, a ser ahora uno de los grandes exportadores del planeta fútbol, obviamente referenciando a los futbolistas como mayoría, pero también entrenadores, preparadores físicos, ojeadores y hasta directores deportivos.

En el análisis de este proceso, desde Mr. Pentland (influyente entrenador inglés en el fútbol español de la década de los 20-30), España ha tenido la humildad de aprender y estudiar todos los modelos y escuelas influyentes del fútbol moderno:

Desde la escuela italiana (Sacchi, Capello, Ranieri, considero también a Herrera...), alemana/austriaca (Merkel, Krauss, Heynckes, Lattek...), argentino/uruguaya (Bilardo, Menotti, Aimar, Esparrago, Cuper, Roque Olsen, Carniglia...), balcánica y Europa del Este (Antic, Daucik, Miljanic...), brasileña (Bumbel...), británica (Toshack, Venables...) y como no, holandesa (Michels, Beenhakker, Cruyff...), y seguro que me olvido de alguno y pido perdón, pero quise ser fiel al primer recuerdo como referencia.

En una España aislada por razones políticas en los 50 y 60 como todos sabemos, en un momento caímos en el error de considerar siempre lo de fuera lo mejor y no solo en el fútbol. Cuántas veces hemos escuchado los tópicos: la tecnología alemana, el gusto francés o el corte inglés, con minúsculas en este caso.

Sin embargo, en los 80 España reaccionó y empezó a generar un modelo propio, basado principalmente en la formación y habiéndose influenciado de todas las fuentes que anteriormente mencioné.

Pero todos sabemos que en el fútbol el paraguas del éxito es la mejor publicidad y, amparados en los títulos de la Selección Española y de los clubes españoles, se ha generado en el exterior una increíble demanda del profesional español de fútbol y una nueva generación muy valiente que no tiene miedo de coger las maletas, porque al fin y al cabo España siempre fue un país inmigrante (gracias papá y mamá por el esfuerzo en Alemania) y ahora también por fin lo somos en el fútbol.

Llega en este momento un desafío que para mí es aún más importante y es el reto de permanecer. Y creo que tenemos que estudiar lo que sucedió en el pasado para conseguirlo. Ha llegado el momento de "desaprender" y de cuestionarnos todo. Desde el "tiki-taka", pasando por la metodología o los modelos de éxito. No estoy diciendo no seguirlos. Al revés, se trata de complementarlos con todo lo que podemos aprender de nuestras experiencias trabajando en el extranjero.

Debemos volver a intentar aprender de lo que tenemos alrededor, porque cuando estás fuera tienes la responsabilidad de representar un poco a tu país y ojalá poder seguir abriendo camino y posibilidades a muchos profesionales que puedan llegar detrás.

Quiero agradecer a Nacho Ferrer el reconocimiento que supone este libro para todos los profesionales que estamos trabajando fuera.

INTRODUCCIÓN

Nacho Ferrer

Durante la última década, y a pesar de las dificultades económicas que ha venido atravesando nuestro país, España ha confirmado su posición en el pelotón de cabeza de diferentes sectores dentro de la economía mundial: la alta velocidad, el transporte aéreo, las energías renovables o la industria textil son algunos de esos mercados en los que destaca positivamente y en los que ha sido capaz de trascender sus fronteras para exportar productos, servicios y conocimiento.

El deporte, y sin duda el fútbol, es también uno de esos ámbitos en los que España aúna el talento, la experiencia y el éxito necesarios para erigirse como punto de referencia internacional. El fútbol español gusta en el mundo por su estética y por sus resultados, y los profesionales de nuestro país se encuentran afortunadamente bajo ese paraguas generalista y son bien valorados, al menos como carta de presentación preliminar.

En 2016, según los datos que maneja el Comité de Entrenadores de la Real Federación Española de Fútbol, cerca de 200 entrenadores y preparadores físicos españoles trabajaron en el extranjero y la página web *Migrantes del Balón* eleva esa cifra en la actualidad a más de 300 (puedes consultar el listado completo en www.migrantesdelbalon.com/buscador-tecnicos).

Sin embargo, emigrar y vivir del fútbol fuera de nuestras fronteras no es coser y cantar. Más allá de las dificultades propias que suponen dejar el entorno más próximo y la adaptación al nuevo, ni la demanda exterior es tan elevada, ni la oferta escasea.

Empezando por la segunda observación (la oferta) los técnicos y futbolistas españoles abundan en número y en calidad. Existen dos factores limitantes principales a la hora de cribarlos en su exposición a un potencial mercado de trabajo internacional. En primer lugar, la autocensura: su propia falta de interés por explorar nuevos horizontes y los duros y resistentes prejuicios. Comparados con otras culturas, los españoles somos poco aventureros y es muy cierto que en nuestro país se vive muy bien. Cuesta salir del nido.

Superado ese obstáculo volitivo, el idioma (¡al menos hay que hablar inglés!) sería un segundo factor limitante y en absoluto banal, aunque subsanable con tiempo y con dedicación.

A pesar de estos dos importantes filtros, la oferta de profesionales españoles relacionados con el fútbol es copiosa y cualificada, por lo que, como en cualquier aspecto de la vida, el éxito suele decantarse del lado de los mejores entre los ya de por sí buenos.

En lo relativo a la demanda exterior, aunque el fútbol 'marca España' goza de una excelente reputación en la mayor parte del globo, no es sencillo ni habitual que una institución deportiva (federación, club o academia) asuma los costes y los riesgos que supone la contratación de personal extranjero.

Sí, existen ofertas de trabajo, y no son pocas, pero no sería realista ni responsable invitar a pensar que ser profesional español de fútbol y tener la voluntad de emigrar garantiza un empleo: hay que buscarlo, rebuscarlo y pelearlo. Lógicamente, cuanto más exigente se es en lo relativo a las condiciones salariales, o selectivo en lo que respecta al país de destino, más complejidad adquiere la empresa migratoria.

Tan nocivo es el pesimismo crónico como el optimismo desmedido. Posiblemente, la visión realista y pragmática sea la más adecuada cuando se trata de acercarnos a cuestiones de tanta relevancia como emprender una nueva carrera profesional y una nueva vida. Con ese propósito nació el proyecto de este libro, cuya finalidad es conocer de primera mano la experiencia y el sentir de compañeros de profesión que tuvieron la valentía y la valía necesarias para comenzar una extraordinaria aventura lejos de casa.

Por fijar una referencia cualquiera, dos simples meses en nuestra rutina diaria, en nuestra zona de confort, pueden tal vez resultar extraordinarios, pero la teoría de la relatividad del emigrante dicta que el valor de esos mismos 60 días empleados en colocar con ilusión los cimientos de una nueva experiencia se multiplica hasta volverse incalculable. Por supuesto, hablamos de una migración voluntaria y en condiciones favorables, en la cual prima la esperanza por encima de la nostalgia.

En el aspecto puramente futbolístico, el profesional español exporta métodos de entrenamiento avanzados, ideas modernas y un estilo de juego vistoso, meticuloso y efectivo. Es contratado para aportar al país de destino algo de lo que éste en teoría carece, pero sin duda supone a la vez una oportunidad personal irrepetible para crecer. Salir fuera implica poner a prueba los conocimientos propios y enriquecerse (si uno se deja) por todo lo que el nuevo entorno posee, en lo futbolístico y en lo extradeportivo.

La mentalidad abierta y humilde no debería faltar nunca en la mochila del viajero. España ha patentado muchas 'best practices' en el mundo del fútbol, pero no por ello deberíamos ignorar que en otros países se hacen unas cuantas cosas (más de las que imaginamos) mejor que aquí y que, si somos inteligentes, podemos aprenderlas e incorporarlas para seguir avanzando.

No en vano, el fútbol español que hoy conocemos y del que presumimos es hijo en parte de los rondos holandeses, del orden táctico italiano o de la periodización táctica portuguesa. No nos vendría mal traernos ahora algo de la ortodoxia estructural de las instituciones de los países anglosajones o recuperar la esencia callejera del fútbol sudamericano o africano, por apuntar un par de ejemplos.

Enhorabuena a todos los que en el pasado se lanzaron a la piscina y son hoy nuestros referentes y nuestros embajadores en el extranjero; ánimo a quienes se encuentran en el proceso de encontrar una oportunidad; y una invitación para todos los demás: los idiomas y la voluntad aventurera no harán sino sumar (en ningún caso restarán) y abrir puertas laborales a quienes ya poseen el talento, la experiencia y el conocimiento.

ARABIA SAUDÍ

Julián M. Villar-Aragón

EL AUTOR

Julián M. Villar-Aragón Expósito nace en la ciudad de Jaén en 1983. Como jugador de fútbol, pasa por todas las categorías del Úbeda CF., hasta que una lesión de rodilla, intervenida en dos ocasiones, le lleva a vivir su pasión por el fútbol desde otra perspectiva. Es Entrenador Nacional de Fútbol UEFA Pro, por la Real Federación Española de Fútbol, con especialidad universitaria en Dirección Deportiva, y experto en Coaching deportivo por la Universidad Camilo José Cela.

Tras dirigir durante cuatro años a distintos equipos de las categorías inferiores del Úbeda CF., se desplaza a Madrid, donde entrena a la RSD Alcalá durante tres temporadas: Tercera División, Play off de ascenso y Segunda División B. Su formación y experiencia continúa in crescendo, entrenando al club convenido del Club Atlético de Madrid, CF Rayo Majadahonda, en juveniles en División de Honor, y al equipo de Tercera División.

En el año 2010, entra a formar parte como técnico de fútbol de la Escuela de Fútbol de la Real Federación Española de Fútbol RFEF. Este período lo inicia como experto en táctica, como profesor especializado en la Real Federación de Fútbol de Madrid RFFM, al igual que colaborando como miembro del Comité de Entrenadores de Fútbol de la RFEF. Ha sido docente también con ponencias y charlas en clubes, escuelas de fútbol y universidades, algunas de ellas de ámbito internacional, y escribiendo artículos publicados en revistas profesionales.

Sorprende su juventud, pero sus cualidades, su preparación, su constancia y su exigencia le conducen a que, tras dos temporadas en la Escuela de Fútbol de la RFEF, en la propia RFEF y en su Fundación Football Schools, le confíen la ardua tarea de crear en Riyadh, Arabia Saudí, la primera escuela de fútbol de la RFEF fuera de España, por encargo del Al Hilal Saudí FC., designado por la Federación Internacional de Historia y Estadística del Fútbol IFFHS como el mejor club de fútbol de Asia.

La modélica labor de Julián durante dos temporadas en la capital saudí para la RFEF, dejando atrás una escuela de fútbol de formación y funcionamiento ejemplares, llevó al Club Atlético de Madrid SAD a ofrecer a Villar-Aragón el cargo de técnico del área de Metodología de la Academia, hasta el segundo equipo, justo en un momento de máximo esplendor para el club rojiblanco, donde cuida y consolida, aplicando y supervisando actualmente su concepto futbolístico, desde el amor y la vocación a su profesión, en el fútbol base de uno de los clubs de la cúpula del fútbol mundial.

EL FÚTBOL EN EL CONTEXTO DEPORTIVO DE ARABIA SAUDÍ

Una de las cosas más curiosas al entrar en el país, nada más llegar, dentro del aeropuerto para pasar el control de pasaporte, es ver cómo te recibe un hombre armado y muy serio al que no entiendes por su lenguaje en árabe… cómo coge tu pasaporte, observa que eres español, te mira seriamente y te pregunta: ¿Madrid o Barcelona? Te quedas algo confuso, pensando ¿se referirá al aeropuerto desde el que salió el avión?, pero cuál fue mi sorpresa cuando al contestarle "Madrid", se sonríe y busca la mirada de algún compañero para nombrar a varias de las estrellas pertenecientes a estos equipos de fútbol. ¡Realmente me estaba preguntando si yo era del Madrid o del Barça!

Esta anécdota dice mucho de lo que significa el fútbol y del alcance mediático que supone el fútbol español para el país, más aún cuando por aquella época recién habíamos conseguido títulos tan importantes con la Selección Española.

El fútbol es una pasión en Arabia Saudí: todo ciudadano, niño o adulto, conoce las mejores ligas, a los jugadores internacionales más representativos y en concreto a los europeos.

La repercusión de este gran deporte llega a cada rincón del país. Resulta habitual ver a niños por la calle con camisetas de sus ídolos, españoles o extranjeros. Bien es cierto que el ciudadano árabe se encuentra algo acomodado en distintos aspectos del día a día y esto se transfiere a la exigencia o el grado de esfuerzo y sacrificio que pueden alcanzar si lo llevamos al plano futbolístico, como jugadores en el terreno de juego o en la práctica deportiva en general.

Al ser un país con un régimen, una legislación y unas costumbres a las que no estamos acostumbrados, con prohibiciones y limitaciones en lo que a ocio se refiere, en Arabia Saudí uno de sus grandes pasatiempos es el fútbol, que sirve de excusa para celebrar reuniones sociales, habituales en casa o en el desierto, en sus jaimas, durante el fin de semana.

Hay que destacar que mi experiencia como entrenador en Arabia Saudí se centra en la capital, Riyadh, cuna del islam y donde más radicalizada se encuentra la práctica de la religión. En Arabia Saudí en general, su cumplimiento es más estricto, en comparación con otros países limítrofes del Middle East.

Entre las prohibiciones, existe un alto porcentaje que repercute a la mujer: no pueden gozar de asistir a los estadios a presenciar un partido de fútbol, ni mezclarse con hombres, no pueden asistir a observar sesiones de entrenamiento en instalaciones o ciudades deportivas libremente, ni siquiera para ver a sus propios hijos practicando deporte. Con mayor razón aún, ellas no pueden disfrutar de jugar o practicar el fútbol de forma abierta o sin estar mal visto por la sociedad.

El fútbol masculino es el deporte principal del país y el que más seguidores acumula, tanto a nivel profesional como aficionado: encontraremos academias de fútbol, competiciones internas en clubes, torneos en colegios y, muy curioso, una enorme cantidad de niños que se agolpan en descampados y explanadas, en los conocidos como "partidos del desierto", donde frecuentemente tratábamos de captar y encontrar algún jugador con talento entre la multitud de niños que se agrupaban alrededor de un balón de fútbol.

En lo referente a otros deportes, en Arabia Saudí se practica de forma habitual el críquet, pero ésta es una preferencia del ciudadano extranjero de bajo nivel económico (hindúes o pakistaníes, sobre todo). En torno al críquet, se observan los domingos o los días festivos grandes concentraciones de personas en parques y explanadas, que lo conciben más como un juego o como una actividad de ocio que como deporte y, menos aún, como una competición.

Habría que mencionar como fenómeno muy popular actividades que permitan experimentar el riesgo al volante y la aventura en el desierto, pilotando todo terrenos o quads. Aunque en España sería algo muy sancionado y controlado, este riesgo lo transfieren a la carretera, a las autopistas y en su circulación habitual al volante, poniendo en riesgo tanto sus vidas como las de los demás vehículos y conductores.

Volviendo al fútbol, a nivel profesional, el jugador árabe se encuentra bastante acomodado, con buen nivel económico y calidad de vida. Son reconocidos dentro del país y cuentan con buenos salarios. Difícilmente estos jugadores pertenecerían a algún club en cualquier liga europea, pues no superarían el listón en cuanto a nivel y rendimiento, pero es que aunque pudieran pertenecer a un club europeo importante, debido a las cifras económicas que manejan en Arabia Saudí, ni les interesaría salir de su zona de confort para desplazarse a otro país, cultura e idioma.

LA ESTRUCTURA Y EL NIVEL DEL FÚTBOL EN ARABIA SAUDÍ

Arabia Saudí dispone de una estructura pobre, si la comparamos con la gran dimensión en cuanto a categorías y organización de las federaciones territoriales españolas y de ámbito nacional.

En el fútbol profesional, empezando por lo más alto, la Liga Saudí, equivalente a la Primera División española, está formada por 14 equipos y realmente podemos contar cuatro o cinco equipos de gran nivel. Podría establecerse una comparación con la Segunda División B en España, en cuanto al nivel y la exigencia profesional.

El siguiente escalón bajo la máxima categoría es la Primera Arabia Saudí, que consta de 16 equipos. A su vez, debajo de ésta, la Segunda Arabia Saudí, formada por dos grupos de 10 equipos cada uno de ellos.

Existe además la Liga Saudí sub 21, formada por 12 equipos.

En el fútbol base, existen pocas competiciones y ligas regidas desde la Federación de Fútbol Saudí para categorías inferiores. Es a partir de los 13 años (infantil de segundo año) cuando un niño puede competir a nivel oficial y federativo.

Pocos equipos compiten en estas ligas de edades más bajas, si tomamos como referencia la magnitud, la dimensión y la extensión geográfica que ofrece el país. Podrían existir más equipos, tanto de escuelas como de academias privadas, pero éstas no pueden inscribirse en competiciones de nivel federativo. Por lo tanto, se organizan competiciones internas y torneos privados para que los niños jueguen y compitan, aunque por supuesto el nivel de exigencia es menor.

En la competición de ámbito federativo, y teniendo en cuenta que no se dispone de muchos equipos, los viajes son frecuentes, se producen grandes desplazamientos, con transporte en avión y noches de alojamiento en hotel, para por ejemplo competiciones de cadetes, con todo lo que ello conlleva. Esto es habitual cuando se pasa de fase dentro de la competición de liga, para continuar jugando contra equipos de otras regiones, dada la magnitud del país. Estas circunstancias implican un trato casi profesional hacia estos jugadores de poca edad.

Es curioso el hecho de que la competición de menor edad establecida por la Federación Saudí de Fútbol es para las edades infantil de segundo año y cadete de primero, un escalón que no existe en España, de forma conjunta. Además, en España desde muy pequeños ya existe una competición oficial regida por las federaciones de fútbol territoriales.

La forma de suplir todo esto es mediante la organización de torneos y campeonatos privados entre academias, escuelas de fútbol más algunos clubes que se suman a estas competiciones.

Arabia Saudí cuenta además con su estructura de selecciones nacionales: un equipo sub 15, otro equipo sub U17, un sub 19, el equipo Olímpico (sub 21) y la Selección Nacional Absoluta.

Las empresas de representación funcionan allí en un ámbito de captación de talento y de asesoramiento a futbolistas en toda la región de Oriente Medio. En este sentido, su trabajo y sus intenciones son similares a las ya conocidas en nuestro continente, dedicando su tiempo simultáneamente a jugadores ya profesionales y a futuras promesas.

Como conclusión en cuanto a nivel y comparativa con el fútbol español, debo decir que para mí fue una grata sorpresa observar a la llegada al país que ciertos jugadores disponían de grandes cualidades técnicas. Todo lo adquirido por ellos había sido en la calle o era innato en muchos de ellos, pero la formación recibida y partiendo desde la más básica en cuanto a conceptos tácticos no era la adecuada, apreciando grandes carencias en este sentido.

Igual sucedía en el apartado condicional: son jugadores que no han desarrollado ni potenciado diferentes cualidades físicas, ya que han obviado ciertos trabajos específicos durante su formación. Por tanto, el futbolista saudí dispone de buenas condiciones técnicas, pero el incompleto método de trabajo bajo el que se ha desarrollado haría imposible su incorporación al fútbol profesional español.

Formar al talento saudí fuera en un país extranjero permitiría aflorar jugadores completos y competitivos. De ser así, puesto que poseen el talento de base, el número de jugadores capacitado y con aptitudes para poder formar parte de clubes de cierto nivel en Europa sería elevado, pero aparecerían de nuevo impedimentos, debido a su cultura, su lengua y sus costumbres, que dificultarían muchísimo su adaptación. Además, hay que destacar de nuevo la poca necesidad que les pueda obligar a abandonar su país.

EL FÚTBOL BASE EN ARABIA SAUDÍ

Los principales clubes en Arabia Saudí son Al Hilal, donde tuvimos la suerte de trabajar y formar parte de su estructura, Al Nassr, Al Shabab, Al Ahli y Al Ittihad. Los tres primeros están ubicados en la capital Riyadh, mientras que los dos últimos se encuentran en Jeddah.

En cuanto a las categorías que forman la base, cuando nosotros nos encontrábamos allí, estaban estructuradas de la siguiente forma;

Empezando desde los más jóvenes, la competición oficial en Arabia Saudí comienza con el sub 15, aunque la edad más temprana a la que comienzan a competir es a los 13 años, que equiparándolo con España sería lo correspondiente a la categoría Infantil de segundo año y Cadete de primero. Estos jugadores más jóvenes compiten y forman parte de plantillas en equipos donde la base son jugadores de 14 años.

El principal impedimento que nosotros nos encontramos a la hora de desarrollar a los jugadores fue la ausencia de competiciones para jugadores menores a 13 años. Como mencionaba anteriormente, la Federación Saudí no organiza ligas por debajo de esta edad, así que pusimos en marcha un protocolo para realizar partidos amistosos en todas las categorías y exponer así a los jugadores a un simulacro de competición.

Como novedad, instauramos nuevas categorías en el club para el que trabajábamos, Al Hilal FC, poniendo en funcionamiento dentro de la estructura del fútbol base, las categorías desde benjamines hasta cadetes de primer año, por entonces inexistentes en una institución profesional de Primera División, el club de mayor repercusión del país y de gran prestigio dentro del Middle East. Los torneos y campeonatos a los que asistieron nuestros pequeños se saldaron con éxito desde el primer año que contaban con nuestra presencia.

Las ligas oficiales de base están constituidas sólo por clubes de primer nivel, sin permitir participar a escuelas de fútbol o academias, a pesar de que algunas de ellas disponen de gran potencial, estructuras y organización bastante buenas.

En nuestra primera temporada, en la competición sub 15 (en ese momento, nacidos en 1998 o después) había que cumplir con una norma, que establecía un cupo de alineación de un mínimo de cinco jugadores del 99. En caso de sustitución, debía mantenerse este cupo.

En nuestra segunda temporada en tierras árabes, se modificó el reglamento y había que alinear a tres jugadores de 2000 en el campo, cuando la edad máxima era nacidos en 1999, algo mucho más lógico y más homogéneo a la hora de confeccionar las plantillas.

Continuando con el resto de competiciones, encontramos la categoría Junior, que es la categoría sub 17, en la cual también existía la regla especial de tener que alinear en cada partido a ciertos jugadores sub 16. Estas normas son establecidas por la estructura de las selecciones nacionales saudíes, en función de lo que quieran observar o del plan que tengan establecido.

Si seguimos avanzando, el siguiente rango sería Youth y las edades que lo integran son la de los jugadores sub 19. Por encima, está la sub 21, conocida como la categoría olímpica.

Muy recientemente, y con posterioridad a nuestro regreso, se ha incorporado como novedad la categoría sub 12. Considero que es un gran paso para el fútbol base de Arabia Saudí. Realmente en su día nos sorprendió bastante que la Federación no estableciera ningún tipo de competición para estas edades. Era asombroso, acostumbrados a observar en España y en muchos países cómo desde benjamín e incluso prebenjamín ya existen equipos federados y compitiendo de manera oficial.

En los clubes, los jugadores no pagan por pertenecer a éstos, no obstante, en escuelas de fútbol y academias sí que los niños deben pagar para formarse y disfrutar de este gran deporte, el fútbol. La mayor ilusión de muchos niños saudíes es convertirse algún día en una estrella del fútbol, tal y como observan a través de los medios de comunicación existentes a día de hoy en nuestras vidas.

Para detectar esa ilusión y ese talento, nosotros pusimos en marcha una red de captación de jugadores para estas edades tempranas, observando jugadores en distintos clubes y academias. Por otro lado, efectuábamos try outs en nuestras instalaciones. Además, y como se ha mencionado en apartados anteriores, también frecuentábamos los conocidos como partidos del desierto, en búsqueda de talento.

Los try outs se realizaban semanalmente, para la continua búsqueda de algún joven talento con posibilidades de incorporación a alguna de nuestras plantillas, porque creíamos que disponían de capacidad y de condiciones para trabajar e incorporarse con nosotros, con el fin de proporcionarle el entrenamiento de mejora que precisaban para alcanzar el nivel de los ya pertenecientes a la estructura de nuestras categorías.

Primero debían pasar estos filtros preliminares, observándolos por separado y evitando incorporar a jugadores nuevos dentro de la dinámica de un equipo ya existente, rompiendo su ritmo y continuidad en la sesión por el desconocimiento de las tareas y por el lógico proceso de adaptación que necesitaban.

Estos grupos de try outs los manteníamos durante la temporada para que de esta forma viéramos la evolución de alguno de ellos que aún no estaban dando un nivel alto, pero que apuntaban buenas maneras. De este modo, si observábamos una progresión positiva, en un futuro inmediato podíamos contar con él. Además, era otra forma más de manejar y controlar un mayor número de jugadores, evitando que se marchasen a otros equipos de la competencia.

Tuvimos la suerte de ser invitados a un torneo fuera del país por Aspire Academy, en Doha, Qatar. Se trata de una academia de fútbol del máximo nivel y con todos los medios a su alcance, tanto humanos como materiales. Nos dimos cuenta de que en un lugar tan próximo a Arabia Saudí había un sitio totalmente profesionalizado con métodos de trabajo muy próximos a los europeos y con personal totalmente cualificado, dando un gran salto de calidad a la práctica de este deporte, a su desarrollo y a la formación de jugadores.

LA FILOSOFÍA DE JUEGO EN ARABIA SAUDÍ

No existe una filosofía de juego concreta que se pueda defina al fútbol saudí. Hay mucha diferencia, lógicamente en función del nivel de cada club y de su presupuesto, en cuanto a juego, estilo y manera de interpretar sus necesidades. La variedad es significativa porque hay equipos que disponen de grandes medios, jugadores de cierta calidad, cuerpos técnicos y métodos de entrenamiento acertados, mientras que, sin movernos de la máxima categoría, hay otros tantos que no pueden permitirse la incorporación de jugadores extranjeros y que por lo tanto se organizan con jugadores y técnicos locales.

Una influencia relevante por supuesto es la generada por el fútbol español, pero es que esta influencia ha dado la vuelta al mundo en los últimos tiempos: el dominio y el control del juego a través de la conservación del balón ha marcado y mucho el mundo del fútbol, pero lógicamente como sabemos no todos los equipos disponen de las características ni del perfil de jugador que reúna las condiciones para establecer este modelo.

Los príncipes, presidentes de los clubes más importantes, por supuesto exigen buenos resultados y un juego determinado, en función de lo que se les antoje, ya que para muchos de ellos esto es un capricho y una forma más de alardear dentro de su estatus.

Como anécdota que sirva de ejemplo ante esta situación, y más reseñable aún al tratarse de un equipo de la categoría cadete: el príncipe de nuestro club nos citó en su palacio debido a que uno de nuestros equipos había conseguido tan solo un empate ante uno de los rivales directos, que es otra entidad de prestigio de Arabia Saudí, presidida también por un príncipe. Éste era un motivo suficiente para tener que acudir ante él para dar una explicación y argumentación de lo que había sucedido.

En cuanto al nivel de comprensión de los jugadores, comunicación en general con los técnicos, componentes de la estructura del club, o del servicio médico, resulta complicado, ya que la primera barrera que nos encontramos es el idioma y, aunque su segunda lengua es el inglés, la mayoría de ellos no la práctica. Esto no sucede en países menos radicalizados, como Qatar o Emiratos Árabes Unidos, en los que sí es común la comunicación en inglés.

Para poder establecer una comunicación eficaz, disponíamos de personal que se dedicaba exclusivamente a ejercer de traductores junto a nosotros, en nuestro día a día, tanto en sesiones de entrenamiento, como en reuniones o charlas, y en la competición y en los desplazamientos. Además, se unían a nuestra vida cotidiana de forma desinteresada, simplemente por agradar y por facilitarnos la estancia en el país.

En la semana de trabajo, adaptábamos cada sesión de entrenamiento y la reflejábamos frecuentemente en animaciones o incluso videos, para facilitar la comprensión de los jugadores, con el objetivo de que el mensaje y la idea de lo que queríamos transmitir calara de una forma más directa, visual, clara y concisa. Era una gran ayuda, debido a que un lenguaje de fútbol más específico tampoco resultaba sencillo de traducir.

La mayoría de los chicos no habla inglés y sólo se podía establecer una conversación en inglés, más o menos eficaz, con uno o dos jugadores aproximadamente por equipo.

Yo terminé dirigiendo las sesiones de entrenamiento mediante instrucciones, mensajes e indicaciones muy simplificadas, directamente en árabe, evitando por tanto la intervención del traductor. Habíamos conocido el vocabulario específico del fútbol tras escuchar los primeros meses una y otra vez la intervención de ellos tras nuestras palabras e indicaciones.

Los puntos y aspectos de mejora están muy bien marcados y totalmente definidos, ya que en una dimensión general no interpretan correctamente el juego y no disponen de una asimilación del mismo a nivel colectivo. Por tanto, no existe en sí una peculiaridad táctica que los defina, pero sí es sencillo identificar las carencias principales y que son fácilmente observables durante la competición, desde su máxima categoría, hasta las inferiores: la falta de formación táctica es evidente.

Existe nivel técnico y calidad individual en muchos casos, pero a nivel táctico tienen un gran margen de mejora, sobre todo en lo referente al juego de posición en la fase ofensiva, además de muchos otros conceptos tácticos defensivos que no han sido trabajados y, por tanto, no han sido asimilados.

Todo esto viene unido a que el proceso metodológico observado no es el idóneo. Si la formación de los técnicos no es la correcta, es normal que la transmisión a los jugadores sea equivocada y, por tanto, que a nivel táctico tengan grandes carencias.

El nivel de exigencia y competitivo de los es muy bajo. Es algo cultural. Hay que estar constantemente encima de ellos para que no se convierta en una relajación absoluta y extrema en sus acciones. Tienden a acomodarse ante el esfuerzo, pero así es generalmente en sus vidas.

No disponen de esa cultura de fútbol a la que estamos acostumbrados en España y en países europeos, donde se parte de una gran disciplina dentro de cada equipo, club y organización, con reglas bastante definidas y establecidas. En Arabia, el rigor no es algo muy estricto y tajante para ellos.

El entrenamiento invisible (descanso, alimentación y demás) no les preocupa demasiado a los jugadores de esta cultura, pero es más porque nunca ha sido un hábito que les hayan inculcado desde pequeños y no les han hecho ver los beneficios que les podría generar.

PECULIARIDADES DEL PAÍS QUE AFECTAN AL FÚTBOL

Algo muy significativo del clima en Arabia Saudí son sus altas temperaturas. En algunas estaciones del año alcanzan los 48 grados al atardecer y a eso se unen la escasez de lluvia durante todo el año y el frecuente ambiente de polvo de arena del desierto cuando el viento sopla y lo cubre todo, ocultando el cielo azul. Cuando la lluvia llega, generalmente propicia destrozos ya que la ciudad, los campos, y los terrenos de juego no están preparados para ella.

Aunque terminas acostumbrándote a esas condiciones climatológicas, las primeras semanas de adaptación no se llevan muy bien: salir a la calle y recibir ese asfixiante aire cálido resulta bastante extraño los primeros días, aun cuando ya ha anochecido. Todos los establecimientos, los recintos cerrados y los centros comerciales utilizan climatización con aire acondicionado a muy baja temperatura, por lo que constantemente existen cambios bruscos entre frío y calor.

Dependiendo de la época del año, existe un muy notable descenso de temperatura entre el día y la noche. La temperatura puede descender hasta 15 grados de repente y sientes la necesidad de abrigarte por tener sensación de frío, cuando a lo mejor aún hay una temperatura ambiental de veintitantos grados centígrados.

Recuerdo cómo en un mismo día salía de casa rumbo a los entrenamientos poniendo el aire acondicionado en el coche, y a su vez regresaba por la tarde, ya sin sol, con la calefacción puesta. Lo bueno de las altas temperaturas es que es un calor seco, al ser Riyadh una ciudad de interior, en medio del desierto. Sin embargo, dentro del país, otras ciudades situadas en la costa son más molestas debido a la humedad.

Es muy habitual en el país, y dentro de la práctica deportiva aún más, encontrar agua embotellada en unos típicos vasos precintados que se utilizan en esos países, alrededor de todo el campo de entrenamiento y en los límites del terreno de juego en partidos de competición, para poder soportar las altas temperaturas y encontrarse constantemente hidratado.

En cuanto a horarios, anochece temprano, alrededor de las 17:00 dependiendo de la estación del año, pero nada que ver con España. También amanece mucho más temprano, a eso de las 5:30 ó 6:00.

En nuestro caso, los horarios de entrenamiento, al igual que en otros muchos clubes y academias, comenzaban a las 15.30h. con los primeros turnos de entrenamiento. Aunque parezca una hora muy temprana e inusual en España, al anochecer tan pronto no es realmente un momento del día en el que el sol incida directamente, ya que se encuentra bajando y está atardeciendo. Nuestro segundo y último turno de entrenamiento se realizaba a las 17:00h. Por supuesto, a los primeros turnos de entrenamiento les afectaba el horario tan precoz, debido a que muchos jugadores llegaban casi recién comidos o lo que es peor, sin haberlo hecho.

Es curioso cómo en la competición los partidos de fútbol base no comienzan a una hora concreta que refleje exactamente el minuto de inicio. En los horarios de partidos, aparece como "después del magrib" o rezo que pertenezca a esa franja horaria.

Una de las peculiaridades más sorprendentes de Arabia Saudí son sus rezos (salates): la vida se paraliza cinco veces al día (alba, mediodía, tarde, ocaso y noche), siete días a la semana, 365 días al año, para cumplir con sus costumbres y obligaciones religiosas.

Los musulmanes deberían rezar cinco veces al día según las instrucciones de su doctrina religiosa y constituye uno de los Cinco Pilares del Islam. Las mezquitas llaman a los fieles a rezar, antes a voz en grito, ahora con altavoces y cds. En Arabia Saudí, además, todos los comercios cierran por ley y la gente deja de trabajar para ir a la mezquita o para rezar allí donde se encuentre.

El horario de los rezos varía cada día, pues se ajustan a la posición del sol, con lo que nunca terminas de aprenderlos. Como a todo, terminas adaptándote y para ayudarte a controlar esta rutina, acabas descargando una aplicación para conocer exactamente el horario del rezo y así poder planificar las sesiones de entrenamiento, horarios de partido y demás quehaceres diarios.

Previamente al rezo y tras la llamada, todos acuden rápidamente para lavarse cara, manos y pies, antes de realizar el rezo en grupo, formando grandes hileras, orientados hacia la Meca, con uno de ellos siempre dirigiendo esta oración colectiva del islam, llamado imam.

Todo esto implica el empleo de un tiempo bastante amplio cada día, así que de nuevo hay que estar encima de ellos para que los tiempos ya de por sí extensos, no se excedan aún más y continuar por ejemplo con la sesión de entrenamiento. Había días en las que según el momento de la temporada realizábamos el calentamiento para posteriormente tener que interrumpir la sesión y rezar, volviendo a incorporarse a la misma con posterioridad, pero debiendo hacer otra pequeña activación previa al inicio de cualquier tarea.

Y había otros momentos en los que el rezo coincidía con la parte final de la sesión, por lo que ya había que regresar y continuar para tan solo 10 minutos de sesión. Nosotros nos limitábamos a esperar y observar, los primeros días con cierto asombro.

Por otro lado, es habitual en el estilo de vida árabe tomar el té o el café árabe constantemente. Es curioso y sirve como ejemplo, el hecho de que cuando asistíamos a los partidos de fútbol, profesional o aficionado, continuamente te los ofrecían y servían. La temperatura ambiental rondaba los 40 y tantos grados, hacía un calor asfixiante, y te estaban sirviendo una bebida muy muy caliente, cuando lo que verdaderamente apetecía era tomar algo frío y refrescante.

Para el público en general, el precio de las entradas es asequible para poder asistir a partidos de la máxima categoría: 5 euros aproximadamente, haciendo el cambio de moneda. La divisa oficial saudí es el riyal, aproximadamente un euro equivale a 5 riyales, al menos en la época en la que estuvimos allí.

MÉTODOS DE ENTRENAMIENTO EN ARABIA SAUDÍ

No encontramos realmente tendencias locales en cuanto a metodología de entrenamiento. Hubo una gran influencia que en nuestra etapa allí aún se podía apreciar: observamos en ciertos equipos y clubes métodos de entrenamiento tradicionales, rudimentarios y obsoletos. Se trataba de la herencia de una serie de entrenadores brasileños que concurrieron en décadas anteriores en el país.

El método analítico era el habitual, asilando cada uno de los aspectos: técnico, táctico, y condicional. El uso del método global era muy escaso y las tareas que podíamos ver en general eran totalmente aisladas del contexto del juego y de su ciclo.

En cuanto al apartado condicional, lo común era encontrar de forma independiente y aislada el trabajo físico que se realizaba, separando la parte condicional de la técnico-táctica.

En cualquier caso, la tendencia local era totalmente descontextualizada, tanto en el apartado condicional como en el técnico-táctico. Los clubes o equipos en los que se podía observar un mínimo rigor y un método cercano al modelo europeo por supuesto contaban con la presencia de entrenadores extranjeros, con cierto nivel y experiencia en clubes importantes, y por ello dejaban su sello, estilo y metodología.

Si llevamos todo lo anterior al análisis del uso de la tecnología, de nuevo damos un paso atrás en cuanto a los avances que a día de hoy utilizan muchos clubes e incluso equipos modestos en España o en el fútbol europeo.

No se utilizaban programas informáticos, ni ningún tipo de software de entrenamiento que facilitara algún dato, registro o estadística. Como conocemos, en el mercado existen multitud de ellos actualmente.

Simplemente algo básico como la ayuda del vídeo como herramienta, para análisis de situaciones de juego, tanto propias como de rivales, o la utilización del mismo para el análisis de las propias sesiones de entrenamiento o comportamientos tácticos en las tareas para mostrar a los jugadores, corregir o reforzar distintas situaciones era algo inexistente. Por supuesto, nosotros comenzamos a grabar partidos para analizar conductas junto a los futbolistas, en lo relacionado con la competición, y a grabar ciertas sesiones de entrenamiento específicas.

El nivel y la formación del entrenador nativo no son muy altos. No disponen de suficiente capacidad ni de recursos suficientes para poder desarrollar sesiones de entrenamiento y manejar las variables del mismo. En nuestro club, nos veíamos obligados a tener un contacto permanente para cualquier aspecto, puesto que sin nuestra ayuda o soporte no eran capaces de planificar, diseñar y desarrollar las sesiones de entrenamiento. Poco a poco, todo fue mejorando y fueron asimilando nuestro método.

El entrenador saudí está totalmente abierto a recibir formación, siempre y cuando sean tratados con el debido respeto, cercanía y empatizando con cada uno de ellos. Si normalmente el aspecto humano es importante, aquí cobra aún más relevancia: tiene un papel capital, debido sobre todo a la barrera del idioma. Hay que hacerles sentir cómodos. Ellos se mostraban enormemente agradecidos por recibir formación, ayuda y colaboración en el desarrollo de su trabajo. Aprendían a la par que iban sacando el trabajo diario. El trato con las personas y el valor humano es algo que valoro por encima de todo.

En nuestro caso concreto, dentro del club, establecimos nuestra metodología y planificación técnico-táctica y condicional.

En una primera fase, entregábamos las tareas ajustadas a los contenidos y los objetivos que había que trabajar, en función de nuestra planificación. Se realizaba la explicación a cada técnico, a la vez que dábamos apoyo y soporte junto a cada cuerpo técnico en la ejecución de la sesión, junto a ellos en el campo, interviniendo durante la dinámica si era necesario.

En la segunda fase, cada cuerpo técnico diseñaba las tareas de entrenamiento en función de la planificación correspondiente, de acuerdo con el momento de la temporada. Nosotros supervisábamos ese diseño. Cada día, una hora antes del comienzo de la sesión, nos reuníamos con el entrenador y por supuesto con el traductor asignado a ese equipo, con el objetivo de comentar la sesión en cuanto a los aspectos más relevantes o para proponer alguna modificación metodológica que se adaptara mejor a las necesidades y características del equipo. Les facilitábamos variantes de sus ejercicios, progresiones metodológicas a las tareas y puntos que considerábamos clave para dar continuidad a la sesión de entrenamiento.

En la tercera fase, coincidiendo con la etapa final de la temporada, los entrenadores ya disponían de una amplia batería de ejercicios y de tareas realizadas durante la temporada, adaptadas a unos contenidos y objetivos, en función de los comportamientos técnico-tácticos sobre los que se quería incidir. Por lo tanto, ya disponían de cierta formación y de suficientes conceptos, lo cual les capacitaba para desarrollar, planificar y diseñar sus propias sesiones de entrenamiento. Entonces, dimos una mayor libertad y los técnicos no estaban tan dirigidos.

Por otro lado, observamos un déficit general de nuestros jugadores en cuanto a coordinación y técnica de carrera, sobre todo en la edad más temprana, así que para ellos realizábamos un trabajo específico de aproximadamente unos 20 minutos previos a la sesión de entrenamiento. El objetivo era mejorar este aspecto, que consideramos fundamental para el desarrollo de la práctica deportiva y en concreto del fútbol.

INFRAESTRUCTURAS Y MEDIOS DE ENTRENAMIENTO Y DE TRABAJO

Resultó realmente curioso observar cómo en un país en el que el fútbol significa tanto, un gran número de campos de entrenamiento no disponían de las medidas reglamentarias de competición. Y no sólo en cuanto al terreno de juego, ya que a veces hasta las medidas de las porterías no eran las correctas. Esto dice mucho en verdad de cómo funciona el mundo árabe. Por supuesto, en competición oficial si que estaba todo reglado correctamente y estas sorpresas nos las llevábamos cuando asistíamos a torneos o partidos amistosos que ofrecían otros clubes o academias.

Durante nuestra estancia, dispusimos de todos los medios necesarios para la práctica del fútbol, aunque es cierto que determinados materiales que nosotros considerábamos básicos hubo que solicitarlos de forma expresa, porque el club no disponía de ellos.

Hay que destacar que la palabra "Insallah" siempre está presente (Si Dios quiere). Es un término recurrente y al que se agarran cuando no tienen la total certeza de si lo podrán conseguir o no.

Como anécdota, ante la espera prolongada de vallas de salto, tuvimos que ser proactivos y crearlas nosotros mismos a través de tubos de fontanería, de manera rudimentaria y con la ayuda de los utilleros. Lo mismo ocurrió con las porterías pequeñas: las hicimos con el mismo material. Esto es algo que, solo por imagen, no sucedería en España, tratándose de un club de gran nombre y prestigio.

A partir de ahí, luego había sorpresas. Podíamos estar esperando durante varios meses algo que habíamos solicitado y luego recibir algo totalmente opuesto. O directamente que llegara una partida de material de forma inexplicable y sin haberlo solicitado, como por ejemplo nuevas equipaciones de entrenamiento para los distintos equipos o más balones, cuando la necesidad prioritaria era otra en ese momento.

Si ocurría esto ante problemas de fácil solución, es fácil imaginar lo que suponía aspirar a disponer de tecnología más avanzada, que pudiéramos utilizar en sesiones de entrenamiento o en la competición: era algo completamente inasequible.

Así que, en resumen, Arabia Saudí se encuentra en verdad un gran escalón por debajo de nuestra forma de entender y profesionalizar el fútbol, sobre todo en edades tempranas.

Sólo mediante la incorporación de técnicos o de personal cualificado, que tome decisiones por encima de ellos podrán evolucionar hacia unas estructuras profesionales.

Bien es cierto que nos acondicionaron una gran sala de oficinas recién creada, que contaba con todo el material necesario, mobiliario, ordenadores, impresoras, climatización o sillones para visitas y reuniones, todo para estrenar.

En lo relativo a la formación del entrenador saudí o de cualquier integrante de un cuerpo técnico, ésta era muy escasa. En nuestro club, nos encontramos concretamente con la dificultad que suponía el hecho de que los entrenadores saudíes que pertenecían a nuestra estructura no tenían la capacidad ni la formación para organizar, diseñar o editar las tareas de entrenamiento mediante alguna aplicación, herramienta informática o programa básico. Fue complicado, pero poco a poco fuimos consiguiendo que planificaran previamente la sesión y que quedara registrada de forma digital. No existía en absoluto este hábito o rutina y todo era sobre papel y bolígrafo, basándose principalmente en la improvisación.

No existe una cultura de disciplina ni de responsabilidad mínimas, tal y como la entendemos en el fútbol de países europeos. Ellos son más flexibles y dan menos importancia a los pequeños detalles, siendo menos estrictos. Todo esto se transfiere a los momentos previos, posteriores e in situ, de las sesiones de entrenamiento o de la competición.

Por mencionar casos concretos y contemplando en este aspecto tanto a técnicos como a jugadores, suelen llegan tarde sin dar importancia a lo sucedido, se pierde demasiado tiempo en los rezos que suelen coincidir con la sesión de entrenamiento (va variando su horario durante la temporada, en función del sol) y, en caso de que haya que hidratarse y hacer una pausa debido a las altas temperaturas para beber agua, es habitual sentarse y ponerse a charlar, sin prisa alguna.

Juntando todos estos detalles, el tiempo efectivo de la sesión no era óptimo. Había que sumar el hecho de que no se preparaba previamente el material, no se organizaban las distintas zonas de trabajo y los equipos o grupos de jugadores para posteriores tareas no estaban preestablecidos. Además, las explicaciones e instrucciones previas a las tareas no eran claras y concisas, con la dificultad añadida de transmitir los objetivos que se pretendía conseguir. Este contexto fue mejorando progresivamente, creando una cultura que otorgaba una una mayor importancia a los detalles, que eran los que nos hicieron crecer y evolucionar, para ser mucho más profesionales.

Echando la vista atrás, la figura del traductor durante cada entrenamiento, charla o partido resultó fundamental, así como su capacidad para transmitir correctamente el mensaje, incidiendo y motivando con la misma intensidad que tú quieres aplicar en cada momento. Pero, como suele pasar con el estilo de vida árabe, ellos son muy tranquilos y hay que esforzarse continuamente para que se activen.

En cuanto a las personas integrantes de los cuerpos técnicos, éstos se encontraban formados generalmente por un primer entrenador y por un ayudante. La figura del preparador físico era inexistente hasta la categoría cadete. Además, había dos entrenadores de porteros y cada uno de ellos se encargaba de un turno de entrenamiento, repartiéndose por tanto a los diversos porteros de los equipos que formaban nuestra estructura.

Los equipos profesionales saudíes por supuesto cuenta con cada figura y componente del cuerpo técnico al completo.

CONTEXTO LABORAL PARA POTENCIALES INMIGRANTES ESPAÑOLES

La demanda de profesionales extranjeros depende, en un alto porcentaje, de las preferencias de los príncipes, muchos de ellos presidentes de los clubes. Se dejan guiar por corrientes mediáticas de otros países, caprichos o simplemente impulsos motivados por alguna otra cuestión. Los grandes triunfos de la selección española en estos últimos años por supuesto fueron un gran aliciente para que nos incorporaran en su estructura dentro del club.

Es cierto que están preocupados por actualizarse y por evolucionar, y en estos objetivos se inscribe la incorporación de entrenadores que puedan aportar novedades, formación y capacidad para conseguir lograr un gran cambio en los clubes, equipos o academias, que a su vez puedan impulsar, motivar y crear ilusión, cerrando el círculo y generando un cambio positivo.

Sin la ayuda y la contratación de profesionales cualificados resultará muy complicado que mejore la organización en este país. El nivel formativo que nosotros observamos, en cuanto a aspectos metodológicos y funcionamiento, estaba bastante alejado de lo habitual en cualquier estructura profesional. Este cambio debe ser, y en nuestro caso fue, progresivo. Poco a poco se consigue encauzar y seguir una línea de trabajo, al menos así ocurrió en nuestro club.

España se encuentra a la cabeza en cuanto a formación, metodología y propuesta de entrenamiento. Es por ello que el entrenador español tiene un gran prestigio fuera de nuestro país y existe demanda de este perfil profesional en muchos lugares del mundo.

En general, el modelo europeo es la única vía de cambio en la mentalidad de los clubes y equipos de estos países, ya que por sí solos no son capaces de perpetuar y consolidar una estructura profesional.

Como es lógico, y como creo que sucede en cualquier parte del mundo, en cuestiones de salario existe una gran diferencia entre un puesto de trabajo en fútbol base y otro en fútbol profesional. Al menos, eso sucede en Europa y lo vivido en Arabia Saudí es totalmente similar.

Los salarios en el país para técnicos de categorías inferiores son una base o ayuda, pero éstos no son suficientes en absoluto para que la actividad deportiva pueda ser el único trabajo, aunque es cierto que son cantidades o cifras más altas que en España. Además, para los técnicos extranjeros las cantidades son muchísimo más abultadas y diferenciadas, respecto a la de los técnicos saudíes, hablaríamos de cifras que por supuesto en España no se alcanzarían en ningún club en la base.

Hay que hacer una especial mención y se debe tener mucho cuidado con el tema económico, pues hay que asegurar de alguna forma y bastante bien los pagos y mensualidades. Este tema es delicado y suceden con frecuencia casos y situaciones desagradables que incumben a entrenadores extranjeros, que no son debidamente tratados y deben permanecer en el país varios meses esperando su salario. Incluso, en ocasiones, el pago nunca llega y el damnificado vuelve a casa en esas desagradables circunstancias, tras haber aguantado en el país un tiempo más, esperando con ilusión el momento del pago pendiente, continuando con su trabajo diariamente y creyendo en la palabra de los responsables de su club. Es un tema complicado, pero hay que valorar y conocer esta situación para no caer en ella y estar precavido.

Como decíamos, las expectativas que un entrenador puede tener si se traslada a Arabia Saudí, dependerán básicamente de si se incorpora al mundo profesional o a la base. Además, y sobre todo, del club en el que vaya a trabajar. Las entidades más importantes, mencionados en capítulos anteriores, ofrecen algo más de estabilidad, disponen de mayores medios y son más poderosos económicamente para solventar situaciones adversas.

Como en cualquier parte del mundo, el fútbol saudí ofrece poca estabilidad, pero en este país se acentúa aún más, dado que, tal y como mencionaba anteriormente, los príncipes, dueños de los clubes hacen y deshacen sin miramiento alguno, a su antojo y según sus caprichos.

Más allá del tema monetario, tras vivir una experiencia en el extranjero, regresas a tu país de origen verdaderamente enriquecido por la cantidad de situaciones y de aprendizaje constante en todos los sentidos. Realmente esto reconforta, además de que se regresa con un mayor prestigio tras una vivencia en otro país, pues la aportación es muy grande si se quiere seguir creciendo a nivel deportivo.

En cuanto a las condiciones laborales no salariales, lo que ofrecen normalmente es vivienda. Este punto es muy importante porque en este país la recomendación para cualquier occidental es vivir en un compound, que son recintos fuertemente vigilados por militares armados en los que viven los ciudadanos occidentales. Allí dispones de todas las facilidades: wifi, limpieza y servicios. Acondicionados y equipados, se trata de complejos que facilitan mucho la estancia: tienes piscina, restaurantes, gimnasio, pistas deportivas, salas de reuniones y audiovisuales, supermercado y algunos cuentan hasta con un cine. Es el mejor modo de llevar una vida lo más similar a la que acostumbramos, aislados por completo de la cultura y las restricciones del mundo árabe.

Por otro lado, en la negociación de condiciones no hay que olvidar tratar el tema del vehículo propio, que te permite moverte y desplazarte a diario. La gasolina en el país es muy muy barata.

Otro aspecto importante son los posibles vuelos de ida y vuelta a lo largo de la temporada, incluidos en el contrato. A nosotros, como información y orientación, nos facilitaron tres vuelos de ida y vuelta al año, a cargo totalmente del club.

CONTEXTO LEGISLATIVO PARA LA CONTRATACIÓN DE TRABAJADORES ESPAÑOLES

En cualquier ámbito, modalidad o trabajo, Arabia Saudí necesita incorporar profesionales, empezando por los más cualificados, como los del sector de la medicina, la ingeniería, la arquitectura o la aeronáutica.

La principal barrera para acceder al país es la falta de información y de transparencia que percibe el trabajador cuando se plantea la posibilidad de emigrar: se trata de un país en el que no está permitido el turismo y que no deja de ser bastante desconocido. Además, la información es escasa y, la que existe, es preocupante.

Riyadh nada tiene que ver con otros destinos, como Dubai (u otro Emirato en E.A.U.) o Doha (Qatar). No se trata de un lugar predilecto para un emigrante occidental, comparado con otros lugares de la zona de Middle East, y está claro que el motivo de trasladarse allí debe ser una muy buena oferta de trabajo.

Acceder al país sólo es posible si se dispone de un visado de trabajo, cuya concesión implica largos y dificultosos trámites:

En primer lugar, es necesario obtener una invitación por parte del club o sponsor, para posteriormente solicitar el visado en la Embajada, adjuntando diversa documentación. Existen diferencias según qué tipo de permiso se solicite: por ejemplo, depende de si se trata de un visado simple o de uno múltiple, que sirve para entrar y salir del país sin problemas, ni tener que repetir el proceso de invitación y de nuevo la tramitación de documentos en la embajada.

En diversas ocasiones, y hasta conseguir nuestro Iqama (tarjeta de residencia para extranjeros), contratábamos el servicio de agencias y de personas encargadas de los trámites que facilitan este proceso y lo conocen mejor.

Arabia Saudí expide visados de negocio y de trabajo, de visita para familiares cercanos y de tránsito y visitas religiosas. para musulmanes.

Todos los visados deben obtenerse antes de la llegada. No se expiden en aeropuertos, puertos o fronteras terrestres, sino sólo en la Embajada o en Consulados Generales de Arabia Saudí. Requieren un sponsor y el proceso para su obtención puede durar varias semanas, por lo que se recomienda realizar la solicitud con suficiente antelación.

Las autoridades saudíes son extremadamente estrictas en materia de visados, por lo que toda persona que desee viajar a Arabia Saudí debe comprobar con anterioridad a su viaje que posee un visado válido para todo el período de su estancia. En este sentido, el departamento de aduanas no acepta la extensión de validez de un visado anterior. También se debe contar con un pasaporte con una validez superior a seis meses desde la fecha prevista de entrada en Arabia Saudí.

La sección de pasaportes de los aeropuertos saudíes es totalmente competente para denegar la entrada al país de cualquier pasajero, si así lo estima conveniente, incluso si el extranjero está en posesión de toda la documentación en regla.

Asimismo, es importante señalar que abandonar el país sólo es posible si se dispone del Exit Visa, que requiere un nuevo trámite. La salida del país queda bloqueada por las autoridades saudíes durante la tramitación de la tarjeta de residencia (*Iqama*), por lo que se aconseja a los residentes españoles que, antes de salir del país, comprueben con su empleador (*sponsor*) que tienen toda la documentación en regla.

Dado que es el empleador (*sponsor*) el competente para solicitar el *Exit Visa* o el E*xit/Reentry Visa* en el Ministerio del Interior, se podría dar la circunstancia de que bloqueara la salida de los ciudadanos involucrados en disputas laborales o procesos judiciales hasta que los mismos sean resueltos.

Al tratarse de una relación laboral entre partes privadas, y siendo las autoridades saudíes las competentes para la emisión del visado de salida, la Embajada de España no puede hacerse cargo de que los españoles que deseen abandonar el país puedan hacerlo si no tienen toda su documentación en regla.

Asimismo, la Embajada de España no puede intervenir en caso de violaciones de la normativa de inmigración saudí, por lo que se recomienda que, ante cualquier duda respecto al periodo de validez del visado, se contacte con las autoridades migratorias saudíes o con la Embajada saudí en Madrid antes de viajar. En este sentido, un error habitual es la confusión entre la validez del visado y la duración de la estancia permitida. Además, debe tenerse en cuenta que las fechas se calculan de acuerdo al calendario árabe.

Como información adicional, los ciudadanos españoles residentes en Arabia Saudí, deben inscribirse en el Registro de Matrícula Consular de esta Embajada para así causar alta en el padrón de españoles residentes en el extranjero. Los mayores de edad, además, causarán alta en el censo electoral de residentes ausentes.

UNA HISTORIA REAL: JULIÁN M. VILLAR-ARAGÓN EN ARABIA SAUDÍ

Aún recuerdo la llamada que me ofrecía la oportunidad de pertenecer a un proyecto deportivo interesante, de la mano de la RFEF y de un prestigioso club de Arabia Saudí: Al Hilal S, FC. En esa misma llamada se dijeron que sería una oportunidad que me cambiaría la vida. Y bien cierto es que a partir de ese momento y del instante en que devolví la llamada para aceptar la oferta todo cambió, vaya que si cambió. Son esas decisiones y caminos que la vida te ofrece y que te abren totalmente a nuevas oportunidades y retos.

Llegó el día de partir: nos esperaba un jet privado para iniciar el viaje, todo era sorprendente a la vez que cargado de incertidumbre por no saber que nos depararía.

La mayor preocupación por entonces era desprenderse de la familia y de la que a día de hoy es mi mujer. Sabes que la distancia será una gran dificultad, que te separas también de tus amigos, y que solo podrás volver a verlos en fechas señaladas, cuando regreses por vacaciones a España.

En Arabia Saudí sólo puedes recibir visitas por motivos bien definidos, por trabajo o por parte de familiares directos. De no ser así, no tendrás la compañía de nadie en un lugar tan lejano. Paradójicamente, Arabia Saudí es uno de esos lugares a los que no puedes viajar para hacer turismo.

Yo iba bien mentalizado de que iría a hacer lo que más me gusta, que es entrenar y llevar una vida tranquila, lo más profesional posible, sin olvidar que la información recibida por parte del gobierno para conocer sus leyes y costumbres daba algo de miedo y mucho respeto.

Las primeras semanas fueron de ensueño. Nos pidieron que no nos acostumbráramos a ellas, que las disfrutásemos, pero que fuéramos conscientes de que no eran la realidad, pues posteriormente volveríamos a una vida cómoda, pero cercana a la normalidad, sin ningún tipo de lujo.

Era una visión totalmente atípica, en la que disponíamos de chófer propio, nos instalábamos en hoteles de súper lujo, nos llevaban a grandes actos y presentaciones ante los medios, comidas, cenas y visitas a los príncipes.

La segunda fase, incluida la llegada al compound, fue para mí un gran choque, sobre todo al observar el giro brutal de la situación y al asimilar que realmente era ahí donde nos quedábamos definitivamente para afrontar un largo periodo de tiempo en nuestras vidas. Nos encontrábamos rodeados por el desierto, cerca de la ciudad, pero fuera de la urbe.

Todo fue cuestión de tiempo, ya que una vez adaptados y entrados en dinámica, disponíamos de todas las comodidades y facilidades para encontrarnos en un ambiente agradable, instalados en nuestras casas, contando con gimnasio, piscina, pistas deportivas, supermercado, restaurante… teníamos vehículo propio para gozar de una independencia y libertad totales para desplazarnos dentro del complejo.

Comenzaron los entrenamientos: 48 grados y cientos de jugadores esperan impacientes la llegada de los técnicos de la RFEF a la espera de demostrar sus habilidades, con la ilusión de pertenecer conseguir el sueño de entrar en un gran club y en una estructura profesional.

Los primeros pasos de la escuela fueron los más complicados, ya que nos enfrentábamos a la implantación de todas las categorías, desde benjamines a cadetes de primer año, algo que hasta la fecha ningún club del país había hecho. Rápidamente tuvimos que aprender a manejar el calendario árabe (escritura y numeración), con el fin de calcular con exactitud la edad de los jugadores y clasificarlos en función de ellas.

En octubre, todos los equipos estaban formados y los horarios de entrenamiento, perfectamente estructurados, los jugadores venían uniformados y contábamos con una planificación de objetivos y contenidos. Empezaba ahora el trabajo de formar y desarrollar a los jugadores.

Poco a poco, los técnicos locales y los jugadores fueron entendiendo la metodología de trabajo y mejoramos las plantillas gracias a la incorporación de nuevos jugadores que íbamos descubriendo en partidos amistosos y torneos. Este proceso tuvo lugar con éxito gracias a la buena comunicación que hubo y a la colaboración recíproca entre los técnicos de la RFEF y el personal de Al Hilal.

Pienso que en cualquier proyecto en el extranjero resulta fundamental adaptar las pautas metodológicas a las necesidades del lugar, por lo que es imprescindible contar con la opinión de técnicos locales.

La vida diaria era de casa al trabajo y del trabajo a casa. Total calma y tranquilidad, por lo tanto. Vivíamos aislados del mundo árabe, pero gracias a la cercanía que mostraban los entrenadores locales y los traductores tuvimos la oportunidad de adaptarnos más rápidamente al nuevo país, a la nueva cultura y a la vida árabe en general. Nuestro entorno se mostró siempre muy hospitalario y agradecido por cada mínimo detalle que tuvimos con ellos.

En cuanto a los fines de semana, éstos no coinciden con los días a los que acostumbramos en España: viernes y sábado son los días correspondientes al fin de semana en Arabia Saudí, comenzando por tanto la semana los domingos.

La costumbre social en el tiempo libre es la de reunirse y charlar distendidamente acerca de diversos temas de actualidad. Con este fin, las casas disponen de varios salones, donde hombres, amigos, mujeres y familiares, de forma independiente, toman té y café árabe en compañía.

Durante los días de descanso, solíamos aprovechar para aceptar las invitaciones de visita a los hogares de los compañeros locales o para celebrar reuniones en las casas de los occidentales. También visitamos el desierto junto con otros españoles que trabajaban en otras actividades dentro del país. En general, intentábamos aprovechar la oportunidad que nos daban al recibirnos con los brazos abiertos para conocer el mundo y la cultura árabes: comer con las manos, sentados en el suelo, acudir a sus típicas granjas o estar rodeados de camellos era algo que ya no nos sorprendía.

CONSEJOS PARA EL EMIGRANTE NOVATO

Personalmente, para mí fue una gran experiencia y una oportunidad enorme conocer otro país, otra cultura, otras costumbres y hacer nuevos amigos. Todas y cada una de las vivencias y anécdotas las tendré grabadas por siempre a fuego en mi mente.

Fueron dos temporadas que jamás olvidaré y que actualmente sigo recordando frecuentemente.

Existe mucha información no precisamente positiva respecto a la cultura y al mundo árabes que de verdad te hace dudar del lugar al que te diriges. Como ocurre muchas veces, entre los prejuicios y la realidad hay una gran distancia.

Lo que puedes leer del país desde fuera suele ser negativo, pero una vez te encuentras allí descubres cientos de cosas desconocidas y que son bastante buenas. Sin duda, existen demasiados mitos acerca de este país y esta cultura que no son ciertos o al menos no son tan extremos como se venden.

La hospitalidad con la que te reciben y el trato diario que dispensan una vez te ganas su confianza son dignos de enmarcar, ya sea en el trabajo, en sus casas o en cualquier lugar o momento junto a ellos.

Una frase que un compañero y amigo nos enseñó define muy bien al país: "Arabia Saudí es como la Luna, pagarías por conocerla, pero nunca vivirías en ella".

Como patrón de vida, en Arabia es importante tener suficiente tranquilidad y no caer en la desesperación de la urgencia, de la necesidad o la prisa por conseguir las cosas a corto plazo, recordando que "Insallah" será la palabra más escuchada a lo largo del día y en cualquier contexto.

Hay que hacerse a sus tiempos y tener paciencia en la medida de lo posible, aceptando cómo son y no tratar de cambiarles, respetando siempre su cultura y costumbres.

Durante la negociación del contrato de trabajo, sí haría mucho hincapié en que quien se desplace hasta allí asegure muy bien las cantidades estipuladas y los pagos. Debe existir cierta seguridad y una mínima garantía de pago antes de viajar y encontrarte en un lugar desconocido.

Nosotros tuvimos la gran fortuna de encontrarnos respaldados por la RFEF, que se hacía cargo de nosotros, pero con frecuencia y habitualmente veíamos cómo compañeros entrenadores de fútbol en otros clubes y equipos debían abandonar el país, debido a que no habían recibido aún ninguna mensualidad, cuando ya había transcurrido un largo periodo de la temporada.

Particularmente, a nosotros en alguna ocasión se nos amenazó con echarnos de nuestras casas y se nos informó de que debíamos desalojarlas si no se realizaban los correspondientes pagos. Resultaba que el Club, encargado de pagar el alquiler, no estaba respondiendo a las mensualidades.

Cualquier entrenador que decida trabajar en este país debe asegurarse de que el contrato refleje diversos puntos importantes: un número de vuelos de ida y vuelta a lo largo de la temporada, vehículo propio con todo bien reglamentado para poder desplazarse libremente y alojamiento en función de lo acordado (pero por supuesto y en la medida de lo posible siempre optar por un compound).

Además, resulta básico disponer de un traductor que facilite la labor mediante traducción al árabe, ya sea desde el español o desde el inglés, y todo esto por supuesto por cuenta del club que te contrate.

Por otro lado, y para adaptarse rápidamente a los horarios de sus rezos, resulta de gran ayuda disponer de una aplicación que facilite e informe acerca del horario de los mismos, para que éstos no intercedan en el día a día y poder organizar, tanto la vida personal, como la deportiva y profesional, ya que cada rezo paraliza la actividad.

El hecho de que la ciudad se detenga no implica que todo el mundo se ponga a rezar. A los no musulmanes no se les obliga a hacerlo, pero todos los saudíes están obligados a ello, en teoría. Algunas excepciones se aplican: encontrarse de viaje (en este caso se acumula para rezar más tarde todo lo perdido) o tener la menstruación.

El control del rezo es competencia de la policía religiosa saudí, la Mutawa, conocida en términos oficiales como la "Comisión para la promoción de la virtud y la prevención del vicio", obligando a la gente que ven por la calle a ir a la mezquita durante el rezo.

Entre otras funciones de la Mutawa figura la persecución del consumo y venta de alcohol, la segregación de sexos o el cierre comercial durante las horas de oración.

Como novatos, las primeras semanas el rezo muchas veces nos pilló dentro del supermercado, justo antes de ir a pagar. En estos casos, no te dejan salir y tienes que esperar hasta que acabe. Suele tardar media hora…

Igual sucede cuando llegas y justo antes de entrar lo cierran, o cuando encuentras un restaurante y justo entonces cuelgan el cartel de cerrado echando las cortinas.

En el apartado familiar, los tiempos que se manejan para conseguir la invitación de entrada al país para familiares y con ella su posterior visado suelen ser verdaderamente lentos. Una vez conoces la dinámica, te das cuenta de que no es por el trámite en sí mismo, sino porque en general lo dejan todo para el último día (en este caso, el encargado de hacer la gestión) y hay que estar constantemente encima de ellos.

Las visas sólo son expedidas a personas que deben entrar al país por motivos de trabajo o a familiares directos de las personas que ya están trabajando. El que tenga intención de desplazarse a Arabia Saudí con su novia, lo tendrá muy pero que muy complicado, ya que debería estar casado para que ella consiguiera la visa. Aunque siempre hay excepciones, pero de entrada no existe la posibilidad de viajar a Arabia Saudí meramente por visita o para realizar turismo.

Una vez conseguidos los visados para tus familiares, debes ser consciente de que tu madre, tu esposa o cualquier mujer, por occidental que sea, debe cubrirse con la abaya desde el momento que pone el primer pie en el aeropuerto. La abaya es una fina túnica de color negro que cubre desde el cuello hasta los tobillos, eso sí, las occidentales no deben ir con la cara tapada, pero sí con un velo que les cubra el pelo. La mayoría del tiempo pueden ir con el velo por encima de los hombros, dependiendo de en qué sitio se encuentren, pero si se cruza con la Mutawa ésta le indicará con gestos que debe cubrirse la cabeza.

Dentro de las restricciones que estipula la ley islámica que aplica en Arabia Saudí, están prohibidos los espectáculos, el uso de las playas como lo conocemos en Occidente, la importación y el consumo de alcohol o los productos derivados del cerdo, que están estrictamente prohibidos. Además, la segregación de la mujer en la vida pública es casi obsesiva.

Los jóvenes saudíes encuentran en las grandes superficies la única válvula de expansión: enormes centros comerciales, repletos de mármol y brillos, muy modernos y lujosos. En su interior se encuentran cafés y restaurantes de corte occidental, se produce el cruce de grupos y pandillas de chicos y chicas en los pasillos de las boutiques de moda, los grupos de jóvenes de ambos sexos se intercambian papelitos con sus números de teléfono móvil para mantener luego conversaciones en las redes sociales, que suelen limitarse al placer de transgredir lo prohibido.

El flirteo se lleva a cabo en un marco típicamente saudí. Ellas van vestidas de la cabeza a los pies con la túnica negra, la abaya, y llevan sus rostros cubiertos. Las más atrevidas caminan por el centro comercial sin velo y se arriesgan a ser blanco de la ira de la policía religiosa saudí, que también camina con sus inconfundibles velos dorados por las grandes superficies. Al sonar la sirena que advierte de la hora de la oración, la policía religiosa actúa estrictamente para que se cierren los negocios y se desaloja a todos los congregados en las terrazas de los restaurantes para que acudan a la mezquita más cercana (las terrazas sólo están permitidas a los hombres). Su tarea no suele encontrar resistencias. Si las hay, se resuelven con una dura admonición o con el traslado al cuartelillo del sujeto, tras ser detenido.

Realmente llamativa me resultó la persecución que llevaron a cabo por un centro comercial detrás de un amigo de uno de nuestros traductores, simplemente porque él, un chico, llevaba el pelo largo y suelto.

Cambiando de tema, una curiosidad y una gran ventaja digna de mencionar es que la gasolina es muy barata en el país y llenar el depósito puede suponer aproximadamente y dependiendo de su capacidad, unos 4 euros. Realmente es un precio insignificante para lo que acostumbramos.

Una anécdota más, significativa e impensable en nuestro país, es recibir un mensaje de un traductor avisando de que no acudirá ese día a las sesiones de entrenamiento, argumentando simplemente que se encuentra cansado y que por tanto no asistirá al trabajo. Para un árabe, ése es motivo suficiente y una justificación válida para no ir a trabajar. Envían un mensaje, sin más, y listo...

Todo lo comentado a lo largo de los capítulos anteriores resume una realidad, la del mundo árabe, en la que la calma con la que hacen las cosas y el estilo de vida que llevan en general produce un gran choque cultural para los occidentales que viven allí.

ARMENIA

Carlos Luengo Peña

EL AUTOR

Soy Carlos Luengo Peña, Entrenador Nacional UEFA PRO, Técnico en educación física y deporte, y cuento con distintos cursos de formación y reciclaje: metodología de entrenamientos de fútbol, cursos de dirección de equipos, análisis en el fútbol profesional... Igualmente, estoy estudiando por medio de la Universidad Nacional de Educación a Distancia (UNED), un medio de formación académica que a los que estamos fuera del país o disponemos de poco tiempo nos viene muy bien. Espero ir teniendo más tiempo en el futuro para seguir con mi avance en inglés, ya que supone una herramienta muy necesaria y fundamental para los entrenadores de fútbol que queremos llevar nuestros conocimientos fuera del territorio nacional.

Mis raíces proceden del fútbol humilde, del cual me siento muy orgulloso. Veo en ello una gran base en mi formación futbolista y humana; empezar en clubes no profesionales en este aspecto te permite ser más autodidacta en tu metodología, tener capacidad de adaptación a cualquier circunstancia o contexto y e ir superando todos los obstáculos que te encuentras en el trayecto hasta poder lograr entrar en el mundo profesional que, por supuesto, es difícil y aún más mantenerse en el mismo.

He pasado por todas las categorías base del fútbol, desde benjamines hasta juveniles. Quizás es la etapa futbolística como entrenador de cantera la que más me ha marcado: fue la de mis inicios con los más pequeños (benjamines) en campos de tierra, pocos medios, pero con la máxima ilusión y pasión. En su día me ofrecieron esa preciosa oportunidad y la aproveché al máximo, caminé junto a ese equipo durante 7-8 años y evolucioné de la mano con ellos. Tuve la suerte de poder mantener durante varios años al mismo grupo de jugadores, eso te ofrece la posibilidad de poder ver cómo tu trabajo da su fruto en la formación del jugador de manera individual y te da más oportunidad de poder lograr éxitos en conjunto; sé que muchos de ellos lograrán llegar alto y, lo más importante, tenemos un lazo de unión de por vida.

También he pasado por el fútbol femenino, una experiencia que recomiendo a cualquier entrenador que le guste crecer paso a paso, se trata de un fútbol muy gratificante, ya que percibes evoluciones muy rápidas en las chicas, son unas esponjas por el interés que muestran por aprender, formarse y seguir creciendo.

Durante todo este periodo, compaginaba mi trabajo, que no tenía nada que ver con el mundo del fútbol, con entrenar a varios equipos y, a la vez, participar como jugador de fútbol. Alternando todo ello con mi formación futbolística (titulaciones, cursos, ponencias, jornada...). Siempre he sido una persona muy activa en este aspecto, perseverante, con ganas de aprender y estando siempre al día en el fútbol.

También he realizado y dirigido varios campus de formación y tecnificación de fútbol para todas las categorías base masculinas y femeninas con gran éxito, siempre enfocado a la innovación, formación, integración, cooperación y complementación con estudios.

Fruto de todo ello, estoy en mi primera experiencia como profesional en exclusividad como director de la academia y escuela de futbol, aparte de la dirección, me ocupo de la formación y orientación de metodología en la escuela y academia Banants con más de 750 niños y 27 entrenadores, una labor muy costosa a la vez que gratificante, por traer a este país una metodología integrada española: INTENSIDAD TÁCTICA, con la que me siento muy identificado. Poder observar cómo en todos los equipos base de Banants ya hemos implantado una base organizativa y metodológica es realmente positivo en lo personal, por lo que cuesta conseguirlo, al mismo tiempo sumando los logros deportivos de las diferentes categorías.

Soy también primer entrenador de U-18: la temporada anterior conseguimos una muy importante segunda posición. Yo me incorporé al equipo ya con la liga comenzada y ello nos condicionó, pero puedo decir que el equipo, a pesar de numerosas dificultades que se dieron, fue capaz de lograr un altísimo nivel futbolístico, con partidos donde la vistosidad y el "toque" español se percibía. Recibimos las felicitaciones de todos los equipos contrarios por lograr la victoria y, sobre todo, por el gran juego realizado. Tan solo perdimos un partido por condicionantes. Al finalizar la temporada nos reconocieron en la entrega de premios de la federación armenia y me otorgaron un premio como entrenador.

En estos instantes estoy preparando varios artículos que me han solicitado desde varias revistas futbolistas reconocidas; de momento voy a comenzar a escribir sobre la implantación de nuestras metodologías en Armenia y sobre la elaboración de tareas, microciclos y macrociclos, ya que es un trabajo que realizo a diario y me gusta.

EL FÚTBOL EN EL CONTEXTO DEPORTIVO DE ARMENIA

El fútbol es uno de los principales deportes del país en cuanto a practicantes, pero una de las curiosidades que me encontré al llegar a Armenia fue que no se nota mucho seguimiento social al fútbol profesional. Es decir, su popularidad a nivel de aficionados es baja.

Un dato que corrobora lo anterior es que muy poca gente de la ciudad conoce la actualidad de este deporte y la de los diferentes clubes de la Premier armenia. La cosa cambia en el barrio local, donde esté ubicado el club en cuestión, porque es allí donde se encuentran los principales seguidores. Es normal ver estadios sin mucha afluencia de público, a pesar de ser un deporte muy practicado por un gran número de jugadores en las categorías base.

A pesar de que todos los partidos son gratuitos, no son muy seguidos por aficionados. Los estadios son amplios y la sensación es un poco desoladora. Creo que Banants es el equipo que más seguidores puede llegar a tener por partido, ya que la mayoría de jugadores, entrenadores y padres de la academia y escuela del club están presentes en todos los partidos; además de vecinos del barrio de Malattia. Alrededor de unos 600 aficionados suelen venir a los partidos que jugamos en casa.

En las categorías de base, es normal ver a todos los padres y hermanos viendo los partidos que incluso graban para tenerlos.

En el número de practicantes, estoy seguro de que puede ser el primer deporte, ya que cuenta con un gran número de equipos en todas las categorías de base.

En la Premier Armenia, este año solo hay 6 equipos, el año anterior en el comienzo se contó con 7 pero se retiró uno después del parón de invierno. Es una liga con una tendencia decreciente hasta el momento. Según he leído, en los primeros inicios de esta liga llegó a tener 15 equipos e incluso con anterioridad, cuando Armenia pertenecía a la Unión Soviética, un equipo logró éxitos en aquel país.

En la Championship este año hay 2 equipos más. Aparte de los filiales de los equipos de la Premier que por obligación tienen equipo en esta categoría, se han creado 2 equipos nuevos con la idea de que en un futuro puedan formar parte de la Premier.

En las competiciones de base suelen estar los mismos: por ejemplo, este año se ha mantenido más o menos el número de equipos en las diferentes categorías de base, solo la categoría U-18 ha decrecido en 2 equipos, el resto se mantienen. Empiezan a competir desde U-10 hasta U-18. Banants aporta hasta 17 equipos base en el total de las categorías. Espero que la tendencia de las ligas principales pueda ser creciente en el futuro, precisamente por cómo van empujando las canteras, aunque entiendo su complejidad.

Respecto al fútbol femenino, Armenia no tiene mucha práctica o afición. Por lo que en su día me comentó un entrenador, en el pasado se veían más mujeres practicándolo.

En la Selección Nacional, sí existe la absoluta femenina, algunas categorías de base y el equipo de fútbol sala. Entrenadores de la academia donde trabajo realizan colaboraciones para la federación en estos equipos.

También es habitual encontrar árbitros, jueces de línea y cuartos árbitros que son mujeres y que, por cierto, están muy formadas.

En cuanto a otros deportes, en Armenia la halterofilia es muy seguida. Es normal ver por la televisión las competiciones cuando se realizan. Todo el mundo habla de este deporte y de los representantes armenios más conocidos.

La lucha también es popular. De hecho, en los últimos JJ.OO. de Río de Janeiro un luchador armenio logró una medalla y lo celebraron por todo lo alto.

Otro deporte que practican es el ajedrez. Es muy normal ver, cuando vas dando un paseo por parques o aledaños a los pisos, unas casetas donde las personas mayores lo están practicando con mucha pasión y mucho seguimiento entre ellos. Hablan de los grandes jugadores de ajedrez armenios de la historia.

Hay otro juego parecido, que se asemeja a las damas. Es popular y nuestros jugadores lo practican mucho en las concentraciones. ¡Tengo que reconocer que yo aún no me entero muy bien del funcionamiento! Sé que llevan las fichas de un lado a otro y dan muy fuerte al tablero con ellas.

Otros como por ejemplo el pádel no son conocidos. De momento no hemos encontrado pistas para poder jugar. A mí me encanta el Running y suelo salir fuera de la Base solo o con mi compañero Lois. Cuando te ven por las calles corriendo se quedan muy sorprendidos, en numerosas ocasiones te puedes sentirte un extraño porque no te sueles cruzar con nadie o porque se quedan mirado o te pitan con los coches. ¡Parece que aquí el salir a correr por las calles es una auténtica aventura! Me he inscrito a la Maratón de Ereván, que como podéis deducir aquí no es un evento muy seguido.

Sobre el fútbol español, para la inmensa mayoría de personas a las que les gusta el fútbol, España es un referente mundial. Me atrevería a decir que muchos conocen España a través de su fútbol. Es habitual ir por la ciudad o barrios adyacentes y encontrarte a personas mayores y niños con camisetas del F.C Barcelona o del Real Madrid, aunque la tendencia mayoritaria es el F.C. Barcelona. Como curiosidad, después de nuestra llegada hemos visto a una gran y creciente mayoría de niños de nuestra academia y escuela con la camiseta de la Selección Española a diario, que incluso ya te saludan en español. Aquí aprenden rápido los idiomas.

En mi opinión, el fútbol español quizás esté a nivel mundial, bajo la percepción de los aficionados, directivos, clubes y jugadores, entre los dos primeros, si no el primero.

Muchos jugadores de otros países que están aquí jugando o cuando hablas con entrenadores foráneos te lo reconocen. El entrenador español tiene prestigio fuera de España y de Europa como norma general, gracias a la Federación Española, con todos los diferentes equipos que tiene y con su metodología implantada, y al Comité Nacional y Escuela de Entrenadores, con todos los medios que pone a disposición de los entrenadores para la formación continua. Los clubes españoles que logran tantos y tantos éxitos nacionales e internacionales, con jugadores y entrenadores nacionales, y en la actualidad los numerosos clubes extranjeros que apuestan por entrenadores conocidos ayudan decisivamente del mismo modo a abrir las puertas del mundo futbolístico a todos los demás entrenadores que queremos seguir creciendo fuera de nuestro país.

LA ESTRUCTURA Y EL NIVEL DEL FÚTBOL EN ARMENIA

El fútbol en Armenia es uno de los deportes que más practicantes tiene en el país, por el número de equipos base que existen, en proporción al país y sus circunstancias. Se empieza a competir desde U-10 hasta U-18 en categorías de base. Nosotros, en Banants, hemos creado una escuela donde ya empiezan la práctica del fútbol con 5 años (U-6). Como dato, en las categorías donde no se compite, de U-6 a U-9, es donde más niños podemos tener.

El siguiente escalón es la Championship y como último escalón, la Premier. Solo la Premier tiene acceso para disputar torneos internacionales: el campeón de liga juega la previa de Champions League, mientras que los segundo y tercer clasificados y el ganador de la Copa armenia tiene derecho a disputar la previa de la Europa League. Además, en cuanto a proyección internacional, existe la posibilidad de disputar algún partido o torneo amistoso cuando clubes extranjeros vienen a Armenia como parte de su preparación. O, al contrario, como parte de la preparación de los propios equipos armenios. Hay dos parones en la temporada: el de invierno es desde la primera semana de diciembre hasta mediados o finales de febrero.

La percepción que podemos tener la mayoría de españoles que aquí estamos es que la Premier es comprable a una Segunda B española. Siempre es difícil de comparar porque aquí está formada por 6 equipos, pero el nivel de algunos jugadores se equipara a esta categoría, para que se puedan hacer una idea.

En instalaciones, por ejemplo, Banants podría estar en la Primera División española tranquilamente. La Championship equivaldría a una Tercera División, donde este año, entre otras condiciones, todos los jugadores deben tener menos de 25 años para poder disputarla.

En la base, la categoría U-18 puede ser en algunos casos por jugadores comparable a un grupo de Liga Nacional juvenil de gran nivel. Las demás categorías, a cualquiera similar de ambiente regional de España.

El jugador armenio más conocido es el nuevo futbolista del Manchester United Mythrayan, por el cual han llegado a pagar más de 40 millones de euros al Borussia Dortmund. La Selección Nacional en un 90% de sus componentes son jugadores que juegan en ligas extranjeras. Nosotros tenemos la suerte de contar con un internacional absoluto con gran proyección, Zaven Badoyan, además de hasta 4-5 que suelen ir con la sub 21 y somos una de las principales fuentes de jugadores del resto de categorías nacionales.

En las universidades es normal la práctica del fútbol, sobre todo las que estudian carreras de filología española o europea. A través del consulado español, una vez fuimos a una para conocer a jugadores amateur que lo practicaban.

EL FÚTBOL BASE EN ARMENIA

Comenzaré centrándome en Banants. Nosotros tenemos una estructura innovadora en Armenia. Cuando llegamos aquí nos encomendaron la difícil labor de organizar y estructurar todo el fútbol base de Banants, en general.

Al empezar, nos encontramos con que había un vacío de información en todos los sentidos: entrenadores, jugadores, horarios, recursos materiales o metodología. Por este motivo, durante los primeros meses realizamos un trabajo muy duro y exhaustivo de obtención de información, datos, normativas, funciones, número de jugadores, necesidades, trabajadores o funciones.

Fue un proceso en el cual, además de recopilar todos los datos obtenidos, teníamos que entender su cultura futbolista y su cultura social para así lograr tener una valoración inicial más precisa.

Para ello, realizamos numerosas entrevistas a jugadores y entrenadores, reuniones con la nueva dirección (un director general Top, venía del Spartak de Moscú) que duraban horas y que nos ayudaban de manera directa a entender el diagnóstico inicial para tener un rumbo adonde ir y así poder empezar a ordenar y realizar cambios.

Al final, conseguimos obtener una información minuciosa y a la vez sorpresiva, que trasladamos a la Dirección General para debatir sobre los posibles problemas encontrados y las soluciones que desde la nueva dirección de la academia se proponían.

Los propios entrenadores se auto-gestionaban casi todo: fichajes, horarios, partidos o fichas. No había una metodología unánime por la que se guiaba cada entrenador y cada categoría, ni unos objetivos marcados que no fueran los que el propio entrenador se propusiera. La captación era su propia responsabilidad y respondía a su valoración personal. No existía control de información sobre jugadores, ni fichas de seguimientos, entre otras muchas cosas.

La Dirección General nos encomendó reducir el número de equipos, jugadores y hasta el número de entrenadores, para así tener un mejor control sobre todos ellos, además de seleccionar a los jugadores más talentosos, realizar hojas de seguimientos y archivos de valoración, organizar por capacidades a los entrenadores y llevar el control absoluto de todo.

También se propuso implantar una metodología unánime en todo el club, basada en la INTENSIDAD TÁCTICA, que nuestro director del proyecto Tito Ramallo nos fue marcando. El primer equipo siempre fue la guía.

Unas de las grandes apuestas de nuestro proyecto aquí fue la de intentar organizar y estructurar todo el fútbol base de Banants, para que fuera la principal referencia del fútbol base de toda Armenia. Y en ello estamos.

Además, debíamos crear una escuela para poder acoger a los jugadores que quedaran fuera de los seleccionados y a todo el que quisiera comenzar, para así tener un primer filtro a la hora de su formación. Dentro de la escuela están además los denominados equipos profesionales, que reúnen a los mejores talentos, pero siguen siendo grupos de pago.

Armenia es un país donde no es costumbre pagar por el fútbol, así que el proyecto se inició con mucha intriga por nuestra parte, pero sorprendentemente ha sido aceptado muy bien y hoy en día ya tenemos alrededor de 400 chavales.

No todos los clubes de la Premier tienen categorías de base, ni escuela de formación o una dirección organizativa y metodológica. Por suerte, Banants en esto es una referencia y creo que en un futuro lo va a seguir siendo por nuestra aportación.

Se trata de una semilla importante que estamos dejando. Banants es un club top en muchos aspectos: instalaciones, personal profesional, dirección, metodología, preparación física o filosofía de juego. Y lo es más aún desde nuestra llegada.

Creo que vamos a dejar aquí una huella de nuestra completa metodología, organización y estructura. Me gustaría ver en el futuro en alguna liga profesional por Europa o América a muchos de estos jugadores que cada día contemplo crecer futbolísticamente y a los que se les va viendo la progresión futbolística.

Puedo decir que Banants es el club que más cuida y apuesta por el fútbol base en toda Armenia.

Respecto al día a día de los jugadores jóvenes, creo que como en cualquier país del mundo el motivo inicial por el que juegan es su afición.

Durante su crecimiento futbolístico, los motivos suelen ir cambiando y en este país es similar. En Armenia, esa motivación suele evolucionar hacia la necesidad económica familiar (lo cual algo distinto a los demás países del mundo) y hacia la exención de realizar el servicio militar obligatorio, que está al alcance de los jugadores elegidos con más talento y que, si son convocados un número de veces con la selección nacional absoluta y U-21, pueden llegan a conseguirla. Si fuera con la U-19 un determinado número de veces, se lo acortan a unos meses, ya que su duración total es de dos años y las condiciones no tienen que ser muy buenas.

¿Y cómo capta y cuida ese talento la federación? Tiene un programa para la formación y cuidado de los principales talentos llamado plan UEFA. Empieza desde la categoría U-13 hasta la categoría U-16, durante este periodo, la propia federación se hace cargo del crecimiento futbolístico del joven, poniendo a su disposición todas las instalaciones federativas e incluso las educativas. Viven por y para el fútbol durante esta etapa que, por supuesto, no es cerrada ya que se hacen selecciones de jugadores 2-3 veces durante la temporada. Hasta la temporada pasada, era dirigido por tres entrenadores belgas. Esta temporada ya solo queda uno.

Como he dicho, los jugadores seleccionados son formarlos en la propia federación y compiten en las categorías de la misma liga armenia. Particularmente, me pareció curioso que en cualquier momento cualquier jugador podía ser seleccionado y dejaba de pertenecer al club para pertenecer a el programa durante el tiempo que el jugador estuviera seleccionado y en ningún momento se quedaba reflejado por escrito que al finalizar tenía que volver al club del que partió, se quedaba un poco en el aíre.

Los procesos de selección los hace el entrenador y ayudantes de la categoría en cuestión. Muchas veces se da la casualidad de que trabajan para el club del que parte el jugador y no era un proceso cerrado.

Durante las competiciones se realizan entrenamientos o mítines para poder observar a más jugadores e incluso puede darse el caso de que entrenen durante la semana en el plan UEFA y a la hora de jugar el partido semanal vuelvan al club de donde han partido. Todos los jugadores viven en las excelentes instalaciones y residencia que las FAF tienen en Ereván. La federación se hacía cargo de todo mientras el jugador esté en el plan.

Todos esos equipos disputan una liga superior a la edad que tienen. La idea en general es buena.

Por lo demás, con respecto a los talentos, solo los clubes con una adecuada infraestructura (residencia) pueden ofrecer alojamiento y ayudas económicas para desplazamientos y manutención (por ejemplo, Banants).

En lo relativo a aplicar una metodología especial para aquellos futbolistas con talento, la práctica habitual es simplemente ascender al jugador de categoría para entrenar o jugar con el equipo superior. Esa valoración se realiza de forma consensuada entre los entrenadores de las dos categorías, la del jugador por edad y la superior, con criterios subjetivos de los dos.

En las categorías pre-rendimiento (U-18-U-19-U-21) la federación, si eres talentoso, te puede seleccionar un determinado número de veces y, como decía, te concede el poder librarte de ir al servicio militar obligatorio o reducir su duración si solo has llegado al mínimo de veces que has sido seleccionado por la federación para estas categorías naciones o competiciones internacionales.

Poco a poco, la federación ayuda a los clubes en la construcción de campos sintéticos. Este último año he conocido tres de última generación, uno de ellos el nuestro.

Creo que la federación irá creciendo paulatinamente y realizando más avances para lograr un mayor crecimiento en el fútbol base armenio, que es el futuro para el aumento del nivel futbolístico.

La ruta teóricamente normal que seguiría un futbolista armenio de mucho talento sería la siguiente:

De inicio, formaría parte de la cantera de uno de los grandes equipos armenios para acceder a una mejor formación, ascendería en su club hasta lograr un debut en el equipo Senior lo más pronto posible y así poder disputar previas de competiciones europeas, ser seleccionado en las diferentes categorías por las selecciones nacionales ser eximido del servicio militar y ser observado con más facilidad por ojeadores foráneos, con el fin de salir del país para emigrar a ligas extranjeras, cercanas en principio, lo más competitivas posible y con el mayor prestigio, para así dar el salto a la élite de Europa. Ésta es la ruta general que han seguido la mayoría de los jugadores armenios que juegan fuera de su país y que componen casi el total de la actual selección absoluta armenia.

Si hablamos de las competiciones de fútbol base armenio, éstas no son como en España. Están estructuradas según el año de nacimiento, año a año, no agrupan dos edades como nosotros. Las franjas de competición son: U-10, U-11, U-12, U-13, U-14, U-15, U-16, U-17, U-18: Championship y Premier. Las dos últimas no pertenecen a la estructura del fútbol base, lógicamente.

Cada categoría de base la disputan los jugadores o equipos formados con el mismo año de nacimiento. Solo se permiten dos excepciones:

En primer lugar, que algún jugador, por su mayor talento, pueda ascender de categoría. Esto es común a cualquier país. Segundo, que un equipo que tiene un nivel muy alto para la categoría solicite a la federación el poder disputar la siguiente temporada en una categoría superior. Para ello presenta como aval los resultados de años anteriores, que acreditan esa desigualdad de nivel.

Otra diferencia es que en Armenia las competiciones se disputan cualquier día de la semana, no como en España que solemos agrupar todas en el fin de semana. Cada categoría normalmente tiene asignado un día de la semana como norma general.

En cuanto a las edades, vamos a distinguir entre edades de competición y edades de iniciación. Aquí, la iniciación al deporte del fútbol comienza a los 5 años y termina a los 8 años y, curiosamente, es donde más número de jugadores hemos encontrado. La siguiente etapa de competición es a partir de los 9 años y hasta los 17 años. Esta etapa se divide en tres sub etapas: la primera sería la Formación competitiva, que es desde los 9 hasta los 12 años; la etapa Evolución competitiva que es desde los 13 hasta los 16 años; y por último la etapa Pre competitiva, a partir de los 17 años, que sería la etapa anterior a la Competitiva al máximo nivel del país.

Hay en ese último punto, en el salto al máximo nivel de Armenia, un gran escalón en líneas generales. Por ejemplo, esta temporada (2016-2017), los filiales no pueden tener jugadores de más de 25 años. En esa franja de edad, previa a los 25, la mayoría de los jugadores realizan el servicio militar obligatorio de 2 años. Esta parada futbolística supone un gran condicionante, porque corta de raíz el proceso evolutivo final del jugador. Físicamente queda tocado y psicológicamente afectado. Muchos jugadores tras terminar en U-18 van al servicio militar y luego dejan definitivamente el futbol.

Quizás se nota aún más ese escalón si en los equipos llamados grandes las plantillas están formadas por un gran número de jugadores extranjeros o armenios de alto nivel y que han disputados otras ligas con más potencial.

LA FILOSOFÍA DE JUEGO EN ARMENIA

El fútbol más practicado aquí es un fútbol muy físico, donde el nivel táctico no llega a niveles muy altos. La mayoría de los partidos se deciden más por fallos que por aciertos. El equipo ganador, como norma, es el equipo que menos fallos ha tenido o el que más ha aprovechado los del rival.

No podemos ni debemos caer en el error de comparar con las principales ligas europeas porque sería injusto.

Quizás donde más diferencias hay es en la base. El objetivo es ganar y los medios para ello, por norma general, pasan por evitar que el balón esté cerca del área propia. Las reglas de juego en partidos de cantera son perecidas a las de España, pero existen algunas diferencias. Son flexibles y permisivos en algunas infracciones en las categorías de base, por lo que muchas veces puedes encontrarte con futbolistas más formados que muestran carencias en este aspecto disciplinario. Por ejemplo, el saque de banda es algo que cuesta porque no se les enseña bien en la base, o el hecho de respetar las líneas de juegos o ejercicios.

Tácticamente no presentan mucha evolución o innovación y sorpresa. Los equipos son bastante parecidos, con características muy comunes. No son capaces de utilizar la relación espacio-tiempo y ello les lleva a poner en práctica el fútbol más instintivo e individual. Se puede decir que están en proceso de evolución y formación para una mejor compresión del juego en aspectos más integrados.

Como punto fuerte, hay que destacar que son jugadores y entrenadores que están acostumbrados a sobrevivir, sobre todo en la base, y quizás eso les hace tener una fortaleza mental extraordinaria en las adversidades.

Aquí el nivel competitivo está condicionado por muchos aspectos. Entre otros, no existen descensos de equipos, por ejemplo, en la Premier o en la Championship.

PECULIARIDADES DEL PAÍS QUE AFECTAN AL FÚTBOL

La geografía del país afecta al fútbol. Casi todas las ligas se central alrededor de la capital (Ereván) y la mayoría de los clubes están ubicados en ella. Es algo normal, pues casi el 50% de la población vive allí y es donde se encuentran las mejores instalaciones deportivas. En la Premier, por ejemplo, cuatro de los seis equipos son de esta ciudad, mientras que uno está a 2 horas en carretera y el otro a 8 horas. Todas las demás competiciones de filiales o futbol base son poco más o menos lo mismo. Todo está organizado por grupos de proximidad geográfica, mayoritariamente.

Esto se acentúa en fútbol base. Se trata de un país montañoso, con unas infraestructuras muy poco avanzadas y los desplazamientos son muy sufridos, incluso para los nativos, así que todo se multiplica para los extranjeros acostumbrados a otro tipo de infraestructuras más cómodas.

Este año, tanto el primer equipo como el filial tienen que ir 3 veces a Kapan, lo que supone 8 horas de viaje en auto-bus (300 km) de los cuales solo hay alrededor de 30 en una vía con dos carriles para el mismo sentido. Todo lo demás es carretera convencional, comparable a las comarcales españolas, teniendo que circular el 90% del trayecto entre montañas con numerosas curvas, subidas y bajadas, el firme en no muy buen estado y muchas veces condicionado por los demás vehículos.

Cruzas el país prácticamente, pasando cerca de fronteras donde, aunque no hay conflicto sí están protegidas.

Creo que ése ha sido el peor viaje de mi vida. En él pasamos por todas las condiciones meteorológicas posibles: salimos de madrugada y con buena temperatura, pero, a medida que nos fuimos acercando a las montañas, empezó la lluvia. Hicimos una parada antes de iniciar la primera subida y la niebla se apoderó del camino de repente, mientras la lluvia iba cesando, aunque no paraba. Fuimos subiendo y dejó de llover solo para que llegara el viento y el frío, el cual percibes por el paisaje que vas viendo fuera, precioso, por cierto: estás entre montañas y disfrutando de las espectaculares vistas. Es lo único que te hace disfrutar del viaje por momentos, porque llegas a estar a 2.000 metros y claro, a esa altitud y en otoño-invierno, nieva. Así que empieza a nevar y a cambiar el paisaje y solo ves nieve por todos lados, existe dificultad para conducir y no llegas a relajarte ni por un instante. Paramos a comer a mitad del trayecto sin que la nieve dejara que caer, en una zona llana entre montañas (por cierto, la comida curiosa y muy natural: probé por primera vez la miel directamente desde el panal en el plato). Después de comer, vuelta al autobús y otras 4 horas de viajecito. Curvas por supuesto entre montañas rocosas y algún pueblecito que cruzas. A la vuelta, nos encontramos con placas de hielo en la carretera y tuvimos que parar varias veces. Fue un viaje que hicimos en 20 horas: las 16 del viaje más el partido. Creo que tardamos en recuperarnos 2 o 3 días...

Así que se intenta centralizar las competiciones en la ciudad, evidentemente porque la mayoría de los jugadores viven ya en ella o en las ciudades cercanas y porque es donde se encuentran las mejores instalaciones y clubes.

Al margen de lo que te encuentres en la carretera, la climatología es algo que tienes que tener muy en cuenta cuando hablas de fútbol en Armenia, porque es un país de contrastes de temperatura: en invierno puedes llegar a estar a -19 y en verano a 44. ¿La competición está condicionada por ello? Por supuesto. Existen dos períodos claros:

Primero, el de verano–otoño (agosto-diciembre), cuando el calor es protagonista.

Los comienzos de las dos principales ligas son a primeros de agosto (si juegas previa de Europa, tres semanas antes ya has empezado a competir). Las demás competiciones empiezan en septiembre, teniendo que evitar las horas más fuertes de sol en los entrenamientos. Son todos en la mañana, lo más temprano posible y en los partidos hay un descanso en cada parte para la hidratación de los jugadores por las elevadas temperaturas que existen hasta mediados de octubre. Luego, hay un periodo donde la temperatura baja y de repente tienes el frío a principio de noviembre, pero sin nevadas hasta el último partido de la primera parte de la liga, que suele ser el primer fin de semana de diciembre (un año, el día de partida a España cayó una nevada que dudábamos entre bromas que pudiéramos salir del aeropuerto).

Se para desde ese fin de semana hasta mediados de febrero en la Premier y la Championship. Las demás competiciones de futbol base paran hasta marzo. Todo ello debido a las temperaturas negativas y a las nevadas que suelen caer en ese periodo.

Luego está el segundo periodo: de marzo a mayo, donde la climatología es muy cambiante hasta en un mismo día. Hay un periodo de lluvias más ininterrumpidas en estas fechas.

Aquí la primavera llega oficialmente casi un mes antes que en España, conmemorándose el día de la mujer y llenado las calles de flores. Las ligas terminan entre finales de mayo y mediados de junio, cuando ya los termómetros están alrededor de los 30º otra vez.

Todos los campos son descubiertos. Como cuando se producen las grandes nevadas las competiciones están paralizadas, no condicionan en la construcción de campos de fútbol cubiertos.

En las pretemporadas, los equipos de la Premier (y años atrás los de la Championship) se suelen ir a Chipre o al sur de Rusia (Sochi) para poder entrenar en mejores condiciones. En verano, algo similar: parte de la pretemporada vas a un país donde la climatología sea más favorable y la última parte la adaptas aquí.

Como en cualquier deporte o país, los aficionados usan el fútbol para desconectar, divertirse y alegrarse por las victorias de sus equipos favoritos. Creo que no es comparable ir a ver un partido de fútbol en

Armenia que ir a verlo a cualquier país de Europa. Los partidos en las gradas son muy tranquilos, incluso se da el caso de que muchas veces puedes llegar a oír más a los entrenadores o jugadores que a los aficionados.

Solo en las finales, en las previas de Europa League o Champions League y por supuesto cuando la selección absoluta juega se junta un mayor número de aficionados. Este tipo de partidos siempre se juega en un mismo estadio, que es el de La República, propiedad de la federación. Es un estadio de primer nivel, a la altura de cualquiera de la Primera División española.

Como ya he comentado previamente, en Armenia el fútbol no es muy seguido por aficionados y sí por entrenadores y jugadores de la base. Son fáciles de reconocer en su mayoría: suelen ir con equipaciones de la selección armenia o de los propios clubes a los que pertenecen.

Repito que es normal ir a partidos de la Premier y encontrarte con estadios prácticamente vacíos o solo ocupados en una mínima parte del aforo. Los partidos suelen ser retransmitidos o por la cadena deportiva del país o por un canal deportivo en YouTube (v-sport), e incluso Banants tiene su propio canal en YouTube, donde también los puede llegar a retransmitir.

Esto es un obstáculo más para que los aficionados se unan a presenciar los encuentros en los estadios. En los partidos de la Championship pasa igual pero no se retransmiten. Todos los encuentros son gratis y, en definitiva, la mayoría de los aficionados son familiares y entrenadores.

Entrando más a fondo en la cultura armenia, en ningún momento ninguna costumbre social, política o religiosa nos ha afectado desde que estamos aquí en lo laboral. Quizás en algún momento, y más en la academia, era todo lo contrario: el fútbol era el condicionante, por ejemplo, para poder faltar a clases (esto lo hemos cambiado) o incluso en numerosos días festivos, fines de semana o periodos vacacionales, los entrenadores te piden entrenar. Para la mayoría de entrenadores, no existe motivo para no entrenar.

Incluso hace unos meses se inició un conflicto fronterizo entre Armenia y Azerbaiyán y ninguna competición o entrenamiento se detuvo, También nos encontramos durante una semana con un amotinamiento en una comisaría (alejada de la ciudad y de nosotros) que desató alguna manifestación y no fue motivo para parar la actividad deportiva.

Armenia es el primer país cristiano del mundo y no por ello algunas costumbres del cristianismo son suficientes para dejar de entrenar o jugar. Quizás el día del Genocidio Armenio, como excepción.

Respecto a su economía, el país está en desarrollo en todos los aspectos (negocios e infraestructuras) y presenta muchas desigualdades económicas. Esto se percibe fácilmente. Se nota el estar cerca del centro de la ciudad en comparación con el resto. Se ve en las casas, los coches, los estilos de vestir, las tiendas, o los restaurantes.

El futbol está arraigado dentro del país de una manera muy diversa. Algunos clubes (los menos) son financiados por el sector privado, que mantiene el club en todos los aspectos. Pero no es lo habitual y la mayoría de instituciones no poseen patrocinadores o socios.

MÉTODOS DE ENTRENAMIENTO EN ARMENIA

Partamos de la base de que Armenia está en la posición 112 en el ranking FIFA actual y que su coeficiente por clubes en la UEFA es de 2.475 pts. y ocupa la posición 51 de 54. En la actualidad, va avanzando poco a poco hacia un fútbol más integrado, con la llegada de entrenadores foráneos (europeos), portadores de este tipo de metodología, con la cual, por supuesto, nosotros nos sentimos muy identificados, y que estamos implantando en la academia y escuela de Banants.

En Banants, con anterioridad, estuvieron entrenadores holandeses, brasileños y belgas aportando su granito de arena a la evolución metodológica a Banants, pero todavía queda mucho por trabajar para que ese rumbo dé buenos frutos y se acerque hacia Europa en cuanto a metodología. Por este motivo nos encontramos nosotros aquí.

En general, el entrenador en Armenia es de mando directo, con tareas donde el jugador tiene poco margen de maniobra para poder mejorar los aspectos cognitivos y donde la toma de decisiones están condicionadas, al igual que el juego. No podría decir en qué tipo de escuela de fútbol está encuadrada, porque tiene pinceladas de todas, aunque lo importante es lo que nosotros les podamos aportar y más yo, que soy el encargado de formarles y de hacer que les pique el gusanillo para seguir con nuestra metodología cuando nos marchemos de aquí.

Quizás, ésa es nuestra mejor carta de presentación y será nuestro legado en Armenia. Hacerles ver cómo la tendencia en España es la unión de todos los aspectos: la toma de decisiones, los condicionales o las variantes. Y que todo ello tiene sus frutos a medio y largo plazo. Porque el problema de querer resultados a corto plazo parece algo universal y ya sabemos que en demasiadas ocasiones eso supone una losa demasiado pesada para poder trabajar con éxito porque los proyectos de base y que pretenden realizar cambios estructurales necesitan tiempo.

Para todo ello, las tecnologías son importantes. En Armenia, están al alcance de los clubes con más recursos y normalmente solo para sus primeros equipos. Banants está por delante en esto y desde que nuestro proyecto llegó, han intentado siempre facilitar lo que sería exclusivo de un club de élite en este país:

Programas de análisis (NAC-SPORTS), visualización de partidos (INSTAT), grabación y análisis a tiempo real, programas de evaluación para pruebas físicas y control, edición de tareas. Es lo imprescindible para un club cuyo objetivo es ser un modelo en todo y que quiere avanzar.

El club tiene un departamento de prensa y de informática, que está al día en dar a conocer el club en todas las redes sociales o eventos. Se realizan numerosos spots, se preparan vídeos previos a partidos e incluso llegamos a hacer eventos propios del club, como la clausura de la escuela Banants 2015-2016, de la que me siento orgulloso y en la que movilizamos a casi mil personas e incluso hicimos grabaciones con drones.

Armenia me ha sorprendido por la profesionalización de sus entrenadores y por la capacidad por apostar por un proyecto extranjero (español, nosotros, en este caso).

Esa profesionalización de los técnicos en Armenia es algo que nos sorprende viniendo de España, porque no es común verlo. Poder entrenar en un club (y aún más siendo con medios TOP) es un lujo. Dedicarte en exclusividad a lo que te gusta y más en un país donde este trabajo está muy bien visto popularmente. Los clubes suelen tener bien cuidados a sus entrenadores.

Tenemos que tomar nota y empezar en España a profesionalizar de verdad al entrenador de fútbol, para que pueda tener dedicación exclusiva desde la base. Eso nos hará ser aún mejores entrenadores y poder formar con más conocimientos y más dedicación a los jugadores.

INFRAESTRUCTURAS Y MEDIOS DE ENTRENAMIENTO Y DE TRABAJO

Por suerte, podemos decir que Banants dispone de los mejores recursos de todos los clubes de Armenia. Solo la Federación y su academia están un poco por encima, lógicamente. Se puede decir sin lugar a dudas que Banants está a la altura del principal club de la Primera División española en los recursos de su ciudad deportiva (aquí se dice BASE).

Disponemos de 4 campos de futbol-11:

El estadio principal de césped natural, en un magnifico estado, y donde solo juega el primer equipo, entrena puntualmente (pre partido) y alguna vez el filial disputa sus encuentros.

Campo nº 4, de césped natural, utilizado para entrenamientos habituales del primer equipo y puntuales el filial. Este campo no dispone de graderío, por lo que para partidos se utiliza poco.

Campo nº 2, de césped natural, pero de grama más gruesa y que en invierno se deteriora mucho. Es el más usado por la academia y el filial cuando se tiene que entrenar en natural, se juegan partidos de la academia en las categorías más mayores.

Campo nº 3, de césped artificial de última generación. Es el más usado por todas las categorías de la academia, mayoritariamente en otoño e invierno, por lógica. Los partidos de las principales categorías de la academia se disputan en él y también los del filial. Tiene graderío para que puedan acudir a ver con facilidad los partidos los familiares y aficionados.

Tres campos de fútbol-7 naturales, donde entrenan las categorías medias y pequeñas de la academia y escuela. Estos campos en invierno se intentan utilizar lo menos posible, ya que se quedan muy deteriorados por las condiciones meteorológicas. No están siempre en Buen estado.

Un campo de fútbol sala exterior de césped artificial, para los entrenamientos de las edades más tempranas de la academia y escuela. Está en muy buen estado para el desarrollo de las capacidades técnicas.

Un pabellón cubierto de césped artificial, donde mayoritariamente entrenan las categorías más pequeñas y medias de escuela y academia, pero en invierno es usado por casi todas las categorías por las condiciones meteorológicas.

Gimnasio, con todo lo necesario para el entrenamiento de un equipo de élite, usado por el primer equipo y filial para sus sesiones y puntualmente por los equipos más mayores para trabajo específico o pruebas físicas.

Piscina descubierta de 30x15 en un magnifico estado utilizada en verano y primavera, como es natural por las temperaturas.

Además, disponemos de sauna, zona de contrastes y jacuzzi. Hay que añadir, la residencia de tres pisos, donde podemos encontrar:

En la planta baja, el gimnasio, los vestuarios del primer equipo, del filial, entrenadores, salas de recuperación y salas médicas. En la segunda, las oficinas y despachos de todos los departamentos, salas de conferencias y reuniones. Y en la tercera, las habitaciones para los que vivimos allí (jugadores y entrenadores), cocina y el despacho de Tito Ramallo.

Luego está la zona de la academia donde se encuentran las oficinas y otros despachos (entre ellos el mío) y la zona de vestuarios (14) para toda la academia, con una enfermería y una cafetería.

Todo esto, en un recinto cerrado, con un gran número de personas de mantenimiento que están minuciosamente trabajando para que todo se encuentre un en buenísimo estado. Después de cada entrenamiento ya están los empleados encargados del césped recuperándolo. Cada día trabajan para que todas las instalaciones estén a disposición de todos los equipos del club.

Quizás en general en todo el país hacen falta más campos sintéticos, por las condiciones climatológicas tan dispares y que ayudan a desarrollar al jugador en sus primeras etapas futbolísticas.

Nuestro club pone a disposición de entrenadores y jugadores un gran número de recursos informáticos para la elaboración de análisis, reuniones, charlas, grabación de entrenamientos y partidos. En definitiva, lo necesario para poder hacer frente al primer equipo las necesidades y a la academia al completo para la formación de sus entrenadores y jugadores.

En lo relativo a recursos humanos, somos innovadores, ya que en el primer equipo por ejemplo tenemos un cuerpo técnico completo, como cualquier equipo profesional de Primera División en España: primer y segundo entrenador, entrenador de porteros, preparados físico, analista y readaptador. En las demás categorías también contamos con primer entrenador y segundo, además de entrenadores de porteros para las diferentes categorías de la academia. Es otro de los cambios que propusimos: tenían que funcionar más como cuerpo técnico, pues en la forma natural de trabajar aquí es de una manera mucho más independiente.

En cuanto a los entrenadores y su cualificación, es significativo que este año hemos tenido la primera promoción de UEFA Pro. No hay mucha competencia a la hora de entrenar, ni tampoco son habituales las titulaciones avanzadas.

CONTEXTO LABORAL PARA POTENCIALES INMIGRANTES ESPAÑOLES

Al tener unas competiciones con muy pocos equipos (Premier, 6; Championship, 8), la demanda de entrenadores no es alta y la gran mayoría de equipos apuesta por el entrenador armenio. Banants es diferente en este aspecto y suele contratar a entrenadores foráneos. Por aquí han pasado entrenadores brasileños, holandeses, belgas, rusos... y ahora nosotros. Y en el futbol base Todos son armenios y a pesar de tener un gran número de equipos por categorías, no demandan entrenadores extranjeros.

En cuanto a jugadores, más de lo mismo. En la Premier, la mayoría son armenios. Otra parte procede de países cercanos y una mínima cuota, de terceros países. Españoles aquí no hemos conocido ninguno en estas dos temporadas. Nosotros contamos con un peruano, un brasileño, dos macedonios y varios rusos.

Es algo que veo que hace falta: subir un escalón de nivel mediante jugadores y entrenadores foráneos. Da prestigio a las ligas y las abres a todos los países, situación propicia para ir poniendo en los mercados (el futbolístico y los que lo rodean) el producto: jugadores, equipos y competiciones.

Acerca de salarios y condiciones de trabajo, en los principales clubes todos los entrenadores de la base son profesionales con dedicación exclusiva. Es un aspecto positivo que tienen los entrenadores, la profesionalidad y dedicación. Personalmente, puedo decir bien alto que Banants cuida muy bien a los cerca de 30 técnicos que estamos aquí entre armenios y españoles.

Nosotros tenemos la suerte de poder vivir dentro de la ciudad deportiva del club, donde tenemos todas las necesidades de la vida diaria solucionadas por parte del club. Si viviéramos fuera, sería igual que en cualquier ciudad española. Tienes de todo: centros comerciales, tiendas o restaurantes.

Los pisos los hay de todas las clases y maneras a mayor comodidades mayor precio o a mayor cercanía al centro igual. Cuanto más cerca del centro de la ciudad, más confort, más ocio, mejores accesos y mejores instalaciones tienes.

El transporte funciona bien cuando te acostumbras a las diferentes opciones y las manejas bien. Hay taxis baratos en cualquier parte (tienes que negociar siempre). Circular con un coche propio es factible, por supuesto.

En la alimentación, puedes encontrar de todo o si no algo parecido. Es imposible poder tener lo mismo que en tu país, pero eso cualquiera que viaje lo sabe. Todos los productos armenios son económicos, los de importación ya no tanto.

Restaurantes tienes de todo tipo, hasta un español con platos típicos de nuestra tierra, regentado por españoles, donde por cierto se come de maravilla. Nos solemos juntar allí para tomar algo y contarnos nuestras batallas.

CONTEXTO LEGISLATIVO PARA LA CONTRATACIÓN DE TRABAJADORES ESPAÑOLES

Nunca hemos tenido ningún problema burocrático. En líneas generales, el consulado suele facilitar cualquier tipo de necesidad en cuanto a la burocracia. Casi todo pasa por la embajada general, que está en Moscú, porque Armenia tiene consulado. En todo momento, la cónsul se puso a disposición nuestra para cualquier tipo de ayuda o necesidad e incluso nos puso en contacto con otros españoles que están aquí trabajando y con los cuales nos llevamos genial, hasta tenemos un grupo de chat que hemos denominado 'españoles por Armenia'.

UNA HISTORIA REAL: PABLO LUENGO EN ARMENIA

Los entrenadores españoles estamos lo suficientemente preparados para poder ir a cualquier parte del mundo y dedicarnos a hacer nuestro trabajo con mucha capacidad para lograr éxitos. Tenemos por suerte un Comité Nacional de Entrenadores que apuesta por la formación de calidad hacia sus entrenadores, que mira por ellos y les ayuda en todo.

En Armenia, me siento capaza de ser directo, con capacidad de creación y ganas de aprender. Es a lo que tantas veces nos remiten nuestros profesores, maestros o personas con experiencia: adaptación al contexto y ganas de aprender.

Soy de las personas que ve este tipo de experiencias como positivas siempre, pues constantemente estás aprendiendo. Tomas lo que ves bien y descartas lo malo para el futuro, abres tu mente al conocer otras mentalidades, culturas y personas, y eso te hace crecer a pasos agigantados: Por suerte, hoy en día el fútbol es un gran medio para ello: ser valientes y salir de ese círculo que nos limita.

Uno debe tener asumido que nunca va a estar como en casa y debe tratar de no estar comparando cualquier situación, porque cada país, cada situación, cada persona, cada día, son distintos entre sí.

Es bueno tener la mente abierta para aprender de todo lo que uno pueda vivir, ver o aprender, y con ello adquirir más conocimientos que, para un futuro laboral o para la propia vida, te puedan servir. Estar fuera de tu zona de confort no es fácil, pero es muy enriquecedor en todos los aspectos.

Por último, quiero hacer una especial mención a todos los compañeros que han compartido conmigo esta experiencia en el cuerpo técnico: Tito Ramallo, Fernando Martínez (Nando), Luis Pascual, Lois Rodríguez, José Miguel Marcos (Maikel), Pablo de la Torre y Joaquín García (Ximo).

Y un agradecimiento sincero a Antonio Retamosa y a Juanjo Vila, porque los verdaderos amigos son capaces de tocar tu corazón desde el otro lado del mundo.

CONSEJOS PARA EL EMIGRANTE NOVATO

Creo que lo principal son las ganas de querer crecer y aprender. Si le unes el hecho de trabajar duro, mezclado con la pasión hacia tu trabajo, tienes el coctel perfecto. Muchas veces nos ponemos demasiadas excusas y nos creamos numerosas barreras que son irreales.

A partir de ahí, el mejor consejo es aprender inglés. Con él puedes comunicarte creo que con la mayoría de las personas que estén dentro del fútbol profesional. Además, porque hasta para el día a día fuera del fútbol te es necesario. Y si encima puedes ser un crack y aprender algo del país en el que estés, mucho mejor.

A mí por ejemplo muchas veces me resulta más familiar el armenio, porque es el que más escucho a largo del día. Y mira que es complicado porque es una mezcla de ruso y árabe.

Anécdotas hay miles. Cada día te puede pasar algo gracioso con el idioma por ejemplo, aunque la mayoría de las veces te das cuenta de que si dos personas se quieren entender, aunque cueste y se tarde, se puede. Solo hay que buscar la fórmula y ahí justo es donde te ocurren la mayoría de las anécdotas.

Con los taxis también se suelen dar situaciones curiosas, al igual que con la comida (si eres atrevido) o con el cambio de divisa. En Armenia, todo se mueve con muchos ceros y eso al principio choca. Ahora más o menos un euro son 530 draw, así que imagina las cantidades de ceros que tienes que manejar. Al final terminas siendo práctico: quitas tres ceros y multiplicas por dos para obtener la equivalencia aproximada en euros.

AZERBAIYÁN

Patricia González

LA AUTORA

Licenciada CCAFyD y Diplomada en Magisterio de Educación Física (2010), Patricia González completó el Curso de especialista en Dirección Deportiva por la RFEF (2012) y es Licencia UEFA Pro por la Escuela Nacional de Entrenadores RFEF (2013).

Ex jugadora del Rayo Vallecano de Madrid (Femenino A y B), ingresó en las categorías femeninas del club en 2004 y debutó en Primera División en 2005. Su carrera como futbolista terminó muy pronto, en 2010, debido a una lesión en la espalda (hernia discal).

Comenzó a trabajar como entrenadora con las categorías inferiores del Rayo Vallecano de Madrid. La misma temporada que dejó la práctica como jugadora, ya estaba entrenando al femenino sub13. Desde esa temporada (2009-2010) hasta tres años después (2012-2013), entrenó a todas las categorías inferiores del club (sub13, sub16, Preferente) hasta llegar a entrenar al filial (equipo al que siempre perteneció como jugadora) en Segunda División femenina.

En 2013, antes de terminar la temporada, se marchó a Azerbaiyán, donde firmó por una temporada como "Head of Women's Football" y "Head Coach of WU19 National Team". Su periplo allí se alargó tres temporadas y media, en las que compaginó su trabajo como seleccionadora nacional con la responsabilidad de dirigir el desarrollo del fútbol femenino en todo el país.

En 2015 logró una clasificación épica para la Ronda Élite del Europeo sub19, situando a la Selección en primera posición (primera vez en la historia de la Federación en cualquiera de sus categorías), tras vencer en la sede de Gales al país anfitrión, a Bélgica y a Croacia.

Ese mismo año, en 2015, comenzó a trabajar para FIFA como Instructora de entrenadores de fútbol femenino y para UEFA como Technical Observer de competiciones europeas (Champions League

Femenina, Euro WU19 de Eslovaquia, Europeo masculino sub-17 de Croacia 2017 o Eurocopa Femenina Absoluta 2017). También forma parte del Elite Youth Development Programme, en el que desempeña una labor de consultoría/asesoría técnica para estrategias de desarrollo de jugadores con talento entre los 13-17 años, en distintas federaciones pertenecientes a UEFA.

En 2016, y tras salir de Azerbaiyán por decisión propia en verano, recibió una oferta de UEFA para trabajar en el programa WAP (AFC Women's Football Assistance Programme). Este programa consiste en misiones de tres meses en apoyo técnico a determinadas federaciones de la confederación asiática. Un apoyo consistente en atender a las necesidades específicas de cada país en relación a su fútbol femenino. El primer destino fue Irán, de diciembre de 2016 a marzo de 2017. Su función consistió en proporcionar apoyo técnico (metodología, planificación y análisis) a las seleccionadoras nacionales, así como desarrollar una estrategia a largo plazo para el desarrollo del fútbol femenino en el país.

Desde septiembre de 2017, Patricia González ejerce como Directora Deportiva de Fútbol Femenino en la Real Federación de Fútbol de Madrid. Además, continúa trabajando como autónoma para UEFA y para FIFA, con las funciones ya descritas, y forma parte de la campaña Together #WePlayStrong.

EL FÚTBOL EN EL CONTEXTO DEPORTIVO DE AZERBAIYÁN

El fútbol en Azerbaiyán no es un deporte popular, ni en cuanto a seguimiento de la liga local, ni en cuanto a la práctica por parte de aficionados o escolares. El número total de licencias masculinas registrado en la Federación (AFFA) en la temporada 2015-2016 sumando todas las edades a partir de diez años fue de 12.369, mientras que el número de entrenadores ascendió a 1.127. La tendencia es al alza, pero las cifras todavía son bajas.

En lo que respecta a las licencias femeninas, en la temporada 2010-2011 el total de jugadoras federadas era 244 y en la 2011-2012 ascendía a 343. La organización del Europeo sub-17 en 2012 supuso un punto de inflexión. La UEFA suele llevar estos campeonatos a países en vías de desarrollo desde un punto de vista futbolístico y en Azerbaiyán esta estrategia tuvo éxito: las licencias se duplicaron al año siguiente y en 2015 la cifra de jugadoras federadas superó el millar, con un total de 1.120 fichas.

La franja de edad en la que encontramos una mayor práctica de fútbol femenino es en la categoría sub-13. A partir de ahí, el contexto sociocultural y religioso del país hace que para una mujer sea muy difícil seguir jugando al fútbol, una vez alcanzada la pubertad.

El fútbol sí es más popular en el seguimiento de las grandes ligas, destacando la española. La mayoría de los azerís sigue el fútbol español y hay aficionados del Barcelona, el Atlético de Madrid y el Real Madrid.

Los deportes principales en el país son la lucha libre, el boxeo y el judo. La Fórmula 1 y la prueba de Maratón han irrumpido con fuerza en los últimos años como fenómenos populares.

LA ESTRUCTURA Y EL NIVEL DEL FÚTBOL EN AZERBAIYÁN

La Primera División de Azerbaiyán está formada por ocho equipos. La competición consta de dos vueltas. Está permitida la participación de un máximo de seis extranjeros y se exige un mínimo de cinco locales, de los cuales al menos uno debe ser sub-21.

La mayoría de los equipos juega en la capital, Bakú. A nivel de desplazamientos, esto favorece la compatibilidad con el trabajo habitual, ya que los jugadores no son profesionales exclusivos del fútbol.

El Qabala tiene las mejores instalaciones del país y mucho dinero, pero por problemas de gestión no ha conseguido grandes resultados deportivos. El Qarabag es el club que mejor funciona porque le dieron estabilidad al entrenador para trabajar 3-4 años (sin conseguir éxitos en la clasificación) y ahora está teniendo buenos resultados. Además, firman muy bien jugadores extranjeros. Traen jugadores con mucho talento y están entrando en competiciones europeas.

Se trata de una liga muy heterogénea y la comparación con el fútbol español sería complicada, pero tal vez el Qarabag podría competir en la zona media d la Primera División española, mientras que el Qabala competiría por no bajar, también en Primera División.

Clubes de la liga:

- Neftci, Inter, Azal, Zire: de Bakú
- Qabala, de Qabala; Kapaz, de Ganja; Sumqayit, de Sumqayit (muy cerca de Bakú).
- Garabagh* (territorio ocupado por Armenia)

La Segunda División consta de 14 equipos y se juega a una sola vuelta. Más abajo encontramos la Liga Amateur, que curiosamente tiene problemas para empezar, debido a la tardanza en la inscripción de un mínimo de equipos.

En cuanto al fútbol femenino, hay categorías sub-13, sub-16 y sub-19. No hay fútbol femenino sénior y es en categoría sub-19 donde se reservan algunas licencias para jugadoras que superan la edad. Esto es sólo el reflejo de las dificultades estructurales que encuentran las mujeres para jugar al fútbol en Azerbaiyán.

EL FÚTBOL BASE EN AZERBAIYÁN

Siguiendo el modelo inglés, cada equipo de Primera División tiene equipo en la Liga de Reservas. Es una liga diferente: no hay ascensos ni descensos. Es una liga para que los jugadores jóvenes y talentosos no pierdan ritmo de competición.

No hay límite de edad y en ella pueden participar jugadores sancionados del primer equipo. Tienen la misma ficha, con un mínimo de seis jugadores U-19.

Además, hay ligas U-19, U-17, U-16, U-15, U-14, U-13, U-12, U-11 y U-10.

En U-10 y U-11 juegan fútbol-7, con dos tiempos de 20'. En U-12 y U-13 es fútbol-9 y son 25' por tiempo, mientras que a partir de U-14 comienza el fútbol-11. En cuanto a la duración de los tiempos, U-14 son 30', U-15 son 35', U-16 son 40' y a partir de U-17 son 45'.

Todas las ligas, desde U-10 hasta U-19, las organiza la AFFA.

También hay ligas U-6, U-7, U-8 y U-9 de carácter regional y regidas por las federaciones territoriales. Por ejemplo, en Bakú, se organizan bajo la Federación de Bakú. El nombre de la liga traducido es "ESTRELLAS DE MAÑANA".

A final de temporada se organiza un torneo en Bakú al que acuden los dos mejores equipos de cada región en cada categoría.

Anteriormente, se organizaban ELITE TRAININGS para los jugadores más talentosos de los clubes. Ahora éstos únicamente se hacen en fútbol femenino.

En cuanto a torneos internacionales que disputen las selecciones nacionales, tendríamos como más relevantes el Torneo Granatkin (en Rusia) y la Caspian Cup, ambos para la Selección Nacional U-17. También hay torneos de desarrollo que organiza la UEFA.

El club Qabala organiza torneos de fútbol base en su región y también visita otros países como Holanda o Inglaterra para participar en torneos.

LA FILOSOFÍA DE JUEGO EN AZERBAIYÁN

Gusta el fútbol posicional (conocido como Tiki-Taka, tal y como ellos mismos dicen) pero se practica un estilo muy defensivo y directo. Qarabag es el único equipo que juega más combinativo. El resto de equipos de la liga hacen un fútbol mucho más directo.

Hay una gran influencia, especialmente a nivel de metodología, de la educación soviética. Hay muchos preparadores físicos influenciados por la filosofía rusa con un entrenamiento de los componentes de manera analítica alejado todavía del entrenamiento integrado o global.

El nivel de comprensión del juego va aumentando con los años, pues ha sido muy limitado años atrás.

En lo relativo al modelo de juego, encontramos propuestas un poco arcaicas en muchos equipos, en cuanto a no arriesgar y no introducir demasiadas novedades tácticas. El sistema de juego habitual es el 1-4-2-3-1 y abundan los equipos que especulan con los resultados.

PECULIARIDADES DEL PAÍS QUE AFECTAN AL FÚTBOL

En lo social, es importante destacar que no existe una cultura grupal, por lo que los deportes colectivos no tienen demasiado seguimiento. Choca mucho ver que en fútbol base los padres rara vez van a ver a sus hijos jugar, incluso cuando juegan con la selección. Creo que el éxito en deportes individuales es un reflejo de la sociedad, en la que el individuo impera por encima del colectivo y el "yo" está antes que el "nosotros".

Además, se trata de una cultura en la que existen jerarquías, por lo que el estilo de liderazgo predominante y que normalmente mejor resultado da es el autoritario y no el democrático. Hay mucho respeto al que está por encima "en jerarquía" y esto es algo, por ejemplo, muy diferente a la cultura que tenemos en nuestro país.

El reflejo de la religión en la cultura condiciona. Y si hablamos del papel de la mujer, más aún. Me resultó anecdótico que uno de mis colaboradores en el cuerpo técnico recibiera un día la llamada del novio de una de nuestras futbolistas, informándonos de que iban a contraer matrimonio, motivo por el cual esta mujer abandonaría la práctica del fútbol porque desde su punto de vista era incompatible con su rol de esposa.

La climatología es similar a España con la peculiaridad y dificultad del viento (muy fuerte) y quizás unas temperaturas más extremas. No se llega a necesitar estadios cubiertos de forma sistemática, aunque sí se aprovechan las instalaciones de indoor allí donde existen cuando las condiciones son muy adversas.

La superficie del país es de 86.500 km cuadrados y la población asciende a unos nueve millones de habitantes.

Uno de los ocho equipos de Primera, el Garabagh, representa a un territorio de Azerbaiyán ocupado por Armenia. El territorio se llama

Qarabagh pero la ciudad es Agdam y debido a la situación política (ocupación), entrenan y juegan en Bakú.

Además, de toda la liga masculina, sólo hay dos clubes que juegan fuera de Bakú. Uno de ellos es Qabala, que entrena y juega en su región. El otro es Kapaz, que entrena todo el año en Bakú y sólo cuando se juegan en casa se marchan un día antes del partido a Ganja, su territorio. Esto ocurre por la falta de infraestructura y facilidades para entrenar en las regiones de Azerbaiyán, pues hay una gran diferencia de desarrollo entre unas y otras.

La fortaleza principal del sistema de competición es que aseguran la presencia de jugadores jóvenes en la máxima competición mediante la normativa que obliga a tener al menos un futbolista local sub-21 en el campo. Al poseer un buen nivel económico, pueden traer buenos jugadores de buenas ligas.

Como curiosidad, destacaría los buenos salarios que ganan los futbolistas jóvenes. Eso a veces conlleva que no quieran salir de allí y entonces no progresan lo suficiente y pierden esa experiencia que supone enfrentarse a nuevos retos.

En el plano económico, hay que mencionar a la empresa de petróleo Socar, que es la que mantiene el fútbol desde la estructura federativa. No olvidemos que Socar es también sponsor de la UEFA Champions League.

MÉTODOS DE ENTRENAMIENTO EN AZERBAIYÁN

Existe una importante influencia soviética en los métodos de entrenamiento, principalmente en entrenadores de generaciones avanzadas.

Desde la Federación se ha promovido el Coaching Education, que ha estado muy influenciado por la metodología alemana. (Director Deportivo, Bernhard Lippert, que es alemán).

El Director de Educación hasta 2015 fue el actual seleccionador de India sub17, Nicolai Adam, que también es alemán.

Han tenido un programa de Directores Deportivos extranjeros en todos los clubes de Primera División que, algunos más y otros menos, pudieron cambiar un poco la metodología de los clubes. Duraron desde 6 meses a 2 años (2014-2016), y algunos de ellos eran contratados por los propios clubes y otros directamente por la Federación. Este fue un programa para reforzar los clubes a nivel de estructura y fútbol base que se implementó desde la propia Federación.

INFRAESTRUCTURAS Y MEDIOS DE ENTRENAMIENTO Y DE TRABAJO

En Azerbaiyán, los recursos económicos son bastante altos, pero no se trata sólo de dar con una institución con dinero, sino también con aquélla que los ponga a disposición del cuerpo técnico y que sea coherente a la hora de priorizar. Montar un gimnasio de primera categoría, con la última tecnología, no es sinónimo de que sea realmente adecuado para entrenar futbolistas, por lo que el dinero no lo es todo: hay que tener la voluntad y el conocimiento para emplearlo adecuadamente.

En lo relativo a los recursos humanos, la cualificación de los profesionales azeríes ha dejado bastante que desear tradicionalmente, pero es algo que está cambiando, puesto que se han habilitado cursos UEFA de la licencia 'Pro' y, cada vez más, los técnicos nativos están mejor preparados.

Si tomamos el ejemplo del Neftchi y su staff técnico, contaría con:

- Entrenador principal (local y uno de los primeros calificados en la licencia UEFA Pro en Azerbaiyán)
- Dos entrenadores asistentes
- Preparador físico
- Especialista en porteros
- Analista
- Médico
- Fisioterapeuta
- Dos masajistas
- Dos utilleros

- Traductor
- Delegado

En cuanto al número de jugadores extranjeros, cuenta con dos brasileños, un venezolano, un serbio, un macedonio y un croata.

CONTEXTO LABORAL PARA POTENCIALES INMIGRANTES ESPAÑOLES

La crisis del petróleo ha afectado al fútbol y a sus presupuestos. La petrolera Socar tiene una incidencia directa en la Federación. Los recursos económicos, aunque siguen siendo interesantes, han disminuido en los últimos años y eso implica que la demanda de personal extranjero también ha bajado.

Además, los técnicos formados en Azerbaiyán ostentan hoy en día un nivel creciente y que continúa en evolución positiva, por lo que la incorporación de recursos humanos extranjeros no es ya prioritaria. En este sentido, además de la reciente instauración del curso UEFA para licencia 'Pro', ha tenido que ver la mencionada labor de Bernhard Lippert, que ha dejado huella en el fútbol azerí y en la cualificación de sus profesionales.

No es amplio el historial de técnicos españoles en el país. En el momento de escribir estas líneas, no hay entrenadores españoles trabajando en Azerbaiyán y sólo encontramos un preparador físico: Rubén Selles. Además, hay otro técnico más en fútbol base (U-17), en Qarabag.

Respecto a jugadores españoles, podemos citar a Dani Quintana y Michel Madera.

En lo relativo a salarios, un entrenador profesional puede ganar unos 500.0000 dólares netos anuales en un club de primer nivel del país, mientras que en otros equipos llegaría a 150.000. Un jugador en Primera División está limitado a 600.000 dólares anuales.

CONTEXTO LEGISLATIVO PARA LA CONTRATACIÓN DE TRABAJADORES ESPAÑOLES

Azerbaiyán favorece la inmigración, siempre y cuando el trabajador cuente con una oferta de empleo. Esto no es una obviedad, puesto que hay países que dificultan la contratación de personal extranjero, independientemente de que el visado lo esté tramitando y justificando una empresa local.

Tú viajas con tu carta de invitación de la Federación de Fútbol y el visado de entrada en Azerbaiyán se tramita cuando aterrizas, de forma rápida y sencilla.

El permiso de residencia viene después: con el contrato de trabajo acordado entre ambas partes, la Federación lo tramita con una validez de un año. Es curioso el exhaustivo examen médico al que el inmigrante debe someterse para esa expedición inicial y también para cada una de las sucesivas renovaciones anuales. Se trata de pruebas que van desde los análisis de sangre hasta una evaluación psicológica pormenorizada.

UNA HISTORIA REAL: PATRICIA GONZÁLEZ EN AZERBAIYÁN

Mucha gente me decía y me sigue diciendo que estoy loca por las decisiones que he tomado y por mi ir y venir fuera de España en estos últimos años. Sin embargo, yo creo que, si hablamos de locura o de valentía, tendríamos que hacerlo al referirnos a mi decisión o determinación en un momento dado de ser profesional del fútbol siendo una mujer.

Empecé a formarme con 18 años y mi carrera como jugadora fue breve por culpa de las lesiones. Mi aventura en Azerbaiyán comenzó a mediados de 2013, cuando todavía era entrenadora del filial del Rayo Vallecano femenino. Me contactaron para plantearme la posibilidad y fue un proceso lento. La segunda llamada llegó después de un mes, cuando ya piensas que todo va a quedarse en nada. En aquel momento, me costaba mucho verlo: ¿irme a Azerbaiyán? El choque cultural parecía importante y el desconocimiento sobre el país es siempre algo que te impone más respeto.

Se trataba de una decisión difícil, pero más aún lo fue, una vez acordada mi incorporación, resolver el dilema de a cuál de mis dos colaboradores más estrechos en el Rayo Vallecano debía llevar conmigo. Sólo podía elegir a uno de ellos y tanto Miguel Quejigo (actual entrenador del Rayo Vallecano femenino y en ese momento mi segundo entrenador) como Ricardo da Silva (preparador físico) eran para mi imprescindibles.

Miguel iba a aportarme muchísimo en el aspecto puramente táctico y del juego, y también en el aspecto personal (pues habíamos trabajado juntos varios años y era alguien de máxima confianza), pero terminé siendo muy pragmática y decantándome por el factor en el que más se me podía aportar: el condicional. Pensé además que la exigencia de resultados iba a ser máxima desde el principio y que el físico podría marcar una gran diferencia y hacernos subir un escalón desde el primer momento mediante una buena preparación. Ricardo da Silva y yo emprendimos por lo tanto esta aventura.

Tras un primer año trabajando en el lugar, tuvimos la ocasión de incorporar a un técnico asistente. El perfil era muy concreto, pues debía ser alguien cuya aportación se extendiera además a la sección masculina, con el fin de justificar el presupuesto. Víctor Miguel Fernández, que fue mi primer entrenador cuando yo era jugadora, respondía a estos requisitos y se sumó a nuestro equipo técnico, aportando muchísimo en todo lo que respecta al juego. Además, realizó funciones de instructor de entrenadores de porteros en categorías masculinas. Nuestra aventura juntos duró hasta febrero de 2016, cuando mis dos compañeros finalizaron su contrato. En ese momento, el balance era muy positivo: creo que habíamos conseguido cambiar cosas en el fútbol de Azerbaiyán, habíamos aportado nuestro granito de arena.

La histórica clasificación para la Ronda Élite del Europeo sub-19 (entre los 24 mejores equipos) motivó mi decisión de extender mi contrato un año más y continuar la experiencia en solitario (en lo referente a la representación española en el cuerpo técnico). A finales de 2016, di por finalizada la etapa y rescindí mi contrato. Era el momento de buscar nuevos retos, renovarme e ilusionarme una vez más. Concluyó así una vivencia fantástica, en la que he crecido como profesional y como persona, y de la que siempre guardaré magníficos recuerdos.

CONSEJOS PARA EL EMIGRANTE NOVATO

Si miramos Azerbaiyán en un mapa del mundo, se encuentra enclavada en una región conflictiva, con países que tienen inestabilidad territorial y conflictos internos. Esto puede llevar a pensar en un país inseguro. Sin embargo, los prejuicios hay que contrastarlos sobre el terreno y resulta que en Bakú he sentido más seguridad caminando por las calles que en Madrid. La policía es severa cuando se produce un altercado y eso parece elevar los niveles de seguridad, convirtiendo a esta ciudad y a este país en un entorno en el que realmente se respira paz.

Bakú es además una capital muy desarrollada, en la que se vive muy a gusto. Sus gentes son muy hospitalarias. Es cierto que en el proceso de adaptación describes una curva en la que primero vives la subida de ver cómo todo el mundo es amable y te sientes como en casa. Después, cuando profundizas, te das cuenta de las grandes diferencias culturales que existen y eso te echa para atrás un poco. Pero luego superas esta fase porque comprendes que el extranjero eres tú, que debes tirar de tolerancia y de flexibilidad, y que debes hacer todo lo posible por adaptarte. Es más, te das cuenta de que lo que podían ser verdades absolutas para ti, tal vez no lo sean, por lo que unas veces te adaptas y toleras, y otras cambias directamente de punto de vista, enriqueciéndote y evolucionando como persona gracias a la experiencia.

CANADÁ

Eric Tenllado

EL AUTOR

Licenciado en Ciencias de la Actividad Física y el Deporte (2008-2012) por la Facultat de Psicologia, Esport i Ciencies de l`Esport, Blanquerna - Universitat Ramon Llull, Eric Tenllado es entrenador de fútbol UEFA Pro (año 2015).

Su trayectoria profesional como entrenador se ha desarrollado en el fútbol formativo del RCD Espanyol de Barcelona SAD durante las temporadas 2009-2016, en las que entrenó en las categorías Prebenjamín, Benjamín y Alevín, además de realizar las correspondientes tareas de captación asignadas al grupo de edad que dirigía cada una de las correspondientes temporadas. Durante estas siete temporadas, Eric pudo vivir diferentes experiencias deportivas a través de varios torneos nacionales e internacionales, además de campus alrededor de España (Catalunya, Madrid, Galicia, Valencia, País Vasco, Aragón, Islas Baleares y las Islas Canarias) y en el extranjero (Alemania, Italia, Gran Bretaña, Grecia, Andorra y Canadá). Antes de incorporarse al fútbol formativo del RCD Espanyol había dado sus primeros pasos como entrenador en la Escuela del Espanyol, en el CD Montgat y en el C.F. Badalona.

Como formador de entrenadores, Eric venía desarrollando esta labor como profesor en CENAFE Escuelas desde septiembre de 2015 y participó en varias ponencias y congresos de fútbol dirigidos a entrenadores y preparadores físicos en Barcelona, Grecia, Tenerife y Canadá.

Actualmente, desarrolla su actividad profesional en Toronto (Ontario, Canadá), trabajando para el Toronto High Park FC, filial del Toronto FC de la MLS (su fútbol formativo empieza en la etapa infantil con los Sub14). En el club, Eric desempeña dos posiciones o roles:

Uno es el de Director of Coaching U9-U10, tanto para chicos como para chicas, en el que se encarga de coordinar la etapa de formación de los jugadores entre 8 y 10 años. Coordina una estructura de 120 jugadores, 60 para la etapa Sub-9 y 60 para la etapa Sub-10, con una estructura técnica de dos entrenadores y ocho voluntarios/asistentes por etapa. Con las chicas, son 100 las jugadoras repartidas al cincuenta por ciento en cada etapa, con dos entrenadores y ocho voluntarios/asistentes. Eric es el máximo responsable del programa de formación para esta etapa, así como de la supervisión del desarrollo de los jugadores y de la función y desempeño de los técnicos y asistentes.

Su otro rol corresponde al de Coach Development Manager. En Norteamérica, los clubes dan mucha importancia a la formación de sus entrenadores y es habitual que cada club cuente con una persona encargada de formar a todos los entrenadores del club de manera interna.

De esta manera, Eric es el responsable de diseñar, programar y ejecutar el programa de formación de entrenadores que lleva a cabo el Toronto High Park FC, el cual incluye, entre otras actividades, ponencias de aula y de campo, workshops, la asistencia a diferentes congresos alrededor de la provincia o del país y la observación de los diferentes entrenadores y de los entrenamientos dentro del club, con el fin de proporcionar feedback entre los técnicos para ayudarse mutuamente a crecer. El club está muy concienciado acerca de la importancia de formar buenos entrenadores que ayuden a crecer a los futbolistas, con lo que subvenciona el 100% de las titulaciones adquiridas por sus técnicos.

Eric también colabora con el programa de formación de entrenadores de la Toronto Soccer Association (TSA - Federación de Fútbol de Toronto) y participa como consultor en el programa de desarrollo de jugadores, entrenadores y competición de la Canadá Soccer Association (CAS - Federación de Fútbol de Canadá) y Ontario Soccer Association (OSA - Ontario Soccer Association).

EL FÚTBOL EN EL CONTEXTO DEPORTIVO DE CANADÁ

Aunque el fútbol está creciendo mucho en Norteamérica en general, y específicamente en Canadá, y cada día se invierte más dinero (y con más sentido) en el desarrollo de este deporte, todavía no se ha conseguido que el fútbol se convierta en el principal deporte del país... y en mi opinión no lo conseguirán, porque tampoco éste es el objetivo: Canadá es hockey (hielo) o hockey hielo es Canadá. Ellos son los mejores en este deporte y es el que cuenta con una mayor afluencia de público, con más licencias deportivas, con mejores instalaciones y con mayores presupuestos. Como país norteamericano que es, culturalmente también tiene mucho seguimiento el béisbol, el baloncesto… y el soccer (nuestro fútbol), que cada día está ganando más adeptos (y realmente no tiene pocos).

Canadá es el décimo país del mundo en porcentaje de licencias profesional de fútbol masculino y el tercero en el ranking de mujeres, sólo por detrás de Estados Unidos y de Alemania.

En referencia al número de licencias en fútbol formativo, según la Federación de Fútbol de Canadá, el país se sitúa en la séptima posición del ranking para los chicos, detrás de Estados Unidos, Alemania, Brasil, Sudáfrica, Francia e Inglaterra; y en segunda posición para las chicas, detrás de Estados Unidos. Aunque todo esto queda matizado por el hecho bien conocido de que en Canadá existen multitud de academias privadas y ligas no aceptadas por la federación en la que participan muchísimos chicos y chicas sin licencia federativa.

No obstante, y aun con dicho número de licencias deportivas masculinas, Canadá está situada a mediados de 2017 en la posición 117 del ranking FIFA. En cuanto al fútbol femenino, la selección nacional obtuvo el tercer puesto en los pasados Juegos Olímpicos y generalmente muestra un mayor rendimiento en cuanto a sus registros en las competiciones.

Respecto al fútbol formativo o grassroots, como le llaman aquí, tal y como he mencionado anteriormente, la tendencia de crecimiento se puede observar no sólo con el incremento del número de licencias deportivas, sino también con la cantidad de clubes afiliados a la Federación y con las academias privadas que están apareciendo a lo largo y ancho del territorio canadiense. ¡No es poco!

Además, existe una alta demanda o interés en incorporar entrenadores y formadores provenientes de una mayor y mejor cultura futbolística de la existente en el país, con la consecuente inversión económica con todo lo que esto supone.

También está creciendo mucho el número de eventos formativos acerca de todo lo que rodea al balón. Cada federación tiene sus propios programas y eventos a los que se suman los del ámbito privado. Y es que Canadá es un país que ha crecido y que sigue haciéndolo a base de inmigración: gente de alrededor del mundo y de muchos de países con gran tradición futbolística conviven en el territorio o están llegando y el interés que muestran por este deporte, sumado a las expectativas deportivas y económicas de los norteamericanos, está haciendo crecer mucho al fútbol como fenómeno social y se prevé un mayor desarrollo en los años venideros:

La mezcla cultural es tan grande que Toronto está incluida en el Top 3 de ciudades más cosmopolitas del mundo y el crecimiento del fútbol se ejemplifica con el rumor que corre acerca de una posible candidatura al Mundial de 2026, bien para Canadá (que ya hospedó la última Copa del Mundo Femenina el pasado verano) o juntamente con Estados Unidos.

El fútbol español es muy conocido, gracias a los recientes éxitos de la última década de los FC Barcelona, Real Madrid, Atlético de Madrid y Sevilla FC, y cómo no, de la Selección Nacional de Fútbol. Los ciudadanos de a pie, mínimamente conocedores del fútbol la tienen en su memoria como icono y nos asocian a los españoles con el estilo de juego combinativo y con la "filosofía del tiki taka", aunque no todos lo entienden. Los profesionales canadienses de fútbol muestran un gran interés por aprender sobre las diferentes metodologías de entrenamiento que se utilizan en nuestro país: les atrae el más que conocido juego de posición y el análisis de los partidos en los que se implementa este estilo de juego.

LA ESTRUCTURA Y EL NIVEL DEL FÚTBOL EN CANADÁ

El sistema competitivo en Norteamérica es muy distinto a la mentalidad europea y española. El mejor ejemplo y que prácticamente todo el mundo conoce es la NBA. Son ligas cerradas, en las que participan franquicias que compran los puestos para poder jugar en esa liga o competición.

Ese mismo formato es el que adquiere la Major League Soccer (MLS): no hay descensos en esta liga ni tampoco ascensos en las categorías posteriores. De hecho, no hay una segunda división, sino que hay dos ligas: la USL (United Soccer Leagues) y la NASL (North American Soccer League), que se disputan entre ellas el rol de segunda división en Norteamérica.

Tampoco existen los descensos ni los ascensos entre estas ligas. Las principales diferencias de una a otra son sus limitaciones salariales y presupuestarias, y el hecho de que la USL suele ser la liga en la que los equipos de la MLS sitúan a sus filiales o en la cual termina el mayor número de jugadores provenientes de las ligas universitarias. Estas últimas no tienen el mismo potencial económico en cuanto a becas y ayudas para estudiantes y deportistas como sucede en EEUU, aunque es cierto que existen tales programas y competiciones.

Acorde con el interés de Canadá por crecer en el ámbito futbolístico, podemos observar la tendencia que existe a incorporar buenos futbolistas a la MLS. Canadá cuenta con tres equipos en la máxima competición norteamericana de soccer, como son el Toronto FC (reciente sub campeón de la MLS), el Montreal Impact y el Vancouver Whitecaps FC.

El Toronto FC cuenta con nombres como el recién incorporado Víctor Vázquez (ex FC Barcelona), Sebastián Giovinco (ex Juventus FC), Jozy Altidore (Jerez, Villarreal CF, Hulk City, Sunderland) o Michael Bradly (Capitán de la selección nacional de EEUU).

El Impact Montreal incorporó en la 2015-2016 a Didier Drogba (Chelsea) y cuenta en sus filas desde hace más de tres temporadas con Laurent Ciman (Selección nacional de Bélgica). Además, en su día contó con Alessandro Nesta (AC Milán y Lazio). La pasada campaña fue eliminado por el Toronto FC en las semifinales de la MLS.

Todos estos jugadores que compiten en la MLS en los clubes canadienses se suman a: David Villa, Andrea Pirlo y Frank Lampard en el New York City, con Patrick Vieira como entrenador (Arsenal y Selección nacional de Francia); Chicago Fire, con la reciente incorporación de Bastian Schweinsteiger y que tiene como entrenador a Veljko Paunovic (ex futbolista del Atlético de Madrid); o a Giovanni Dos Santos (ex FC Barcelona y Villarreal CF) en Los Angeles Galaxy, que a su vez contó con Steven Gerrard (Liverpool FC) la pasada temporada. Y, en definitiva, a muchos más futbolistas que están por llegar.

En cuanto a la NASL, Canadá está representada por el FC Edmonton, que cuenta entre sus filas con el futbolista Nicolas Di Biase (jugador argentino con pasado futbolístico en España en equipos como el Zamora o el Puertollano).

Por su parte, el Ottawa Fury (equipo de la capital canadiense) representa al país en la USL desde hace poco, ya que tradicionalmente venía compitiendo en la NASL. Este club cuenta con el jugador canario Gerardo Bruna (ex jugador del fútbol formativo del Real Madrid y Liverpool) y en su cuerpo técnico podemos encontrar a Paul Dalglish como Manager (ex jugador del Liverpool y del Newcastle United e hijo del famoso ex jugador y entrenador Kenny Dalglish), a Jonathan de Guzmán (ex jugador del RC Deportivo de la Coruña), que venía jugando en el club y al final de la 15-16 decidió retirarse y empezar su camino en los banquillos como asistente. Y también está Bruce Grobbelaar, el famoso portero que bailaba antes de que le tiraran los penaltis y que ganó la Champions League con el Liverpool FC. En la USL también compite el filial del Toronto FC.

EL FÚTBOL BASE EN CANADÁ

El país es muy grande y, tal y como sucede en España, se encuentra dividido en distintas provincias y cada una está organizada de manera autónoma por su federación. Solo la provincia de Ontario, donde se encuentra Toronto, es más grande que España.

Mi experiencia en Ontario me dice que todos los jugadores pagan por jugar. Aquí se divide el año en dos temporadas, la de invierno

(Octubre-Marzo, ambos meses incluidos) y la de verano (Abril-Septiembre, ambos meses incluidos). Las familias suelen pagar una cuota distinta por cada una de estas dos sub temporadas. Conozco clubes donde esta cuota puede estar alrededor de los 500-600 euros por subtemporda y academias privadas donde llegan a pagar entre 1.200-2.000 euros por sub temporada. Con lo cual, el fútbol pasa de ser un deporte más popular o "para pobres" a ser un deporte "para los que se lo pueden permitir".

Adicionalmente, existen los programas o selecciones federativas, donde si te eligen para jugar con ellos debes pagar una pequeña cuota. Por ejemplo, Toronto esta subdividido en distintos distritos. Cada distrito tiene su propio seleccionado, a continuación está el seleccionado de la ciudad y luego, el provincial.

En mis colaboraciones con la Canadian Soccer Association, Jason DeVos (Director de desarrollo del fútbol formativo) me comentaba que uno de los principales problemas del país es que no cuenta con muchos equipos profesionales. Como expliqué anteriormente, Canadá dispone de tres equipos en la MLS, uno en la USL y otro en la NASL. El Toronto FC, el Impact Montreal y el Vancouver Whitecaps poseen una estructura formativa, pero por ejemplo el Ottawa Fury de la USL solo tiene equipo profesional masculino. Entonces, el problema reside en que, a falta de clubes profesionales con estructuras de fútbol formativo profesional, ¿quién se dedica a formar a los jóvenes futbolistas?, ¿de qué manera y con qué métodos?

Muchos clubes basan su método en la captación del mayor número posible de jugadores, con lo que nos encontramos grandes clubes en términos cuantitativos, con pocos entrenadores y escasamente formados y con un amplio número de voluntarios (padres), que entre todo son los responsables de llevar a cabo el proceso formativo (los voluntarios dirigen de primera mano muchas sesiones y partidos).

Es muy habitual que los clubes designen a un Director de Cantera, que es quien se encarga de mandar los planes de entrenamiento a entrenadores poco cualificados o a padres voluntarios, para que sean éstos los que se encarguen de ejecutar la sesión. Esta fórmula es muy común todavía en muchos clubes y academias del país, pero afortunadamente, y como parte de la inversión que las instituciones están haciendo para mejorar la calidad del proceso formativo, cada vez son más los clubes que cuentan con estructuras profesionales en su fútbol formativo, con un desarrollo llevado a cabo por buenos profesionales. Sin ir más lejos, hay ciertos clubes cuya estructura parece la de una empresa.

En nuestro caso, tenemos un Director Técnico, por debajo está el Coach Development Manager (encargado de la formación de entrenadores) y el Player Development Manager (encargado del proceso formativo del jugador), seguido de los Director of Coaching (o coordinadores de etapa), con cada equipo y grupo de edad directamente gestionados por su correspondiente entrenador y con una bolsa de entrenadores asistentes como soporte técnico para las sesiones. Además, incluimos a los padres que quieren asistir como voluntarios, pero no para dirigir la sesión o el partido, sino para estar presentes con unas funciones técnicas definidas, para así proporcionarles formación.

Como he comentado, cada provincia es distinta y cada federación es independiente, con lo que se puede observar muchísimas diferencias entre unas y otras. Por ejemplo, en la provincia de Ontario, las academias del FC Barcelona no están reconocidas por la OSA (Ontario Soccer Association), con lo que los clubes registrados en la Federación no pueden jugar partidos amistosos o torneos contra ellos, ya que pueden ser sancionados si lo hacen. Pero en otras provincias sí que se han empezado a reconocer academias privadas, independientes respecto del sistema federativo, y dan sus primeros pasos hacia su inscripción en la competición oficial.

Estas situaciones de tira y afloja suceden porque desde la Federación se quiere mantener un férreo control de absolutamente todo (algo que es imposible, dado el enorme número de licencias de jugadores y por la infinidad de pasos y detalles que debería controlar en el proceso). Entre otras cosas, la Federación prescribe la metodología que los clubes deben seguir, el formato que se debe aplicar en los entrenamientos o las cualificaciones y formaciones que los técnicos deben obtener, con su correspondiente fecha de caducidad.

Por ejemplo, en Ontario, a partir de los 12 años existe la competición llamada OPDL (Ontario Program Development League). No es una liga a la que se pueda acceder ascendiendo desde la categoría inferior, ya que es una competición cerrada, en la que debes solicitar una plaza a la Federación y cumplir una serie larguísima de requisitos administrativos, organizacionales y técnicos, entre otros. El hecho es que se supone que es una liga de alto estándar en cuestiones de calidad, pero en definitiva se trata de una competición cara para todos aquellos jugadores y clubes que quieren participar, ya que exige el pago de una cuota que no es precisamente económica. Además, la Federación presenta este tipo de competiciones como imprescindibles, dando a entender que, si un jugador no participa en ellas, sus opciones de aspirar a ser un buen futbolista, de ser llamado por el seleccionado provincial o por el nacional, se van a reducir de forma drástica.

De este modo, la capacidad económica de la familia juega un rol importante para determinar la participación de sus hijos en este deporte y en determinados clubes o competiciones, cuando por todos es sabido el origen no precisamente adinerado de un gran número de grandes talentos del mundo a lo largo de la historia del fútbol.

En definitiva, lo que la Federación pretende con este tipo de competiciones es trazar y controlar el proceso formativo del niño y desarrollo al jugador que lleva dentro, procurando agrupar a los mejores jugadores en esa liga, para que sean posteriormente convocados por la selección provincial y que de allí puedan salir a los programas federativos de desarrollo del talento y a las distintas selecciones nacionales.

Según mi opinión, la intención es buena, pero el marco de actuación y el enfoque que le han dado no les ayuda en nada a conseguir el objetivo final y así lo comentamos en la última reunión que tuve con la OSA (Ontario Soccer Association), acerca del Long Term Player Development Program (programa a largo plazo de desarrollo del futbolista).

Como en cualquier país del mundo y en cualquier deporte, en Canadá la iniciación de los niños en el fútbol comienza a diferentes edades. Aquí existe la oferta para jugar al fútbol desde bien pequeños (5-6 años) y existe lo que se denomina House League, que son programas para jugadores que quieren tener su primera experiencia en el mundo del fútbol o para chicos/as que tienen una agenda muy apretada de actividades extraescolares y quieren tener un compromiso menor con el número de horas dedicadas al deporte, con lo que asisten a un entrenamiento semanal, más un posible partido de vez en cuando. Canadá es un país que culturalmente fomenta la participación de los chicos en diferentes actividades deportivas y extraescolares desde bien pequeños.

Hay que tener en cuenta que la temporada de invierno cuenta con sus deportes indoor (hockey, ski o baloncesto, entre otros) y la de verano, los correspondientes outdoor (fútbol, béisbol o deportes acuáticos). Así que es muy normal tener un jugador que por ejemplo participa en el equipo de hockey y de fútbol durante el invierno, y en béisbol y fútbol en verano.

A esto hay que añadir el hecho de que el fútbol era hasta hace bien poco un deporte exclusivamente outdoor y de verano, ya que con la climatología del invierno no se podía desarrollar al aire libre en debidas condiciones, hasta que aparecieron los Dome o campos indoor, de césped artificial (con un elevado coste por el alquiler, pues hasta 200 euros puede llegar a valer el tercio de un campo de fútbol 11 o un campo de fútbol 7, durante 55 minutos). Estas instalaciones permitieron la práctica de este deporte durante el invierno, por lo que la temporada de fútbol se completó, adquiriendo un carácter anual.

Hablando del ejercicio de compatibilidad que el jugador debe realizar con el fútbol y otras actividades, no podemos olvidar las extras escolares y de las culturales, como danza, piano, o idiomas. Puesto que es un país muy cosmopolita y hay familias de alrededor de todo el mundo, la mezcla cultural es importante y muchos chicos van a escuelas de idiomas para aprender el idioma del país de origen de sus padres o de sus abuelos.

En cuanto a la participación por parte de los clubes en competiciones y/o torneos nacionales e internaciones, sigue habiendo mucho control por parte de la Federación. Cada etapa de formación tiene un límite de kilómetros a los que pueden desplazarse los equipos, tomando como referencia el lugar donde se encuentra situado el club, para competir en torneos o competiciones externas a las ligas federativas.

Por ejemplo, los jugadores de 8 a 10 años no pueden realizar viajes de más de 45 minutos de duración y tienen totalmente prohibido participar en torneos fuera del país, mientras que a los chicos de 11 y 12 años de edad se les permite tener una única experiencia extranjera anual.

Ya sabemos: "hecha la ley, hecha la trampa" y muchos clubes con interés en jugar amistosos o torneos entre ellos viajan cada uno de ellos hasta su máximo límite para encontrarse en un punto neutral y disputar esos partidos amistosos.

LA FILOSOFÍA DE JUEGO EN CANADÁ

Canadá es un país histórica y culturalmente muy influenciado por el Reino Unido y eso se ha transmitido al fútbol/soccer. Ahora, con beIN Sports puedes seguir La Liga, La Bundesliga o la Serie A, pero es muy raro que la gente de aquí siga ligas de fútbol diferentes de la Premier League. Y no solo me refiero a los aficionados, sino a la gente que se dedica al fútbol. Todo lo relacionado con el fútbol tiene una incontestable ascendencia inglesa.

Hace cuarenta o cincuenta años era imposible ver fútbol en la televisión. Desde hace unos pocos, se avanzó en ese sentido, pero sólo se retransmitía un partido los domingos por la mañana y era de la Premier League, principalmente de estos tres equipos: Manchester United, Arsenal o Liverpool.

Esto muestra el poco bagaje futbolístico que tiene la cultura canadiense en torno al fútbol, la poca educación que existe en términos técnicos y la escasa formación específica en este deporte.

Así que, aunque gusta mucho y aprecian el estilo de juego español y su forma de entender el fútbol, el arraigo del modelo inglés es muy fuerte. A veces es como un quiero y no puedo o, en algunos casos, un puedo y no quiero...

Para una gran parte de la población, intentar comprender el juego en su nivel más básico es ya un progreso. Mucha gente, incluidos varios padres que traen a sus hijos a los entrenamientos y a los partidos, reconocen no tener ni la menor idea de fútbol y admiten que nunca lo han seguido hasta que sus pequeños empezaron a practicarlo.

Para los más estudiosos y curiosos, el reto actual se encuentra en estudiar a fondo el juego, y más concretamente todo lo relacionado con el juego de posición y el estilo combinativo, así como las metodologías y bases pedagógicas para desarrollarlos.

Es curioso el hecho de que, al ser un país en el que es frecuente que los jugadores practiquen varios deportes al mismo tiempo, me estoy dando cuenta de que hay muchos comportamientos y conceptos tácticos que se transfieren entre los distintos deportes. Eso te hace reflexionar y aprender.

En este sentido, estoy ampliando un estudio que había elaborado hace algún tiempo acerca de la transferencia de conceptos (de situación o tácticos) entre los diferentes deportes y que espero publicar en el futuro.

Por ejemplo, puedes visualizar generalmente que solo hay una dirección en el juego: ellos ganan el balón y van hacia delante, tal y como pasa en el fútbol americano o en béisbol, disciplinas en las que sólo les está permitido correr en dirección a la línea de fondo rival para puntuar. Les cuesta mucho parar y volver a empezar. Ya sabemos que el baloncesto te impide hacerlo, debido a la regla del campo atrás. Esto es algo que he observado recientemente.

Luego, en términos de comportamiento individual, observo cómo la gran mayoría de jugadores de hockey sobre hielo son más agresivos en las disputas y en los duelos individuales. Tienen además un mayor recorrido en el campo, por lo que su demarcación suele ser frecuentemente la de lateral, centrocampista de banda o delantero, por su velocidad y por poseer manifestar una clara tendencia a la verticalidad.

El reto en Canadá pasa actualmente por formar adecuadamente a los entrenadores y a las familias: a los entrenadores, porque son los que van a dirigir el proceso enseñanza – aprendizaje de los jugadores; y a las familias, porque son las que pasan más tiempo con sus hijos y queremos que vayan en la misma línea que las ideas del club, en cuanto a los mensajes emitidos antes y después de los entrenamientos y de los partidos.

Una de mis responsabilidades aquí consiste en formar a los entrenadores y al mismo tiempo estoy muy involucrado en la orientación de las familias, desde una perspectiva y desde un nivel distinto al de los entrenadores. Hemos establecido reuniones familiares por etapa, así como formación para padres voluntarios en ser asistentes y estamos llevando a cabo un experimento, en el que puntualmente abrimos las puertas del vestuario para acoger a los padres durante los mensajes pre y post partido, con el objetivo de que entiendan el proceso y puedan acompañar a sus hijos de la manera más correcta posible o al menos de una forma que no sea negativa.

PECULIARIDADES DEL PAÍS QUE AFECTAN AL FÚTBOL

Canadá es uno de los países con mayor extensión de territorio del mundo. Si bien gran parte de su zona norte es totalmente glacial (Ártico) su extensión total es de 243,042 km^2. Hablando con la CSA (Canadá Soccer Association), ellos identifican este dato geográfico como uno de los grandes condicionantes para poder llevar a cabo una mejora de los sistemas de competición, sobre todo a nivel profesional, pero que a su vez afecta la estructura semi-profesional y de ahí hacia abajo en la estructura. Por este motivo, ligas como la MLS y la USL o la NBA en baloncesto utilizan el sistema de las conferencias ESTE y OESTE. También está el caso de la NASL, que solo cuenta con ocho equipos en su competición y la divide en dos sub temporadas, con dos tablas clasificatorias para cada una de ellas.

Evidentemente, debido a su situación geográfica y como consecuencia de su climatología, Canadá cuenta con un calendario de competición distinto al de España. La MLS y las principales ligas profesionales inician su competición a mediados/finales del mes de marzo y se extiende hasta diciembre. Además, como la competición incluye distintas zonas geográficas dentro de la misma conferencia (como es el caso de Florida en la parte más sur de la conferencia ESTE o Toronto en la zona más norte), no es extraño ver cómo un equipo puede jugar dos o tres partidos seguidos como visitante antes de jugar como local durante el mes de marzo, para favorecer las condiciones climáticas de la zona donde se ubica el estadio.

En cuanto al fútbol formativo, anteriormente solo existía la outdoor season o temporada de verano, con lo cual solo jugaban al fútbol entre los meses de mayo y septiembre. Durante el invierno, tenían sus deportes de invierno y los que querían jugar al balompié practicaban el fútbol sala.

Desde hace unos años, inventaron lo que ellos llaman "Dome", que consiste en un sistema mediante el que cubren los campos de césped artificial con un material hinchable y el campo queda protegido en una burbuja. Eso ha permitido que se pueda realizar actividad futbolística en el fútbol formativo durante los meses de invierno. De esta forma, en los últimos años es más normal ver cómo varios clubes y academias ofrecen programas de invierno.

No obstante, se sigue dividiendo el año en temporada de invierno (indoor) y temporada de verano (outdoor). Esto hace que en fútbol base puedas contar con una gran cantidad de chicos/as durante el invierno, pero no durante el verano, ya que muchos de ellos se van de vacaciones y en Canadá es muy tradicional tener un "Cottage", lo que viene a ser una cabaña o casa de lago como segunda residencia para la temporada de verano. Por el contrario, también se da el caso de que muchos chicos/as que han participado en deportes de invierno durante la indoor season quieren jugar al fútbol durante el verano, por lo que la afluencia de jugadores es bastante imprevisible.

Como espectador, el fútbol profesional aquí es bastante accesible, en cuanto al precio de las entradas se refiere. Puedes encontrar tickets por 30-50 euros en partidos de la máxima competición (MLS) o por 10-15 euros en ligas como la NASL o USL. Aun así, no siempre se llena el estadio. Como en todas las competiciones, la asistencia dependerá del equipo y de la tradición y de la cultura futbolística de la zona.

Todas las actividades deportivas de Norteamérica están muy enfocadas al ámbito social: son puros eventos sociales donde los organizadores intentan que el espectador disfrute de su experiencia global en el estadio. Siempre ofrecen actividades alrededor del recinto, antes de los partidos. Hay mucha oferta gastronómica antes, durante y al final de los encuentros, tanto en los alrededores como dentro de los estadios. Quien asiste a un partido profesional verá mucho merchandising, mucha publicidad en las grandes pantallas, shows en directo para cantar los himnos nacionales antes del partido (muchas veces se enfrentan equipos de EEUU contra Canadá) y este tipo de cosas a las que no estamos habituados en Europa.

Hay incluso entrevistas con los entrenadores durante el partido. Ésta es una de las cosas que más me sorprendió cuando asistí a mis primeros partidos de la MLS en Montreal y es que alrededor del minuto veinte de la primera parte la televisión entrevista al entrenador del equipo local. En la NASL, el entrenador atiende a los medios en el descanso y esto es retransmitido en vivo, por audio y en imagen, a través de las grandes pantallas del campo.

MÉTODOS DE ENTRENAMIENTO EN CANADÁ

Los canadienses, ante todo, son norteamericanos y están muy influenciados por este tipo de cultura. Esto supone que le prestan una gran importancia a la condición física del deportista y toda la planificación y periodización se basa en lo condicional. Son atletas antes que jugadores de fútbol y por ese motivo a más de un jugador y a algunos equipos les cuesta jugar al fútbol, en cualquiera de los estilos de juego que quieran desarrollar.

No obstante, ya hay equipos que están incorporando el entrenamiento integrado, porque consideran que así están más cerca de ejercitarse jugando al tipo de deporte que se supone que practican, pero sigue siendo la estructura condicional la que guía todo el proceso de entrenamiento. Es a lo que ellos le prestan atención de forma prioritaria y es lo que finalmente controlan y evalúan.

Muy pocos equipos están cerca de utilizar metodologías como la estructuralista de Seirul.lo o la periodización táctica. Las pocas excepciones se dan porque cuentan con parte del cuerpo técnico procedente de España o de Portugal e intentan introducir algunos componentes, pero es complicado que la desarrollen al cien por cien. Es un proceso que va a tomar algo más de tiempo aquí, primero por la poca cultura futbolística, segundo por el bajo conocimiento del juego y tercero por la gran influencia cultural de Estados Unidos y de Gran Bretaña.

En cuanto al uso de la tecnología, son pioneros en ello y creo que pocos puedan estar más avanzados que ellos. Es algo en lo que cuentan con los recursos para llevarlo a cabo, les gusta la materia y disponen de los medios económicos y la voluntad de invertir en este sector de la actividad deportiva. En febrero de 2017 asistí a las jornadas formativas anuales de la McMaster World Congress in Sports Management and Analytics. En estas conferencias pude comprobar el gran interés que tienen por la tecnología aplicada a la actividad deportiva y todo lo que rodea al mundo del fútbol, ya sea para promocionar eventos, estrategias de marketing o sponsorships.

Ellos se organizan como verdaderas empresas y el aspecto financiero es de vital importancia. Toda la estructura dentro de los clubes está organizada como una empresa.

Son innovadores, pioneros y una referencia en todo lo que tenga que ver con el marketing, la publicidad y el aspecto financiero. Todo lo relacionado con el control de los ingresos y gastos dentro de la competición y los clubes, cómo se reparten los beneficios, cómo se organizan los eventos de cara al club y de cara al espectador, y las experiencias que quieren aportar al público cuando éste asiste al evento. Pocos o nadie les pueden superar en esto.

Están por detrás, y deben ponerse al día, con lo relacionado con la cultura futbolística: entender el juego como un continuum que no puede ser diseccionado en distintas fases, comprender al futbolista como un ser humano compuesto de distintas estructuras, las cuales tienen un rol especifico durante el mismo momento, los sistemas y métodos de entrenamiento y todo lo que conlleva la preparación del futbolista para el juego.

INFRAESTRUCTURAS Y MEDIOS DE ENTRENAMIENTO Y DE TRABAJO

Las instalaciones de los equipos profesionales son de muy buena calidad. No son grandes estadios en cuanto a la capacidad, porque tampoco la necesitan, pero tienen todo lo que necesitan para llevar a cabo su tarea profesional en unas condiciones más que óptimas.

En cuanto al material, como hemos comentado anteriormente, son pioneros en todos los recursos necesario para entrenar las capacidades físicas, ya sea en el gimnasio o en el terreno de juego, como todos los métodos tecnológicos para evaluar que está sucediendo durante el entrenamiento o que sucedió una vez éste ha terminado. A su vez, disponen de muchos materiales de todo tipo para el entrenamiento de las cualidades técnicas: redes para cubrir parte de la portería y dejar espacios vacíos en ella, mallas para hacer rebotar los balones, todo tipo de porterías, de todos los tamaños y formas. Algunos de estos recursos son más útiles y otros los son menos para el especifico entrenamiento del fútbol, pero ellos cuentan con todo este tipo de material y, como están influenciados y condicionados por una cultura que se enfoca hacia la mejora de la individualidad, desde el punto de vista de las capacidades condicionales y técnicas, lo cierto es que lo utilizan a diario.

Esta abundancia de recursos acontece en el fútbol profesional, pero es normal observar cómo cualquier equipo o academia de fútbol formativo tiene un despliegue de material enorme en este sentido. Muchas vallas, de todos los colores, formas y tamaños. Porterías portátiles que montan y desmontan en un momento. Conos pequeños, medianos y grandes, con diferentes formas y colores. Marcas para dividir el campo y que no sobresalgan de la superficie, etc.

En invierno, como comentamos, el sistema de dome les da la vida en los terrenos de juego artificiales, pero a lo largo de todo el país y en medio de las grandes ciudades hay una infinidad de parques y espacios verdes, donde hay ancladas porterías de tres postes. En verano, los clubes utilizan los parques públicos para realizar entrenamientos y en ellos se juega una gran parte de las competiciones oficiales. Son campos de césped natural, que el ayuntamiento se encarga de mantener en lo relativo al estado del césped y también pinta las líneas semanalmente. Así que es muy curioso ver cómo dos equipos se encuentran en mitad de ese parque, en un campo que no tiene ningún graderío, ni espacio o material que separe el terreno de juego respecto a la zona de padres o espectadores y mucho menos cuenta con vestuarios. El terreno de juego está situado en un parque que pertenece a la ciudad, con lo que pasa a ser un campo neutral en los partidos de competición, así que uno de los dos equipos juega con la condición de local y el otro como visitante, con la peculiaridad de que, en caso de coincidencia de uniformes, el equipo local es el que debe cambiar su vestimenta. Además, es el encargado de proveer las redes para las porterías, banderines de córner y balón oficial de partido.

Esto generalmente solo sucede en la temporada de verano y para las categorías inferiores de las ligas de distritos y ciudades. En las competiciones oficiales provinciales sub 14, 15y 16 ya es diferente.

En el fútbol profesional, la estructura, los medios y los recursos son muy parecidos a España. En los cuerpos técnicos, todos los equipos cuentan con la figura del entrenador o Manager (perfil ingles), el asistente del entrenador o segundo entrenador, preparadores físicos y de porteros, además de scout o analista de videos. Aparte, están los cuerpos médicos y los fisioterapeutas.

En el fútbol formativo, sobre todo en las edades más tempranas, siempre ha sido normal tener a los padres como entrenadores voluntarios. Algunos clubes cuentan con sus entrenadores, pero éstos se encargan de entrenar cuatro o cinco equipos dentro del mismo club, con lo cual luego no pueden ir a todos los partidos o asistir a todos los entrenamientos. Esto está cambiando poco a poco y por la inversión que están haciendo en promocionar y aumentar la calidad del proceso formativo del fútbol de base, cada vez podemos ver a más clubes incorporando entrenadores de otros países. He aquí mucha influencia de Inglaterra, Escocia, Irlanda y también de países de la Europa del Este.

CONTEXTO LABORAL PARA POTENCIALES INMIGRANTES ESPAÑOLES

En el fútbol profesional, Canadá está tratando de incorporar jugadores con el nivel más alto posible, mientras que, en el ámbito de los entrenadores, ocurre algo similar, aunque es cierto que, como en muchos otros lugares, la gente que toma las decisiones en cuanto a qué futbolistas o técnicos incorporar no son especialistas en la materia, por lo que realmente no se alcanza el objetivo de aumentar la calidad de los cuerpos técnicos o de las plantillas de jugadores.

Como ocurre en otros países y en otros ámbitos laborales, hay mucha variedad de ofertas para realizar la misma función, ya sea de director, entrenador o asistente, dentro del fútbol formativo o profesional.

Conozco asistentes o segundos entrenadores en el fútbol profesional (NASL y USL) que están cobrando un salario de CAD $65.000/anuales (45.500 euros aproximados), sin alojamiento ni transporte y con muchas facilidades a nivel de dietas, gimnasio o tickets para eventos.

Según he podido averiguar, ésa es la cantidad mínima en las ligas profesionales. A partir de ahí, los salarios y las condiciones varían, dependiendo de los presupuestos de los equipos, el nombre o el currículo del entrenador. En la NASL, actualmente entrena Paolo Maldini (Miami FC), mientras que en la MLS lo hacen Patrick Vieira (New York City) y Veljko Paunovic (Chicago Fire). Con seguridad, ellos no tendrán las mismas condiciones económicas que otros entrenadores menos conocidos.

Como director técnico de un club para gestionar todo el fútbol formativo, conozco gente que está ganando entre CAD $70.000 y CAD $120.000 (50.000 – 84.000 euros) anuales, sin extras.

Los full time coach o posiciones relacionados con la dirección, coordinación o formación de entrenadores, que suponen dedicación exclusiva, están siendo pagados con entre CAD $30.000 y CAD $55.000 (21.000 – 38.500 euros), generalmente sin extras incluidos.

Quien no ocupe un puesto en el fútbol profesional o en la base como director técnico o como full time coach en un club o academia profesional, entonces será un entrenador a tiempo parcial, que cobrará por hora de entrenamiento o de partido, en una ratio de entre CAD $25 y CAD $45/hora.

CONTEXTO LEGISLATIVO PARA LA CONTRATACIÓN DE TRABAJADORES ESPAÑOLES

Canadá es un país que ha crecido gracias a la inmigración y es una población súper cosmopolita. De hecho, es complicado encontrar alguien con pasado cien por cien canadiense. Si ellos no son los que emigraron, lo hicieron sus padres o sus abuelos.

Es un país con muchos programas de emigración a través de visas de trabajo temporales (work permit), visados de vacaciones sin permiso de trabajo o de vacaciones con permiso parcial de trabajo (Working Holidays), programas para jóvenes profesionales (Young profesionals) y una infinidad de opciones más que te permiten tener posibilidades de residir y de trabajar por un tiempo determinado en el país. Cada uno de estos programas tiene unos procedimientos de aceptación según tu titulación académica, tu edad o tu nacionalidad. Canadá mantiene muy buenas relaciones con el Reino Unido, por lo que cualquier persona que aplica para un visado desde Gran Bretaña tiene muchas más facilidades que desde otro país. Existen convenios diferentes con cada país y, en función de estos acuerdos, la obtención del visado será más o menos complicada.

Por mi experiencia, el ser españoles no nos favorece mucho. En primer lugar, por el tipo de acuerdos entre países y en segundo lugar por el requisito del lenguaje. Al no tener el inglés como lengua materna o como segunda lengua, nos resta puntos en el trámite selectivo de expedición del visado. Claro está que siempre se puede demostrar con una certificación oficial que ellos admitan como válida el conocimiento del idioma, pero no es sencillo.

Otro problema es que suele ser un proceso lento, en el que no te facilitan ni te detallan mucha información y que, dependiendo del programa que elijas, tiene un coste más elevado que otro.

Requisitos indispensables y fijos que hay que mostrar para la obtención de muchos de estos visados son poseer un seguro de salud y fondos bancarios suficientes para respaldarte económicamente. Además, a veces te piden demostrar que tienes un billete de vuelta a casa para cuando venza tu visado.

Todo esto procede en el caso de que desees o necesites gestionar tu visado por tu propia cuenta e ir a explorar el mercado.

En el caso de que apliques a una de las muchas ofertas de trabajo que se pueden encontrar en las webs de las diferentes federaciones del país, el club puede mostrar interés en ti y en tu trabajo, pero el país tiene como prioridad incorporar gente al mercado laboral que tenga pasaporte nacional. Por este motivo, hay que demostrar que tu perfil profesional es muy superior al del sector profesional autóctono y que muy poca gente en el país podría desarrollar el trabajo al que estás postulando de la manera que tú podrías hacerlo. Entonces puedes obtener un visado profesional con permiso de trabajo y residencia temporal, según contrato y condiciones, con la posibilidad de extenderlo.

En el caso del fútbol profesional, todo es mucho más sencillo porque los clubes profesionales se encuentran respaldados por importantes presupuestos, marcas deportivas y distintos agentes e instituciones que brindan soporte a la aplicación del visado. No hay que olvidar en cualquier caso el hecho de que tu permiso se encuentra limitado al tiempo que estés ligado a ese club y en ese puesto. Es decir, que si eres despedido literalmente no tienes permiso para seguir ejerciendo funciones profesionales en el país, ni para residir en él.

UNA HISTORIA REAL: ERIC TENLLADA EN CANADÁ

En mi caso personal. yo me encontraba de vacaciones en el país realizando unas colaboraciones con equipos de la NASL y estudiando la MLS para uso propio. A través de un antiguo compañero y amigo mío que se encuentra trabajando en el fútbol profesional y con el que estaba realizando las colaboraciones me llego la oferta. Se trataba de una ciudad distinta a la suya y para trabajar en fútbol formativo.

El entonces nuevo director técnico de mi club tenía desde el pasado mes de abril de 2016 el objetivo de profesionalizar la estructura del fútbol de base y buscaba diferentes puestos estratégicos para mejorar cualitativamente los procesos de formación de los futbolistas y de los propios entrenadores del club. La casualidad fue que mi ex compañero y amigo, con el que me encontraba colaborando en ese momento, conocía al director técnico y recibió la llamada de éste para pedirle asesoramiento sobre posibles personas a incorporar.

Él le hablo positivamente de mí y de otros compañeros, por lo que inicialmente fuimos incorporados a su listado de potenciales perfiles que incorporar. A partir de ahí, tuvimos una conversación por Skype. Me pidieron un proyecto para el puesto que iba a ocupar, así que se lo hice llegar y nos volvimos a entrevistar para hablar sobre el proyecto, hasta que finalmente se decantó por mi persona.

Posteriormente, estando ya en Canadá, tuve acceso a los perfiles de los candidatos y hubo varios con experiencia en Segunda B y en Segunda A, incluyendo filiales de equipos profesionales de La Liga, que habían postulado al puesto.

Este proceso de selección tuvo lugar a finales de julio, principios de agosto de 2016. Yo pacté con el club que ellos se encargarían, mediante sus abogados, de gestionarme los tramites y los costes del permiso de trabajo y de residencia. El proceso se alargó por diferentes razones burocráticas hasta el mes de noviembre y finalmente pude viajar el 1 de diciembre de 2016. Me incorporé al club ese mismo día.

Durante la negociación, pactamos mi salario anual, así como el incremento por objetivos a medio y largo plazo, ya que el proyecto es desde 2017 hasta 2021. No quedó incluido ningún extra, como transporte o alojamiento.

Dese mi llegada a Toronto el 1 de diciembre de 2016, hasta el 14 de diciembre del mismo año, estuve viviendo en el apartamento del director técnico del club, mientras buscaba mi propio alojamiento. No fue sencillo decidirme, porque no es una ciudad muy económica y por qué al no disponer de transporte propio, mi objetivo era encontrar un punto estratégico para mi hogar, que me facilitara la comunicación día a día. Lo encontré y desde el 15 de diciembre estoy viviendo en mi propio apartamento, en el que estoy a diez minutos andando de mi oficina y a 15 minutos en coche o 35 en transporte público de las instalaciones de club.

La experiencia está siendo muy buena y enriquecedora. Cada día que paso aquí me siento mejor preparado personal y profesionalmente y sobre todo muy valorado por la gente que me rodea. Los frutos de mi trabajo en el club me han abierto la posibilidad de colaborar con la Federación de Fútbol de Toronto y estamos en negociaciones para una relación con el Toronto FC de la MLS.

Se trata de una experiencia que a todo aquel a quien le gustan los retos y las aventuras, y no se siente conforme con lo que tiene, le recomiendo mucho emprender. Se trata de vivir en una cultura diferente a la nuestra, con un idioma que no es el materno y realizar tu labor profesional con gente que te respeta y se interesa por tu trabajo y quiere ayudarte a ser mejor persona y profesional. Porque yo vine a formar entrenadores y futbolistas, es decir a enseñar, pero ante todo mi principal objetivo del día a día es aprender y crecer integralmente como persona y como profesional. Sin duda, por las experiencias que estoy obteniendo, estoy en el camino adecuado.

CHINA

Guillermo Trama

EL AUTOR

Entrenador Nacional de Fútbol (Nivel III) por la Federación Española de Fútbol, con 25 años trabajando en el fútbol base a lo largo de tres continentes, Guillermo Trama es actualmente el entrenador del equipo sub 17 del club Guangzhou Evergrande chino (actual bicampeón de Asia) en el Programa Europeo de Alto Rendimiento. Licenciado en Administración y Dirección de Empresas por la Universidad Carlos III de Madrid, Guillermo tiene además un Máster en Relaciones Internacionales y Comercio Exterior.

A partir de la trayectoria profesional desarrollada en proyectos internacionales bajo distintas culturas organizacionales y estándares de gestión de primera línea mundial, como Técnicas Reunidas (España), Galp (Portugal), ADNOC (Emiratos Árabes Unidos), Saudi Aramco (Arabia Saudí), Guillermo se incorporó a Soxna - Real Madrid, para participar en la creación de la Escuela de Fútbol más grande del Mundo con otro grande asiático: el Grupo Evergrande.

La carrera profesional desarrollada en proyectos internacionales y la formación deportiva confluyen en la contratación de Guillermo para liderar el equipo que tendrá la responsabilidad de la creación-puesta en marcha-gestión de Evergrande Football Schooll, EFS. Siendo Vice-Director de la Escuela, tuvo responsabilidad en la implementación de la metodología y en el desarrollo de una estructura profesional sostenible de gestión, que tenía como objetivo hacer brillar el talento chino a largo plazo. Esta escuela fue reconocida en junio de 2005 (tres años después de su inauguración) como la academia de fútbol más grande del mundo por Guinness World Records.

El programa deportivo que se lleva a cabo en Evergrande Football Schooll es, en estos días, uno de los proyectos más importantes y de referencia de fútbol infantil que existe en el mundo. Es referencia, no sólo por su importancia para el estado chino, sino por su presupuesto, tamaño, el vanguardismo de su desarrollo, la metodología aplicada, tecnología, modelo de gestión y su importancia mediática. Constituye una referencia mundial en el desarrollo de talentos y sobre todo en la implicación de una de las entidades deportivas más importantes del mundo.

En su trabajo profesional, Guillermo tuvo experiencias en Kun Ming, Wu Zhou, Bei Hai, Si An, Dong Guan, Nan Ning, Guangzhou, Beijing y Mei Zhou, entre otras ciudades, a través de charlas o conferencias, o bien reclutando jugadores y entrenadores locales, que ayudaron a Guillermo a completar su conocimiento del país. Además, realiza labores de profesor de Metodología y de Dirección de Equipos en la escuela para jugadores, entrenadores y directivos chinos.

A lo largo de estos años, Guillermo ha trabajado con distintas culturas organizacionales tan distintas como la europea, la asiática y la árabe, adaptándose a las demandas de la dirección y de los clientes. Ha integrado conocimientos y capacidades según los logros y el compromiso ético adquirido, siendo el fútbol el medio transmisor de valores.

EL FÚTBOL EN EL CONTEXTO DEPORTIVO DE CHINA

Hoy en día, el fútbol es el principal deporte de China. El motivo es la repercusión que ha generado el flujo de inversiones para contratar futbolistas. Si nos remitimos a cinco años atrás, la situación era muy diferente. En 2012, cuando llegué al país, China era un país de 1.300 millones de habitantes en el que sólo había 9.000 jugadores federados, lo mismo que podemos encontrar en un barrio de Madrid.

Convertirse en una potencia del fútbol es una cuestión de prioridad política en la China actual. Al frente se encuentra su presidente, Xi Jinping, gran aficionado al fútbol que, a su llegada a la Secretaría General del Partido Comunista, hace tres años, inició el camino hacia una vieja aspiración para China. Como país más poblado del mundo, desea convertirse en una potencia futbolística de nivel mundial, al igual que lo ha hecho con los JJ.OO. para otras disciplinas deportivas.

Pero para poder enmarcar la realidad de China, debemos remontarnos en el tiempo e ir unos años atrás, antes de que el fútbol se convirtiera en una cuestión de Estado. Concretamente, hay que retroceder al momento en el que llegamos a Qingyuan, ciudad situada a 70 km. de Guangzhou. Es muy importante entender el punto de partida de lo que hoy se llama "la primavera del Fútbol" y que expresa el surgimiento del fútbol en un país que tradicionalmente le ha dado la espalda a los deportes colectivos.

En China no hay espacios físicos destinados al fútbol, con ciudades construidas por encima de límites inimaginables, urbes superpobladas donde encontrar un espacio en el que colocar dos porterías es una tarea imposible. A esto se le suma la política de hijo único que rige desde 1979 (con el objetivo de establecer un radical control de la natalidad para reducir el crecimiento de la población excesiva), que hace que jugar con un hermano sea imposible.

La cultura deportiva china se encuentra asociada a deportes individuales, analíticos, repetitivos, en los que las condiciones físicas y mentales son muy importantes. Si uno recorre parques, puede encontrar gente realizando artes marciales, jugando al ping pong, o al bádminton, pero nunca se podrá ver rodar un balón. Si a esto le sumamos que el gobierno prioriza la financiación de deportistas con vistas a los JJ.OO., tenemos la foto completa de la realidad deportiva china.

Existe además falta de tradición futbolística: los padres no pueden enseñar a sus hijos, pues no existen personas que hayan practicado el deporte y que puedan transmitirlo a los niños. Es un país en el que no se regala un balón o una camiseta en los primeros cumpleaños de un niño o de una niña. Son padres que trabajan todo el día, lo que conlleva que los hijos son tradicionalmente criados por los abuelos. La suma de todos estos factores hace de China un lugar totalmente distinto a lo que uno se puede imaginar, cuando se trata de fútbol.

La selección de China se encuentra en el puesto 86 del ranking FIFA en 2017. Sólo ha jugado un mundial (2002, siendo los organizadores sus vecinos Corea y Japón).

China, el país más poblado del mundo, potencia económica, potencia en los JJ.OO., potencia en todo lo que se ha propuesto su mirada y sus aspiraciones en el fútbol ¿podrá cumplir su objetivo?

LA ESTRUCTURA Y EL NIVEL DEL FÚTBOL EN CHINA

La historia del fútbol profesional chino es reciente. La Superliga China fue creada en 2004 tal y como la conocemos en nuestros días y ha tenido más eco por los escándalos de corrupción que por los resultados deportivos. Hasta que el Guangzhou Evergrande fuera campeón de Asia en el año 2013, la liga china nunca había generado un equipo campeón de Asia.

Se puede decir que el fútbol profesional chino se encuentra reducido a la Superliga China y la China League One, aunque en 2017 se ha creado una cuarta división como parte del plan estratégico nacional. El torneo profesional cuenta con 16 equipos y desde 2007 dispone de un sistema de ascensos y descensos desde y hacia la China League One.

Cabe resaltar que, dentro del marco de la importancia de lo que significan los JJ.OO. en China, existen los Juegos Nacionales Chinos, también conocidos como los Olímpicos de China. Estos Juegos, que se remontan a 1910, se disputan cada cuatro años y el fútbol es parte importante de ellos. Las provincias preparan a los equipos de fútbol para esta competición con tres años de antelación, invirtiendo muchos medios para ello. Durante ese período de tiempo, los jugadores menores sub 18 dejan sus clubes para convertirse en miembros únicos de su provincia hasta acabar los Juegos, situación totalmente impensable en cualquier entorno futbolístico mundial.

Junto a la Superliga China y a la propia Selección Nacional, hay que mencionar a tres agentes de cambio que han marcado el aumento del profesionalismo del fútbol chino y el incremento de su dimensión en un ámbito mundial: el Grupo Wanda, el equipo Shangdong Luneng y el equipo Guangzhou Evergrande.

Empezando por el último, el equipo Guangzhou Evergrande, propiedad del Evergrande Real Estate, se ha convertido en el equipo más importante de China. Campeón de la Superliga China los últimos 6 campeonatos (de 2011 a 2016), es el único equipo chino que se ha proclamado campeón de la Liga de Campeones de Asia (2013 y 2015). Además, ocupó el cuarto lugar en la Copa Mundial de Clubes de la FIFA de 2013, situando al fútbol chino en el plató principal del fútbol mundial. Esta institución es la creadora de la escuela Evergrande Football Schooll, junto con Soxna y la Fundación Real Madrid.

El Grupo Wanda, que vincula al magnate chino Wang Jianlin con el fútbol, comenzó a impulsar este deporte al fundar en la década de 1990 el primer club profesional chino, llamado Dalian Wanda, para luego ser el impulsor de la llegada de José Antonio Camacho al banquillo de la selección China, entre otras medidas, como estrechar los lazos con la FIFA (siendo su principal patrocinador) o ser pionero en enviar jugadores chinos a España, dentro de un plan de formación en coordinación con el Atlético de Madrid, el Valencia FC y el Villarreal CF. Hoy, el grupo Wanda es propietario del 20% del Club Atlético de Madrid.

Queda hablar del Shandong Luneng, Este club de fútbol del Grupo Shandong Luneng había liderado el fútbol chino hasta la aparición del Guangzhou Evergrande. La importancia del Shandong Luneng radica en que ha sido hasta 2014, cuando la escuela EFS irrumpe ganando el torneo Nacional U14, el monopolizador de la formación de futbolistas chinos, siendo la base de todas las selecciones nacionales chinas y ganando la mayoría de competiciones nacionales de todas las edades.

EL FÚTBOL BASE EN CHINA

Para hacer referencia al futbol base de china es necesario partir de una reflexión que resume en pocas palabras su estructura:

La realidad y la experiencia nos ha demostrado que el talento en China existe, pero cualquier brote del mismo es eliminado por el propio medio o por la estructura.

Analizando la mayor parte de los fracasos de los jugadores chinos en el fútbol, éstos no provienen de una hipotética falta de actitud del jugador, sino más bien de la ausencia de una estructura deportiva que permita llevar a cabo un proceso de formación a largo plazo, de manera integral y coherente, dotando al individuo de los elementos formativos que requiere cada etapa y cada edad. Es algo que actualmente no existe en China.

A continuación, haremos referencia a tres aspectos troncales como son: las instituciones que dirigen el futbol, el lugar que tiene el fútbol base en los clubes de élite y las estructuras de competición.

En relación al primer punto, si hablamos del fomento del fútbol base en China, nos encontramos con dos instituciones paralelas:

Por un lado, se encuentra la Federación de Fútbol de China (CFA), que es el organismo que rige el fútbol de China, coordinando los torneos locales, así como los equipos nacionales.

Por otro lado, está el Ministerio de Educación chino, perteneciente a la estructura gubernamental.

La Federación de fútbol de China (CFA) es la que trata de potenciar lo que denominaríamos rendimiento, al estar bajo su tutela la organización de todas las competiciones nacionales de todas las edades, al igual que lo está la coordinación de las federaciones locales. Sus funciones son por lo tanto similares a las que desarrolla la federación española en nuestro entorno, pero con muchos años de retraso. Hoy, en 2017, recién se está planteando la creación de una liga de filiales en la que todos los equipos de las cuatro principales divisiones del país estarían obligados a jugar. Se trata de crear una liga regular para las canteras, algo que no existe a día de hoy.

Por otro lado, el gobierno, en el año 2015, a través del Ministerio de Educación, ha implantado el programa de fútbol escolar en China, en el que se han incluido las horas de fútbol dentro de las clases de educación física como un primer paso para el fomento de este deporte, para luego incluirlo en los libros de texto como asignatura. Un desarrollo integral a todos los niveles que consiste en la mejora de las instalaciones, la formación de entrenadores, la popularización del deporte en los colegios y el desarrollo desde la base.

Para poder comprender por qué dos instituciones de este nivel realizan actividades tan potentes para fomentar la práctica del fútbol, hay que situarse en su realidad: la ausencia de niños que jueguen al fútbol, la necesidad de resultados y una base que sustente el futuro justifican estos esfuerzos. Se trata de algo incomprensible en países en los que el fútbol es algo cultural, en los que una gran parte de la población lo practica de forma vocacional y en los que cualquiera que lo desee puede practicarlo.

Las selecciones juveniles en China son el espejo del pasado y del futuro. El tiempo, la experiencia, los estudios y la línea de trabajo de los países punteros en desarrollo deportivo dejan claro que los éxitos acaban trasladándose de los clubes a las selecciones, de los juveniles a los profesionales. No existen resultados destacables de la Selección Absoluta masculina y menos aún de las selecciones nacionales juveniles.

Pasamos a analizar el lugar que ocupa el fútbol base dentro de los clubes de élite. La norma en este sentido es que los grandes equipos no tengan una estructura como la conocemos en cualquier club en España. Los clubes principales están integrados sólo por el equipo profesional, con un filial o equipo de reservas. La continuidad de la formación de los jóvenes futbolistas es posible gracias a la labor de las federaciones locales que, nutridas de pequeños equipos, aglutinan el desarrollo del fútbol base hasta que los jugadores alcanzan el profesionalismo.

Por lo tanto, cuando hablamos de la estructura del fútbol base en China, no podemos pensar en un modelo como el de Europa, basado en las canteras de los clubes de élite, sino que encontramos muchos pequeños clubes, con una organización más simple. Abundan las entidades con equipos sólo para algunas edades o incluso para un único año de nacimiento.

A partir de estos equipos, son las federaciones locales las que aglutinan y agrupan en sus selecciones a los jugadores que en el futuro nutrirán a los equipos de élite, debido a que la mayoría de éstos no posee cantera.

Un ejemplo claro de esta situación se encuentra en las competiciones organizadas por la Federación de Fútbol China, en las que participan tanto equipos, como federaciones locales, que son quienes permiten competir a los jugadores de los clubes locales.

Las estructuras de competición son una materia pendiente: la carencia de las mismas y la discontinuidad de las competiciones son aspectos clave que marcan negativamente al fútbol chino. Aún no se entiende que la competición es un elemento adicional e imprescindible en la formación de los jugadores.

Las competiciones desarrolladas por la Federación comienzan en edades sub 13, se desarrollan dos o tres veces al año y agrupan a los equipos y las federaciones del país en un torneo de quince días de duración.

Las instalaciones en la que se desarrollan estas competiciones son muy antiguas, obsoletas e insuficientes, una realidad que choca radicalmente con los estadios vanguardistas en los que se disputa la Superliga China.

Con respecto a la infraestructura de las competiciones de fútbol base, hay que hacer especial mención a la parte organizativa. No es extraño que quince días antes de comenzar un torneo nacional de fútbol base no se sepa aún dónde se va a jugar, qué equipos lo harán, sobre qué superficie se disputarán los partidos y sobre todo qué tipo de fútbol será: si fútbol 7, 9 u 11. La ausencia de normas claras que rigen en general las competiciones y el hecho de que no se encuentran estandarizadas genera situaciones de incertidumbre que son totalmente habituales.

Las edades de los futbolistas en China es un tema complicado, ya que, por razones de distancias, comunicación de las zonas rurales o por motivos personales, muchos nacimientos no son registrados en el momento en el que se producen. También se dan casos en que los registros son deliberadamente adulterados para obtener una ventaja en la competición. Todo ello provoca que muchas veces se desvirtúe el desarrollo y la naturaleza del campeonato y, por ende, su resultado.

Pese a que se ha implementado la práctica de pruebas óseas y a que se realiza un registro simultáneo en el club y en la competición, todavía podemos encontrar jugadores compitiendo con niños y niñas de menor edad.

Siguiendo el recorrido por el fútbol base de China, vamos a finalizar por el principio del proceso, haciendo referencia a cómo los niños y niñas se inician en el fútbol:

Generalmente, lo habitual es encontrarse con jugadores que no han comenzado a practicar este deporte hasta los 12 ó 13 años, o incluso que lo han descubierto al ser un contenido universitario. Es frecuente ver casos de jugadores que acuden a entrenar en chanclas, pijamas, ropa de calle… es decir, nada comparable al inicio de una temporada en España, en la que la llegada de los niños a entrenar no hace más que ser un desfile de equipaciones de los clubes y los jugadores favoritos de los niños. Es algo que viene a reforzar el hecho de que reflejar que el fútbol no es un aspecto de primer nivel social o cultural de China.

El conjunto de todos estos factores confirma que China tiene aún mucho que aprender, recorrer y asimilar en fútbol base, hasta llegar al punto en que este deporte sea una parte inherente de su sociedad y de su cultura.

LA FILOSOFÍA DE JUEGO EN CHINA

Asociar el fútbol chino con una filosofía de juego determinada es difícil. Esto se debe a la evolución propia que está viviendo el fútbol con la llegada de muchos extranjeros, ya sean entrenadores, formadores o jugadores, dando lugar a que se incorporen diferentes tendencias de juego en los últimos tiempos.

Lo que sí parece ser un hecho sin discusión es que el juego directo es protagonista con bastante frecuencia, debido a varios factores:

Primero, motivado por el estado de los campos e instalaciones, ya que salvo en la Superliga China, en la cual se juega en las mejores condiciones, el resto de los terrenos no sólo no permite el desarrollo de un juego combinativo, sino que hasta se puede debatir si están acondicionados para la práctica del fútbol.

En segundo lugar, influye el prototipo habitual del jugador chino. A lo largo de la historia, China se ha decantado por la elección de jugadores fuertes, de buenas condiciones físicas, que predominan sobre las técnicas, dando como resultado un juego eminentemente físico.

La comprensión del juego es el aspecto clave para describir al jugador chino y, por ende, al fútbol en este país: se trabaja la táctica, pero sin un entendimiento claro del porqué de cada situación, lo que hace que el futbolista encuentre dificultades en el juego real para tomar las decisiones correctas.

El propio sistema, la cultura del trabajo repetitivo y la tradición del deporte individual no hacen sino incentivar en los jugadores una falta de entendimiento importante del juego, lo que constituye el obstáculo principal para los entrenadores que trabajan en China. Es un obstáculo que puede convertirse en una oportunidad si tenemos en cuenta el amplio margen de mejora que existe en ese sentido.

Hoy en día, el proceso de toma de decisiones asume un papel muy relevante en las metodologías de fútbol. Se debe ofrecer a los jugadores una formación que les permita desenvolverse dentro de un contexto que cambia constantemente y que ofrece gran cantidad y diversidad de estímulos que condicionan el juego. Es algo totalmente opuesto a la forma de enseñanza tradicional china antes descrita.

De hecho, nos encontramos con jugadores chinos técnicamente espectaculares, capaces de ejecutar acciones perfectas. Sin embargo, a la hora de percibir y decidir es cuando la situación cambia y nos encontramos con los mayores problemas. Se trata de una situación que ya es insalvable para jugadores profesionales. Esto se refleja en los resultados de la selección nacional china, pese al trabajo de grandes entrenadores, como José Antonio Camacho, Alain Perrin o Marcelo Lippi. Tan solo una decena de jugadores chinos han participado en alguna de las cinco grandes ligas europeas.

Cuando esta deficiencia se comienza a trabajar desde la base, es posible paliarla. Trabajando adecuadamente con los niños y niñas, desde que son pequeños y apoyándose en la gran predisposición al trabajo de los jugadores. El jugador chino siempre quiere más y eso es algo que favorece enormemente el aprendizaje y la mejora. Lograr que toda una nación se eduque en fútbol requiere de profesionales que puedan enseñar las pautas modernas de este deporte. Tanto jugadores como técnicos necesitan evolucionar y profundizar en un conocimiento hasta ahora no asentado.

PECULIARIDADES DEL PAÍS QUE AFECTAN AL FÚTBOL

Cuando hablamos de China, estamos apuntando al tercer país más grande del mundo en extensión, con más de 9 millones de kilómetros cuadrados. Esto condiciona especialmente las competiciones nacionales. Éstas se realizan de forma periódica, generalmente en tres o cuatro fases, según la edad y la cantidad de equipos que las disputen. Es muy normal que para llegar a la localidad que ejerce de sede a los equipos les lleve tres o cuatro días de transporte, generalmente en tren. Cada fase del campeonato implica la estancia de unas dos o tres semanas en la sede determinada por la federación, acumulándose en estos días alrededor de 10 partidos por equipo.

A diferencia de España, el clima condiciona en gran medida el desarrollo de la temporada; el invierno chino paraliza casi la totalidad de las regiones media y norte del país, llegando a temperaturas de frío extremo en gran parte del mismo y provocando que las competiciones se jueguen en la mitad sur, en las que las temperaturas son más templadas. Esta situación se revierte en verano, trasladándose las competiciones nacionales de fútbol base a sedes del norte, menos calurosas. En la Superliga China, generalmente se intercambian las jornadas, jugando los equipos del sur las primeras jornadas en casa, coincidiendo con el frío extremo del norte.

Este tipo de competiciones exige infraestructuras aptas para albergar entre 20 y 30 delegaciones, situación no muy factible en un país en el que el fútbol no es el deporte más popular. Bajo esta premisa, en China existen no más de diez predios adecuados para acoger un torneo de fútbol que reúna las condiciones necesarias para el mismo. Por ejemplo, se sabe que en invierno las sedes de fase de torneos nacionales organizados por la federación pueden ser Kunming, Wuzhou, Bei Hai o Guangzhou. A medida que merma el frío, las sedes se trasladan al norte, especialmente en la zona de Shandong.

Cabe destacar que las fechas señaladas del calendario de China no concuerdan con occidente, especialmente cuando se trata del comienzo de un nuevo año. El Año Nuevo Chino es la festividad más importante de su calendario, en la que se produce la mayor migración interna del mundo. Normalmente, en febrero se paraliza el país. Esto marca las competiciones nacionales de dos maneras opuestas: por un lado, la Superliga China comienza su torneo a continuación de este período; y por otro es el período ideal para las competiciones nacionales de futbol base, debido al parón escolar, producto de estas fechas.

Otro factor que hay que considerar es que, siendo un país tan grande, en cada equipo nos podemos encontrar jugadores de distintas razas y, por lo tanto, con diferentes costumbres, siendo al fin y al cabo el fútbol un reflejo de la sociedad. Esta es una situación que debe ser tenida en cuenta, ya que contar en el mismo equipo con, por ejemplo, jugadores musulmanes y no musulmanes (que es lo más usual) implica que en los torneos la alimentación de unos y de otros es distinta. No tener esto en cuenta puede acarrear problemas importantes.

MÉTODOS DE ENTRENAMIENTO EN CHINA

China es un país en el que la cultura del deporte individual se fomenta desde temprana edad en millones de niños y niñas. Sumando un comportamiento de disciplina absoluta, no han de extrañar los logros obtenidos cuando se propusieron como objetivo obtener medallas en los JJOO. Se trata de una situación envidiable para el desarrollo de una disciplina individual, pero choca directamente con lo que es el fútbol y por ende con su enseñanza.

¿Cómo enseñar a pensar dentro de un campo, cuando fuera de él la situación es justamente la opuesta? ¿Cómo fomentar la participación, la expresión de la opinión y una enseñanza participativa de los niños y niñas, cuando el mando directo es la única opción conocida? ¿Cómo entrenar sólo 90 minutos si ejercitarse durante horas y más horas les ha dado los mayores frutos deportivos? ¿Cómo entrenar y divertirse a la vez?

El mando directo es el estilo metodológico más utilizado en la enseñanza del fútbol en China y esto no es de extrañar, debido a que la instrucción militar forma parte de la formación obligatoria de los niños chinos. De esta manera, nos encontramos con entrenamientos basados en la repetición de ejercicios técnicos analíticos, o bien esfuerzos físicos más bien mecánicos, bajo el fuerte mando y la disciplina de un entrenador.

Cantidad contra calidad: vueltas y vueltas al campo es lo que uno observa con frecuencia en las sesiones de entrenamiento de fútbol. La influencia del factor físico en el rendimiento prioriza cualquier otro objetivo en las sesiones, en las que el uso del castigo para corregir la actitud de un jugador, con el fin de que no vuelva a cometer un fallo es una práctica habitual, llegando en algunos casos a ser un correctivo físico. Éste es uno de los principales desafíos a los que un entrenador occidental se enfrenta en China, al igual que a hacer frente a que le digan que se entrena poco o al mito de que el que más repite, más aprende.

Al final, todo este entorno cultural, en un país en el que no hay tradición futbolística y en el que el conocimiento del juego es casi nulo, hacen que se pierda la esencia y la visión lúdica y de formación que genera el fútbol. Transformar esto es el gran desafío para cualquier entrenador que desee trabajar en China.

INFRAESTRUCTURAS Y MEDIOS DE ENTRENAMIENTO Y DE TRABAJO

Cuando un profesional entra a trabajar en un club, busca tener las mejores condiciones y da por sentado que va a contar con los medios necesarios. Sin embargo, al estar en un país todavía en evolución en el ámbito del fútbol como es China, todas las cuestiones que uno da por hechas a la hora de desarrollar la profesión de entrenador se encuentran condicionadas por un contexto y una tradición propios del país, que están alineados con los hábitos de las generaciones pasadas.

Cuando el fútbol no se encuentra arraigado en la cultura del país, es necesario que las personas implicadas pasen una a una las etapas de evolución y de asimilación correspondientes, lo cual puede conllevar días, meses o incluso años.

Es habitual y normal pedir más medios a los responsables y que éstos respondan afirmativamente. De hecho, China es el primer productor mundial de casi cualquier cosa que se nos ocurra. Hablamos de todo tipo de elementos de entrenamiento, artículos de última generación, entre ellos software y tecnología aplicada al fútbol. Pero su valor se matiza en un contexto de nivel de iniciación. Esta situación provoca que el concepto 'eficiencia' sea clave en un entorno tan incipiente como el que vive China en estos días.

Para poder enseñar, el idioma es esencial. De ahí que se vuelvan sumamente importantes dos roles que forman parte los cuerpos técnicos, como son los intérpretes y los entrenadores locales. Estas figuras, desconocidas hasta el momento en que uno se sitúa frente a 20 personas y es incapaz de transmitir situación alguna, se revelan como indispensables en un proceso de enseñanza como el que nos ocupa.

Todos sabemos lo que es un intérprete, un traductor, pero la realidad adquiere matices importantes en un país como China, en el que el fútbol no es una especialidad común y de la cual los intérpretes no tienen un conocimiento mínimo. Así que, incluso con traductor, hay que afrontar barreras y retos en el proceso de comunicación. Es difícil saber exactamente qué porcentaje del contenido que un entrenador extranjero transmite le llega realmente a un jugador, pero por la experiencia y por lo que los intérpretes más avanzados en términos técnicos de fútbol nos comentan, sólo llega un 30-50 % de nuestro mensaje.

Es en este punto cuando entra en juego la segunda figura antes detallada, que es el entrenador local. Se trata del profesional del cuerpo técnico que realmente puede hacer que el mensaje alcance en mejores condiciones al receptor. El entrenador local sí conoce el fútbol y sobre todo conoce a los jugadores, algo que para un técnico extranjero es casi imposible en las etapas iniciales, debido a la misma cuestión: la comunicación. En definitiva, el traductor cifra tu mensaje al chino, perdiendo información técnica por el camino y es el entrenador local quien, interpretando el contexto, recupera toda o parte de esa información perdida para que el jugador reciba un mensaje lo más parecido posible al inicial.

Con el paso del tiempo, y a medida que el uso de medios se va tornando eficiente, se va mejorando la comunicación y afianzando el uso apropiado de esos materiales recién incorporados.

Para terminar, hay que mencionar al campo de la medicina deportiva, pues constituye otro obstáculo que vadear. No sólo no se puede contar con fisioterapeutas, sino que la medicina tradicional china no tiene nada que ver con la ciencia que nosotros conocemos.

CONTEXTO LABORAL PARA POTENCIALES INMIGRANTES ESPAÑOLES

Según el último anuncio hecho por el vicepresidente de la Asociación China de Fútbol, Wang Dengfeng, China planea tener 50.000 academias de fútbol en 2025 como parte de un plan para convertirse en una superpotencia de fútbol. Esto supone un hito ineludible para entender el contexto con el que nos podemos encontrar en los próximos años: gran demanda de entrenadores y formadores, que permitan cumplir con los requerimientos y exigencias en cuanto a los retos que el propio gobierno se ha impuesto.

Pero esta demanda puede verse incrementada si consideramos distintos actores involucrados en este proceso:

Por un lado, entra en juego el gobierno, a través del Ministerio de Educación, que requiere de entrenadores para llevar a cabo su plan escolar: técnicos con perfil de formadores se están incorporando al plan de enseñanza chino, al haber incluido el fútbol dentro del plan de estudios.

Distinto es el caso de las canteras de los clubes más importantes de China, en las que la demanda pasa a ser de entrenadores con experiencia, generalmente de renombre y en las que el rendimiento es el claro objetivo.

Un tercer actor entra en escena y son las empresas privadas con proyectos propios de desarrollo del fútbol, que mediante su asociación con medios locales se unen para la creación de escuelas.

Podríamos mencionar también el cambio de estrategia que están llevando a cabo los clubes y las ligas internacionales, al estar considerando a China como una prioridad número uno, fuera de sus mercados locales, lo cual abre una nueva vía de trabajo para entrenadores, por medio de la internacionalización de los clubes.

Todas estas vías que el mercado chino ofrece chocan con una realidad común a todos los casos anteriormente descritos y que consiste en el simple hecho de vivir en un país con costumbres totalmente distintas a las nuestras. Hablamos de grandes dificultades en la comunicación, tanto en la verbal como en la no verbal, dificultades con la comida, diferencias en la educación civil, imposibilidad de conducir y un largo etcétera que lleva a que exista una rotación altísima de las personas extranjeras que trabajan en China en todos los ámbitos. En promedio, un extranjero radicado en China no reside más de dos años, independientemente de las condiciones económicas, de vivienda o laborales que tenga.

CONTEXTO LEGISLATIVO PARA LA CONTRATACIÓN DE TRABAJADORES ESPAÑOLES

China no es un país de puertas abiertas, independientemente de que la situación de demanda de capital humano que genera el desarrollo del fútbol pueda reflejar lo contrario.

Para los futbolistas, la CFA ha centrado sus miras en la protección del talento local y ha dictado medidas punitivas contra los equipos que incumplan las reglas en materia de futbolistas sub-23. Además, está la limitación de tres extranjeros que pueden coincidir en el campo al mismo tiempo. El cupo se completa con cuatro extranjeros, más un extranjero asiático por plantilla en la Superliga China y ningún extranjero en equipos de cantera de cualquier edad. Hay que destacar que la posición de portero en todas las divisiones de fútbol debe estar ocupada por un jugador chino.

Que el gobierno promueva la llegada de formadores no significa que no se deben cumplir una serie de requisitos legales de entrada:

Para viajar a China es necesario obtener un visado, un trámite que, aunque no es complicado, implica tiempo y dinero. La gestión suele realizarse en menos de una semana y cuesta unos 60 Euros. La diferencia radica en si se va por turismo o por cuestiones de trabajo; para la primera opción, cada persona por cuenta propia puede solicitar un visado, llenando un formulario y presentándolo en el consulado chino, pero la situación cambia cuando se viaja por otros motivos, especialmente por negocios o por asuntos laborales, pues entonces será necesaria una carta de invitación por parte del medio local chino implicado.

Los visados suelen ser de 3, 6 ó 12 meses, con la obligatoriedad de salir de China en esos períodos, dando esto lugar a múltiples entradas y salidas del país. Esto es una situación importante, que hay que tener muy en cuenta.

UNA HISTORIA REAL: GUILLERMO TRAMA EN CHINA

Cuando escuchas que se va a crear una escuela de fútbol con 43 campos para 3.000 jugadores, a uno le suena a *Cuento Chino*…

En 2012, China era un destino inimaginable para muchos y un mundo nada conocido en el ámbito del fútbol. Cuando entran en escena actores como el grupo Evergrande, el Real Madrid a través de su Fundación y Soxna, lo que parecía un sueño se torna realidad.

Nunca nos hubiéramos imaginado que nos sacaríamos más fotos y firmaríamos más autógrafos que Cristiano Ronaldo; popularidad, emoción, admiración eran las primeras sensaciones que nos transmitían unos niños que nos parecían todos iguales. Quince entrenadores que daban los primeros pasos en un país totalmente nuevo por descubrir, que vivían situaciones nunca antes imaginadas, de las que no existían referencia alguna de entrenadores que habían trabajado previamente.

Se comenzaba a escribir la historia a partir de los primeros viajes por todo China, reclutando niños. Las primeras comidas, los primeros contactos con una sociedad y una cultura totalmente distintas a la nuestra. Las primeras palabras chinas que aprendimos fueron Nǐ hǎo, Chuán qiú, Kòng qiú: ¡hola! control y pase, en un claro mensaje que reflejaba aquello a lo que veníamos y que constituía una alusión evidente de nuestras intenciones.

Nos encontramos con un país sin tradición futbolística, sin experiencia y sin conocimiento de fútbol, lo cual dificultaba la comprensión y el entendimiento de lo que se proponía transmitir. Había que replantear todo una y otra vez, ante los compañeros chinos, que ralentizaban todos los procesos por falta de conocimiento.

La historia que vivimos en el Evergrande Football Schooll (EFS) fue la de aplicar una nueva forma de trabajo, la de maximizar el efecto positivo que esto conlleva y la de reducir la resistencia natural al cambio al que nos enfrentábamos.

Nuestra experiencia consistió en priorizar los valores por sobre los resultados, priorizar la formación por encima del rendimiento, fomentar los valores de los más pequeños dentro del campo, preparándolos para algo mucho más importante que ganar o perder. Se trataba de invitarles a entender el fútbol como una forma de vida, como una diversión, como algo lúdico capaz de hacer de este deporte un compañero para toda la vida. Es decir, todo lo contrario a los cimientos que existían. ¿Os podéis creer que no celebraban los goles? Hicimos que fuera obligatoria la participación de todos los jugadores en las sesiones e incorporamos los refuerzos positivos, asociando el derecho a divertirse incluso cuando no se conseguía la victoria.

Vivimos un cúmulo de vivencias: 2.400 sesiones de entrenamiento por año, a lo largo de 43 campos de fútbol, pabellones, gimnasios; experimentamos la sensación de caminar por la escuela más grande del mundo y de encontrar a niños y niñas jugado al fútbol por sus calles, haciendo rondos, utilizando lo que tenían a mano para hacer una portería, sonriendo, jugando, divirtiéndose, sin reglas... al llegar, era algo inimaginable.

Ésa es la satisfacción más grande que puedo tener hoy y no hace más que reflejar un final feliz de una historia que recién comienza para un país como China y en la que muchos hemos sido los que hemos aportado o continúan haciéndolo y, por supuesto, los que lo harán en el futuro.

CONSEJOS PARA EL EMIGRANTE NOVATO

Vivir tres años en China y cinco en total trabajando directamente con este país permite tener una foto de lo que nos podemos encontrar en un país tan distinto a nuestra cultura, pero aun así más similar de lo que nos podríamos imaginar.

Salir fuera implica tomar ciertas responsabilidades en cuanto uno se convierte en un representante de un país, de una profesión; en definitiva, es un embajador y esto no es una cuestión honorífica, sino una cuestión de actitud que uno asume al llegar a un nuevo escenario en el que se espera el aporte de valor.

Debemos ser embajadores en lugar de conquistadores, centrarnos en cómo se produce el cambio en el medio al que uno llega. Con nuestro buen trabajo, le abrimos puertas a muchos otros compañeros de profesión que vendrán, como otros lo han hecho antes por nosotros en ese sitio.

Ir a China es una prueba de adaptación constante, en la que la falta de planificación, el caos, los cambios constantes de esquemas, las urgencias o las demoras pasan a ser el día a día de cualquier actividad. Intentar cambiar una cultura milenaria es imposible. Nos preguntaremos una y mil veces: ¿esto es lógico? y justo es éste el momento en el que debemos entender que el significado de la palabra "lógico" depende de la estructura de razonamiento que tiene un país tan diferente y que debe necesariamente coincidir con la nuestra.

Hay que tener en cuenta que los festivos y las fechas importantes no son iguales a los nuestros, sobre todos las Navidades, y que nos podemos encontrar con la situación de querer viajar y no poder.

La rotación en China es algo que debe considerarse al plantearse plazos u objetivos. El 95% de los profesionales trasladados a China regresa. La mayoría lo hace en menos de dos o tres años. Tomarse ir a China como una experiencia personal, de aprendizaje, en lugar de planteárselo como un desarrollo profesional, es la clave. Es una carrera que, a corto plazo, uno terminará reajustando.

Por las barreras del idioma, no todo lo que decimos llega al receptor. Tal y como hemos comentado en puntos anteriores, debemos simplificar los mensajes y desarrollar otras habilidades de comunicación. He aquí un ejemplo de lo que puede ocurrir en una situación de partido: uno de los entrenadores le dice al jugador *dejar de cara* y la traducción convierte la orden en *darle con la cara* al balón, como gesto técnico.

Cuando salimos fuera de nuestro país, hemos de aportar valor. Debemos considerar que, si nuestra presencia en otro país es fácilmente reemplazable, no perduraremos. Aportar valor en la actividad que hagamos es sinónimo de tener el conocimiento, saber transmitirlo y ser capaz de crear un legado allí donde estemos, dejando las puertas abiertas a futuros compañeros.

COLOMBIA

Bartolomé 'Tolo' Darder

EL AUTOR

Entrenador Nacional de Fútbol UEFA Pro, Bartolomé 'Tolo' Darder obtuvo el Nivel-3 en Bilbao en 1987, en la misma promoción de Vicente Del Bosque, Víctor Fernandez, Ginés Meléndez o Fernando Vázquez, entre otros.

Actualmente realiza labores de scouting en Colombia para el Atlético de Madrid desde 2010. Es Director de la Escuela de Entrenadores de Fútbol de la Real Federación Española en Ibiza y Formentera y Vicepresidente del Comité Balear de Entrenadores de Fútbol, así como delegado del Comité de Entrenadores de Fútbol en Ibiza y Formentera.

Ex jugador profesional del Real Mallorca, SD Constancia de Inca, SD Ibiza y del CD Eldense, la experiencia de Tolo en los banquillos ha sido como entrenador en Peña Blau y Grana de Ibiza, CD San José, SD Pormany, Peña Deportiva de Sant Eulalia y SD Ibiza, consiguiendo varios ascensos a Segunda B. Además, ha sido director deportivo en el SD Ibiza.

En la faceta docente, ha dirigido más de cuarenta cursos de Entrenadores de Fútbol y ha sido Director y ponente en más de cincuenta Seminarios de Fútbol para Entrenadores.

Su historial profesional se completa con colaboraciones como columnista en el Diario de Ibiza, Diario Ultima Hora de Ibiza, Revista TOTAMA y Diario el Colombiano, además de Radio Cope IBIZA. También ha sido comentarista de partidos de Fútbol en Televisión IB3.

EL FÚTBOL EN EL CONTEXTO DEPORTIVO DE COLOMBIA

En Colombia, como en otros países de Sudamérica, el fútbol se lleva en la sangre. Hay verdadera pasión y se respira fútbol por todo el país. Se sube uno en un taxi y enseguida el taxista le habla de fútbol. Hay verdadera pasión por el deporte y de hecho hay grandes campeones en distintas modalidades deportivas y en cualquier hora se puede ver en cualquier lugar del país a gente haciendo deporte, aunque el fútbol es el rey.

A nivel profesional, el fútbol colombiano está emergiendo y consiguiendo estar en los primeros puestos del ranking de FIFA. Tiene jugadores que están en grandes equipos de las ligas europeas, como James Rodríguez, Juan Guillermo Cuadrado, Víctor Ibarbo, Carlos Bacca o Falcao y el Atlético Nacional es el actual campeón de la Copa Libertadores y está considerado como uno de los mejores clubes del continente sudamericano. Hace años era difícil que el jugador colombiano saliera del país, pero la situación ha cambiado y hay numerosos jugadores en México, Argentina, Brasil, Ecuador, Bolivia o Venezuela.

A nivel de selección, Colombia está entre los grandes, aunque le falta un plus para estar a la altura de Brasil o Argentina. Si sigue trabajando como hasta ahora, puede conseguirlo. El país vibra cada vez que juega su selección y la gente se enloquece. Es un verdadero sentimiento nacional.

Más allá del fútbol, en Colombia hay muchos otros deportes que, sin tener la misma popularidad, sí destacan. Por ejemplo, ciclismo, atletismo, boxeo, baloncesto o patinaje.

Para los colombianos, el fútbol español es su referente. Todos los jugadores, tanto profesionales como los jóvenes, sueñan con jugar en el fútbol español, la gente ve todos los partidos de la liga española por televisión y la siguen por los medios de difusión. Los equipos que más aficionados tienen son Real Madrid, Barcelona y Atlético de Madrid. Los técnicos tienen a España como un referente y muchos vienen a seguir la metodología del fútbol español.

LA ESTRUCTURA Y EL NIVEL DEL FÚTBOL EN COLOMBIA

En Colombia existe la Primera División con 20 equipos. Los equipos con más representatividad en las competiciones internacionales son Atlético Nacional, Santa Fe, Junior de Barranquilla, Deportivo Cali,

Independiente Medellín, Millonarios. Hay equipos como Once de Caldas que bajo la dirección Luis Fernando Montoya fue Campeón de Copa Libertadores pero ahora no está en su mejor momento y otro que fue grande -América de Cali- pero por problemas con la administración está en Segunda División y lleva varias temporadas luchando por subir a la primera división y volver a ser "grande".

Seguramente pronto habrá más, pues los equipos están trabajando muy bien el fútbol base y lo principal es que hay materia prima.

Los otros equipos están a un nivel más bajo. Hay una Segunda División y no es como en otros países que hay varias divisiones por debajo. Allí, de esta Segunda se pasa al fútbol aficionado.

El fútbol aficionado es dirigido por Difutbol y está asociado a varias entidades regionales. Hay verdadera pasión por el fútbol aficionado, con gran cantidad de practicantes en todo el país y realmente en las zonas más pobres y en donde los campos son de tierra y arena es donde salen los jugadores con más talento.

Los cazatalentos se desplazan a lugares como Uraba, Choco, Santa Marta y otras zonas del país. Hay muchas escuelas de fútbol en todas las ciudades y muchos padres envían a sus hijos, aunque les cueste empeñarse. Todos quieren que sus hijos sean jugadores de primer nivel como James, Falcao o Juan Guillermo Cuadrado.

La Federación Colombiana es el órgano que rige el fútbol del país y Dimayor, que fue fundada en 1948, se encarga de la organización-administración y reglamento de las competiciones del fútbol profesional. Son cuatro los campeonatos:

La Liga Águila, con 20 equipos. Torneos Apertura y Finalización. Dos campeones por año: cada uno obtiene un título y el cupo para la Copa Libertadores.

Luego está el Torneo Águila, compuesto por 16 equipos y al final ascienden dos, tras el torneo de ascenso.

Después está la Copa Águila, con 36 equipos en categorías A y B. El campeón opta a la Copa Sudamericana

La Superliga Águila, que enfrenta a los dos campeones. En caso de que un equipo gane los dos torneos se juega contra el mejor equipo de la tabla de clasificación. El ganador juega la Copa Sudamericana.

El fútbol aficionado está regido como ya se ha dicho por Difutbol, que tiene varias categorías: Primera C, Campeonato sub 20 y sub 17, y el fútbol femenino y las Selecciones Departamentales.

El fútbol femenino en Colombia se inició en 1970 y las primeras selecciones fueron en 1990. Está en pleno auge: hay muchas practicantes y se juega en colegios y universidades y el 70% de mujeres de 18 a 24 años han jugado al fútbol en el colegio. Entre sub 17 y sub 20 hay en el país 45 equipos y en 2017 se creará la Liga profesional y se jugará en el preámbulo de los partidos de la Liga Águila. En selecciones, Colombia siempre está en puestos destacados. La diferencia con el fútbol masculino es aún muy grande, tanto a nivel de afición como de practicantes.

En el ámbito de las selecciones nacionales, la absoluta dirigida por el técnico argentino José Néstor Pekerman se está colocando entre las mejores del continente americano y, en las selecciones de la base, la sub 20 de la mano de un buen técnico colombiano Carlos "Piscis" Restrepo está cosechando muy buenos resultados. En la sub 17 hay otro técnico colombiano, Orlando Restrepo, y en la sub 15 encontramos a Jorge Serna.

La Federación Colombia de Fútbol está presidida por el Doctor Ramón Jesurum, que sucedió al Doctor Luis Bedoya, que tuvo que dimitir por el escándalo de FIFA. Le acompañan como directivos el Señor Álvaro González, como vicepresidente, y los responsables de la Dimayor, Señor Jorge Perdomo, y el Señor Alejandro Hernández. Como responsables de Difutbol, los Señores Elkin Arce y Claudio Cogollo.

Lo que le falta al fútbol colombiano es crear su propia Escuela de Entrenadores, algo que no existe. Los futuros técnicos deben acudir a estudiar con AFA en Argentina. También les hace falta que la Federación les colegie, regularizando su situación y haciéndoles pertenecer a la Federación.

EL FÚTBOL BASE EN COLOMBIA

El fútbol base o formativo en Colombia tiene a miles de practicantes en todo el país. En cualquier rincón del territorio colombiano se juega al fútbol. En los distritos más humildes del país se pueden ver niños jugando en la calle o en las plazas. Los campos de fútbol en muchos de estos sitios están en un muy mal estado y son de tierra o de arena y en los lugares que llueve mucho se convierten en barrizales, pero ello no es inconveniente para que los niños jueguen y es un espectáculo ver cómo se desenvuelven en estas condiciones.

Las regiones de la costa y en Uraba o Choco son las más conocidas y dónde van los cazatalentos. Son regiones con pocos recursos, de las que salen jugadores con mucho talento. De Uraba es Juan Guillermo Cuadrado y de Santa Marta el "Pibe" Valderrama. Los jugadores costeños se distinguen por un fútbol más alegre.

Normalmente en todas las escuelas de fútbol se paga, salvo las que pertenecen a las fundaciones o asociaciones. Los padres de los niños se desviven e incluso algunos se empeñan para que sus hijos puedan ser jugadores. Existe la idea de que si el niño llega a ser jugador profesional les sacara de la pobreza.

Todos los clubes de Primera y Segunda División tienen muy bien estructurado el fútbol base y en éstos no se paga. Los clubes captan jugadores por todo el país para completar su formación e incluso se les empieza a pagar.

Periódicamente, se convocan "verdurias", que es como llaman en este país a las pruebas, y muchas veces se paga y acuden en masa gran cantidad de potenciales jugadores.

Hay muchos particulares que tienen sus escuelas de fútbol y tienen una casa hogar, para la formación de jugadores y donde los padres pagan para la formación. Para algunos se ha convertido en negocio. Últimamente se han dado varios casos de falsos agentes de jugadores que les engañan, haciéndoles creer que los van a llevar a prueba a equipos del exterior, casos de Argentina, Brasil o México. Les hacen pagar por adelantado y luego les dejan tirados en el país donde les llevan.

Hay entidades como Oporto o Boca Juniors que tienen sus escuelas en Colombia para captar jugadores.

Todo joven jugador colombiano sueña con llegar a ser profesional y emigrar a Europa, que es su gran referente. Por esta razón, su dedicación es la máxima y a veces se olvidan de su formación académica, pero en general el deporte, y en este caso el fútbol, cumple una función importante en la parte social, para que muchos jóvenes no caigan en la marginación, en las bandas o en las drogas.

En Colombia, muchas de las competiciones de fútbol base no están reglamentadas por la Federación de Fútbol y muchos son torneos locales u organizados por clubes o asociaciones.

Hay un torneo muy importante a nivel nacional, organizado por la Corporación Deportiva los Paisitas. Se denomina PonyFutbol. Es un auténtico festival: se juega en todo el territorio nacional y la fase final es en Medellín. Las edades están comprendidas entre los 12 y los 13 años, masculino y femenino. Las finales son un auténtico espectáculo, los campos se llenan con tres o cuatro mil personas y los partidos son emitidos por televisión, con una gran cobertura de los medios de difusión.

Hay presencia de varios equipos extranjeros invitados por la organización, de países como Brasil, Ecuador o Venezuela y allí acuden cazatalentos de todo el país e incluso del extranjero. En este torneo siempre hay jugadores que ya demuestran su talento y por él pasaron algunos que han llegado lejos, como James Rodríguez o Juan Fernando Quintero. Por esta razón los clubes están a la expectativa y siempre fichan a los que más destacan. La fase final es en el mes de enero y dura unos quince días.

En los últimos años, y en vista del auge que tiene el joven jugador colombiano, equipos como Atlético Nacional o el Deportivo Envigado han sido invitados a torneos fuera del país, como España, Brasil o México.

Precisamente el Deportivo Envigado, que destaca por su estructura de fútbol base, es un club con un equipo en Primera División con jugadores salidos de su cantera. Su sistema de captación y de formación es ejemplar. Cabe destacar que de este equipo han salido y siguen saliendo jugadores que están en los grandes equipos y en las selecciones nacionales. Sus referentes son James Rodríguez, Giovanni Moreno, Fredy Guarín y Juan Fernando Quintero.

LA FILOSOFÍA DE JUEGO EN COLOMBIA

La liga colombiana se ha convertido en una de las mejores de Sudamérica. La influencia de la televisión es importante, pues en Colombia se ven todos los partidos de las demás ligas del mundo, en cualquier rincón del país, en los bares y restaurantes hay televisiones y están dando fútbol constantemente, lo cual está claro que influye en el fútbol colombiano, que sigue fiel a su estilo pero que va evolucionando, dado que todos admiran el fútbol europeo.

El colombiano es un fútbol en el que predomina la técnica. El jugador está muy bien dotado técnicamente, es más lento en sus acciones que el europeo y se juega más al pie y no tanto al espacio.

Siguen intentando adaptarse al fútbol de Europa por su intensidad y velocidad, y la cultura futbolística que más gusta en el país es la de España. Le siguen Inglaterra, Alemania e Italia.

Quizás por las raíces españolas están más identificados con el juego que se practica en España. Se están fijando en la metodología que se emplea en España, pero sin renunciar a sus características y que siempre han definido al jugador colombiano: la exquisitez técnica y su buen fútbol. Los grandes referentes han sido Pipe Valderrama, René Higuita, Freddy Rincón, Tino Asprilla, Rene Valenciano, Víctor Hugo Aristizábal, Adolfo "Tren" Valencia e Iván Ramiro Córdoba, algunos de ellos conocidos en España por haber jugado en equipos españoles.

Las nuevas tecnologías son importantes en el fútbol actual. Por esta razón, como muchos otros países, Colombia está muy avanzada en todo esto.

Casi todos los equipos usan los mismos sistemas de juego que se emplean en Europa: 1-4-2-3-1 o 1-4-1-3-2, aunque el Atlético Nacional con Juan Carlos Osorio utiliza el 1-3-2-3-2.

El jugador colombiano, además de ser técnicamente bueno, está bien dotado físicamente y está cambiando en el aspecto de disciplina. Quizás ha influido la cantidad de técnicos extranjeros, la mayoría argentinos o uruguayos. Les falta la competitividad que tienen los argentinos o chilenos o demás sudamericanos. Futbolistas colombianos que han sido fichados por equipos argentinos se han endurecido para luego poder dar el salto a Europa, casos como James Rodríguez o Radamel Falcao. El aumento de nivel competitivo de la liga colombiana hace que cada vez sea más fácil para el jugador aspirar a Europa, México o Brasil.

PECULIARIDADES DEL PAÍS QUE AFECTAN AL FÚTBOL

Colombia tiene una superficie de 2.129 748 km2 y linda con Venezuela, Brasil, Ecuador y Panamá. Su población es de 47 millones de habitantes. El fútbol colombiano está influenciado por el fútbol brasileño, pero cada vez gusta más el fútbol que se practica en Europa.

La climatología es diversa y mientras en la costa es muy calurosa, en Bogotá es más fría. Hay regiones que sufren fuertes tormentas tropicales y a veces se tienen que interrumpir partidos por las fuertes descargas eléctricas.

Los estadios de los grandes equipos tienen parte de la tribuna cubierta. En unos, se agradece por la lluvia y en otros como el de Junior de Barranquilla, por el calor, y muchas son las veces que el árbitro tiene que parar el partido para que los equipos puedan hidratarse.

La afición acude a los estadios con mucha pasión y cuando juega su equipo o la Selección la afición va con la camiseta de su equipo, ya que para ellos es un verdadero sentimiento.

En referencia a Europa, podemos ver como sus creencias religiosas se manifiestan claramente. Los equipos se reúnen antes de los entrenamientos y de los partidos para rezar y en todos los estadios antes de los inicios de los partidos se escuchan los himnos de la región y el nacional.

En los tiempos de Pablo Escobar y de otros "narcos", algunos equipos fueron patrocinados por ellos. Invirtieron mucho dinero. En estos momentos, los clubes son propiedad de empresarios o empresas con solvencia y están recibiendo un buen dinero de la televisión. El control por parte de la Federación y del Gobierno es máximo. Queda algún club (Envigado) que está incluido en la Ley Clinton. Antes lo estuvo el América de Cali.

MÉTODOS DE ENTRENAMIENTO EN COLOMBIA

Las tendencias a la hora de entrenar han ido cambiando ya que las nuevas tecnologías y la llegada a Colombia de técnicos extranjeros a impartir Seminarios y Conferencias han hecho que los técnicos colombianos empleen las metodologías que se usan en Europa, especialmente las utilizadas en España, y muchos son los entrenadores que se han decido a incorporar en sus métodos de trabajo la Periodización Táctica, ya que esta metodología gusta mucho en Colombia.

Poco a poco, los clubes van implantando nueva tecnología para sus equipos, siendo el Atlético Nacional el más avanzado y ya está a la altura de los equipos de máximo nivel de Europa.

Hay mucho interés en aprender e innovar, y los técnicos de este país se están capacitando a través de seminarios y de internet. Están llegando técnicos de España y Portugal para impartir sus Metodologías y son acogidos con mucho interés. Hay seminarios o conferencias a los que acuden más de 600 técnicos y son muchos los que acuden a España para estudiar y ver trabajar a los equipos de España.

En Colombia la gente es muy abierta, amable, cálida y muy sociable. Por esta razón la gente que conoce este país y su gente quiere regresar.

INFRAESTRUCTURAS Y MEDIOS DE ENTRENAMIENTO Y DE TRABAJO

Uno de los problemas a los que se enfrentan algunos equipos son los campos de entrenamiento, pues al tener que jugar en estadios municipales, no pueden entrenar en ellos, debido al cuidado del césped.

Al no tener canchas propias, han de entrenar en campos diferentes y cambiar constantemente de lugar.

La suerte es que hay muy buenas universidades en todo el país que tienen muy buenas canchas y las prestan a los equipos. Otros, como el Atlético Nacional, hace unos pocos años compró unos terrenos en Guarne (Antioquia) y construyó un complejo deportivo con varios campos, gimnasio y salas de reuniones. Ahora está construyendo una residencia. Allí entrena el primer equipo y entrenan y juegan todas las divisiones inferiores.

También el Independiente de Medellín está construyendo otro complejo deportivo para sus equipos y en Bogotá el club Deportivo Fortaleza tiene unas magníficas instalaciones para poder entrenar y jugar sus equipos de base.

Con el tiempo, los otros equipos irán resolviendo estos problemas.

Los equipos que no tienen campos propios de entrenamiento carecen de gimnasio y tienen que recurrir a gimnasios privados.

En cuanto a material de entrenamiento, todos los equipos están bien servidos y la mayoría dispone de su propio autocar para los desplazamientos, aunque casi todos los viajes se realizan en avión.

Todos los clubes tienen su página web y todos se están poniendo al día con las tecnologías, ya que Colombia está muy avanzada en este ámbito.

CONTEXTO LABORAL PARA POTENCIALES INMIGRANTES ESPAÑOLES

Con Oswaldo Zubeldia al frente del Atlético Nacional, el equipo tuvo jugadores que hoy son de los mejores técnicos del país, como Pacho Maturana, Hernán Darío Herrera, Pedro Sarmiento o Norberto Peluffo.

En la temporada 2013-14 estuvo dirigiendo a Millonarios Juan Manuel Lillo, siendo el Director Deportivo el también español Pepe Portoles. Su trabajo fue muy bueno, pero no contaban con un equipo para luchar por el título, ya que la entidad estaba pasando por una crisis financiera. En la temporada 2016-17 entrena al Envigado F.C. un técnico español procedente del Torre Levante, equipo de Tercera División del grupo levantino, su nombre es Ismael Rescalvo.

Gustan mucho los técnicos españoles, pero se considera que su salario está por encima de lo que se paga en Colombia. Lo mismo pasa con los jugadores españoles. Sólo hay uno en Primera División y juega en el Envigado F.C.

Los contratos en Colombia son muy inferiores a los de Europa y México. Están también por debajo de lo que se paga en Argentina y Brasil, e incluso en Perú y Ecuador pagan más. Los mejores técnicos pueden cobrar unos 60 millones de pesos al mes, que en Euros serían unos 18.750. Otros de más bajo perfil están en 40 millones o 35millones

Los jugadores estrellas cobran unos 70 millones mensuales y los más normales están en 35 o 32 millones de pesos. Los más jóvenes cobrarían 1.500.000. Se calcula que el promedio está en 38 millones de pesos. La Federación maneja unos 900 contratos de 36 clubes.

Es probable que pronto haya más técnicos y jugadores españoles en el país, pues son muy reconocidos y no tendrán problemas de adaptación ni por el idioma, ni por clima ni por los medios de vida.

CONTEXTO LEGISLATIVO PARA LA CONTRATACIÓN DE TRABAJADORES ESPAÑOLES

En Colombia no existen problemas para extranjeros, son bien recibidos, y más si son españoles. Ya hay muchos residentes, ya que en este país existen muchas raíces españolas y si llegan entrenadores o jugadores españoles no tendrán problemas.

Un extranjero puede estar en el país tres meses y prorrogar después. En caso de trabajo puede pedir la residencia e incluso pedir la nacionalidad colombiana. Por lo que representó antiguamente España existen unos lazos especiales. Se habla de España como la madre Patria: artistas, toreros y otros profesionales son muy bien recibidos y gozan de mucha popularidad e incluso algunos se quedan a vivir en el país y no es raro encontrar algún colombiano que tenga familiares en España.

En la temporada 2016 hay jugando en Colombia 55 extranjeros. Se permiten 4 por club. Hay 17 argentinos, 13 uruguayos y le siguen paraguayos, venezolano, peruanos y ecuatorianos... y un español: Diego Gregori.

UNA HISTORIA REAL

La historia nos da el ejemplo de un jugador que emigró a Colombia y gracias a esto fue uno de los mejores jugadores del mundo.

En los años 1949 y 1954 en Colombia se fichó a los mejores jugadores del mundo. Fue la época "Dorada" del fútbol colombiano, un hecho sin precedentes. En estas fechas hubo una huelga de jugadores en Argentina y el equipo Millonarios de Bogotá ficho a Adolfo Peternera, uno de los grandes de Argentina y éste a su vez recomendó a Néstor Rossi y a Alfredo Di Stefano, jugador joven que pertenecía al River Plate.

A su llegada a Bogotá se escribió sobre él como el delantero más rápido y veloz del continente: "Sus desplazamientos contra el marco enemigo son fantásticos y por ello el merecido apodo de la Saeta Rubia. Sus remates son de una precisión descomunal y posee una extraordinaria facilidad para el desmarque y patea indistintamente con ambos pies y con igual potencia".

El que escribió esto no se equivocó con él. Millonarios lo ganó todo en aquella época y el Real Madrid les invitó a jugar un torneo triangular con motivo de la Bodas de Oro y en un partido que enfrentó al Real y a Millonarios en el estadio de Chamartín vencieron los colombianos 2-4. En aquel partido, Di Stefano marcó dos goles y fue elegido el mejor jugador del torneo.

Fue tal el impacto que el Real Madrid se interesó en ficharlo. Habló con Millonarios y se llegó a un acuerdo, pero también el F.C. Barcelona se interesó y habló con el River Plate y llegó a un acuerdo pagando cuatro millones de pesetas. El River tenía su pase y así se inició un conflicto entre el Real Madrid y Barcelona.

El jugador viajó a Barcelona, pero sin poder jugar ni siguiera amistosos. Entonces intervino la FIFA y decidió que jugara cuatro temporadas en España, dos en cada club. El Barcelona no aceptó. Al final se llegó a un acuerdo y el Barcelona renunció a sus derechos.

Así empezó la historia del que sería el mejor jugador del mundo de aquella época y uno de los más grandes de la historia. Su paso por Colombia fue providencial para él.

CONSEJOS PARA EL EMIGRANTE NOVATO

A Colombia uno se aclimata muy rápido, debido a que tanto la lengua como las costumbres son muy parecidas a las de España, pues por mi parte desde que llegué a este país hace diez años siempre me consideraron uno más.

La calidad humana de la gente y sus valores hacen que uno se sienta como en casa. Por esta razón cualquier español, sea técnico o jugador, se adaptará al fútbol colombiano y al país.

Recientemente se ha firmado un convenio de colaboración entre la Liga Profesional de España y la Dimayor y eso será muy interesante para el fútbol de ambos países y más para el colombiano.

Si la Federación de Colombia consigue que sus técnicos estén integrados en la Federación, como pasa en España con el Comité de Entrenadores y la Escuela, será muy positivo y hay mucho interés para que así sea. Es la asignatura pendiente del fútbol colombiano, que cada año va creciendo y con la ilusión y la preparación de sus técnicos y la gran cantidad de practicantes, en el futuro será una de las potencias mundiales.

En Colombia se respira fútbol. Como ejemplo, una vez que llegué al aeropuerto de Medellín para acudir a un seminario para entrenadores subí a un taxi y por el camino empezamos hablar de fútbol con el taxista. Cuando llegamos al hotel, no quiso cobrar la carrera ¡y se ofreció a llevarme gratis cuando quisiera!

ESTADOS UNIDOS

Eloísa Borreguero

LA AUTORA

Eloísa Borreguero es Técnico Superior en Actividad Física y Animación Deportiva (TAFAD), Entrenadora UEFA C y posee el Título de Entrenamiento de Porteros, ambos estos últimos de la Real Federación Española de Fútbol (RFEF).

Además, en Estados Unidos se graduó en Ciencias del Deporte con una especialidad en Salud y Bienestar y actualmente está realizando un Máster en Business y Administración. A nivel deportivo, dispone de la Licencia C por US Soccer Federation. En Estados Unidos, las licencias de entrenador de fútbol empiezan en la F y terminan con la licencia Pro. Antes de la Pro se diferencian entre la A Youth y la A Senior.

Sobre su carrera profesional, en 2006 comenzó su trayectoria como entrenadora de fútbol en el Club Atlético de Madrid Femenino, en la categoría benjamín. Durante cinco años, tuvo la oportunidad de trabajar y ganar experiencia entrenando equipos femeninos de futbol-7. Aparte de las cinco temporadas en las que estuvo en el club, trabajó en campamentos de verano con la Fundación del Real Madrid y con la Selección Española durante tres años, tanto a nivel de monitor, como de asistente de entrenador.

En esos campamentos tomó consciencia de lo diferente que es el futbol femenino del masculino y también cómo la cultura afecta al fútbol, viendo la gran variedad de nacionalidades de los jugadores que participaban en estos campamentos de verano. En 2011, comenzó su formación como entrenadora de porteros, ya que jugó como portera los ocho años anteriores a la realización del curso especialista de porteros.

Acudió a entrenamientos con el entrenador Juan Carlos Arévalo y trabajó junto a Fidel Carrón en dos ocasiones diferentes. Trabajar con estos dos profesionales y tener la oportunidad de aplicar los conocimientos aprendidos en el curso fue para ella un privilegio que le abrió puertas en el extranjero.

En septiembre de 2011 se mudó a Nueva York con el objetivo de aprender inglés para su formación. El año que vivió allí le sirvió para darse cuenta de las posibilidades que tenía el fútbol en Estados Unidos. Desde Nueva York envió una solicitud a una universidad a las afueras de Chicago para poder jugar al futbol y estudiar a la vez. Una vez estuvo allí, le ofrecieron trabajo como entrenadora en un club de la zona. En 2013, comenzó su trayectoria como entrenadora en el club Crystal Lake Force, dirigiendo el programa "Skills Training" y "Recreational Goalkeeper training". Se trata de un programa que este club ofrece gratuitamente para captar jugadores ya que, aparte del entrenamiento que realizan los chicos, da a los técnicos una oportunidad de ver posibles jugadores para el futuro.

Empezó trabajando con jugadores desde los 7 a los 14 años, de forma mixta. El nivel era muy básico, llegando hasta el punto que en ocasiones había niños que no habían tocado un balón de futbol hasta ese momento. También fue responsable de otro programa que el club ofrece, cuyo nombre es "Young Kickers", que consiste en 50 minutos de entrenamiento a niños entre 3 y 5 años.

En 2015 fue la primera temporada que entrenó un equipo de "travelling", es decir, de competición. Dirigía un equipo de U9 y otro de U17 de chicas. Actualmente entrena un equipo de chicas U10, otro U19 y es la asistente para el equipo femenino en la Universidad de Judson, donde se graduó.

EL FÚTBOL EN EL CONTEXTO DEPORTIVO DE ESTADOS UNIDOS

El fútbol en Estados Unidos no es el deporte principal del país. Los deportes más populares en Estados Unidos son el béisbol y el futbol americano. Estados Unidos es un país muy extenso y es increíble pensar que hay diferentes áreas y diferentes climas. El deporte aquí está dividido por estaciones. Por ejemplo, el fútbol americano es un deporte de otoño y el baloncesto empieza en invierno. El fútbol es también de otoño y en ocasiones la temporada puede acabar en diciembre, marzo o junio, dependiendo de qué equipo y de qué liga se trate.

En la zona donde yo vivo, Chicago, el fútbol ha crecido bastante en los últimos ocho años debido a la cultura de la gente que vive en la zona. Hay un alto porcentaje de gente procedente de México y de América Latina, donde el fútbol es el principal deporte. Sin embargo, el futbol es un deporte que aún sigue en proceso de crecimiento ya que ahora también hay mucha insistencia de la MLS, la liga profesional de futbol en estados Unidos, por traer jugadores extranjeros de la liga inglesa, española o italiana como algunos ejemplos. También el fútbol es más conocido por los resultados del equipo nacional en el Mundial femenino y la representación del equipo masculino en la Copa América.

Un dato curioso es la media de gente que acudió a un partido profesional de futbol de la MLS durante 2014, que ha crecido un 12.7%. Aumentó de 19,147 a 21,547 la audiencia media en un partido en el 2015.

Sobre las perspectivas para el futuro, en Estados Unidos aún se espera un alto crecimiento del futbol, no solo a nivel de jugadores sino también a nivel profesional. Las federaciones están implementando nuevos métodos educativos y con ello más caros y difíciles de superar. Chicos y chicas juegan ms al deporte y crean ligas durante todo el año para poder practicar el deporte. El futbol en Estados Unidos está en crecimiento y la influencia de otros países y la inmigración está generando mucho más el dar a conocer este deporte.

Desde que llegué a este país, he visto que el futbol femenino tiene más importancia a nivel profesional, pero personalmente pienso que esto es debido a los resultados. Sin embargo, a nivel universitario y de club, no hay tanta diferencia como puede haber en España a esa misma edad. De hecho, en muchas ocasiones he visto chicas entrenar con chicos y viceversa. Por ejemplo, en los últimos tres años he estado entrenando los porteros del Club donde trabajo, con edades entre 8 y 10 años y son para chicas y chicos. Pasa exactamente igual en niveles superiores.

En lo que respecta al fútbol español y la percepción que de él se tiene en Estados Unidos, por norma general y por lo que siempre he oído en estos cinco años, hay una mayor influencia de los equipos punteros españoles, es decir, del Real Madrid, Barcelona, y Atlético de Madrid. Esto se debe a los jugadores extranjeros que esos clubes fichan. Sí hay oportunidad de ver partidos que se jueguen en España, pero por la diferencia horaria, he experimentado personalmente que se hace difícil. En Chicago y a las afueras de Chicago, la liga mexicana, la MLS, la liga inglesa y la española son las más populares. En general, los comentarios que se dirigen al futbol español siempre están relacionados con el Tiki-taka.

LA ESTRUCTURA Y EL NIVEL DEL FÚTBOL EN ESTADOS UNIDOS

La liga más importante de futbol en Estados Unidos es la MLS. Por otro lado, los jugadores que luchan por ser profesional están jugando en ligas universitarias de División 1. Depende de la universidad de la que estemos hablando, el equipo puede llegar a equivaler en nivel a un equipo modesto de Primera División española. Los estadios universitarios en ocasiones son más grandes que estadios de Segunda y Tercera en España. Las ligas universitarias se dividen en División 1,2,3 y 4 que están dentro de la NCAA aunque también esta NAIA. El nivel universitario en ocasiones puede producir el mismo dinero que un partido de Primera División española de mitad de tabla a nivel de fans y a nivel de medios de comunicación. Sin embargo, existe una gran diferencia de universidad a universidad.

El equipo nacional femenino está ahora mismo en auge de popularidad por los resultados obtenidos en los últimos años. También existe una mayor influencia de estudiantes internacionales que vienen a jugar al fútbol a las universidades.

Para comparar el fútbol en Estados Unidos con el de España, antes de nada, hay que recordar que la población de Estados Unidos asciende a 324.956.634 habitantes, mientras que la española es de 46.018.603 a día de hoy, por lo tanto, eso ya va a hacer el fútbol diferente en cada país.

En Chicago hay muchos tipos de ligas y de niveles, al igual que hay clubes que compiten y otros que juegan a nivel recreacional. Hay equipos que los entrenan los padres y otros en los que hay entrenadores cualificados. Cada estado también dispone de un grupo llamado ODP que significa "Olympic Development Program", donde jugadores que son extraordinariamente buenos acuden a estas academias y reciben entrenamientos de técnicos muy bien reconocidos y además juegan y entrenan en una atmósfera de alto rendimiento.

EL FÚTBOL BASE EN ESTADOS UNIDOS

Por mi propia experiencia en el club donde yo trabajo, los niños y adolescentes tienen que pagar para jugar al fútbol en Estados Unidos. Por norma general, en los clubes que son de "travelling" (competición), cada jugador puede pagar entre 800 y 3.000 dólares en un año, dependiendo del nivel y de la reputación del club. Aún no he conocido ningún club donde los jugadores no paguen por su nivel futbolístico, sin embargo, sí se da el caso de que los entrenadores, en nombre del club, hagan ofertas privadas a jugadores ofreciendo becas, descuentos, ropa, o jugar gratis en torneos determinados.

Los clubes que son de élite tienen grandes academias de formación, al igual que campamentos y torneos, en los que fácilmente puede generar más de 50.000 dólares por evento.

Desde la óptica individual del joven futbolista, en la mayoría de los casos, los jugadores juegan por divertirse y socializarse. Lo hacen hasta que se gradúan de High School y luego toman la decisión importante de qué universidad escoger y si allí van a practicar o no algún deporte. En Estados Unidos es muy común el multideporte. En estos cinco años que llevo aquí, ha habido jugadores que yo entreno que juegan a tres deportes a la vez, por ejemplo, fútbol, voleibol y atletismo. Esto lleva un alto riesgo de lesiones, pero el principal problema es la falta de tiempo a la hora de compatibilizar los entrenamientos, los partidos y las clases. Aquél que se toma en serio el deporte del futbol, personalmente pienso que tiene una alta probabilidad de encontrar el mejor contexto para triunfar: puede disponer de buenas escuelas, buenos recursos, buenos entrenadores y buenas oportunidades de éxito.

Respecto a la organización federativa, cada estado tiene su propia federación. Y como ya he mencionado antes, cada estado es tan grande que se divide en condados. Por ejemplo, Illinois tiene su propia federación y se divide en Este, Oeste, Norte y Sur para repartir los equipos. A nivel educativo y de reglas, la federación de fútbol de Estados Unidos manda sus comunicados y luego la federación de cada estado se encarga de enviarlos a sus clubes.

Las estructuras de competición en el fútbol base del país son: recreacional, "travelling", alto rendimiento, regionales, estatales y a nivel internacional. Hay una demanda muy alta de torneos internacionales. Muchos de los clubes locales que conozco ofrecen torneos fuera de Estados Unidos llevando un equipo ya hecho en el club o en ocasiones hacen pruebas para combinar un equipo fuerte para competir internacionalmente.

Los jugadores pueden empezar a jugar a los tres años (sin competir) y después de los seis ya pueden entrar a una competición recreacional, donde el nivel es básico, o pueden entrar en academias o clubes donde el nivel es más alto y hay mayor competición.

Es importante saber que algunos padres deciden no poner a sus hijos en equipos de competición, por el mero hecho de ser competición. He tenido casos donde tenía que reclutar jugadoras de ocho años y cuando hablaba con los padres para ofrecer el programa no lo aceptaban por dos cosas: el tema financiero y el tema de comprometerse a que las niñas disputaran una competición.

Tanto el jugador más amateur como el jugador con un mayor talento tienen la oportunidad de jugar en un club e incluso de conseguir una beca para jugar a nivel universitario. Lo único que les diferenciaría es el nivel de ambos lugares.

He conocido muchos casos de jugadores extraordinariamente buenos. En ese caso, los padres se encargan de pagar todo lo que sea necesario para que ese jugador no solo esté jugando en el mejor club, sino que también reciba la mayor cantidad de entrenamiento privado necesario. En ocasiones, hay jugadores que pagan mínimo 50 dólares por una sesión de una hora con un entrenador. Esos entrenadores privados de "face to face" son muy comunes. Los padres quieren que sus hijos reciban la mejor atención y el mejor entrenamiento y están dispuestos a pagarlo. Por parte del club o de la universidad no hay un trato especial para los futbolistas de mayor talento, pero sí existe un cuidado especial a nivel de ropa o detalles que se dan a un jugador para que se sienta especial y cuidado. Para eso, los americanos son muy cuidadosos: hacer sentirse importantes.

Cuando el jugador ha crecido y está en su etapa de pre-rendimiento, dependiendo de la universidad la promoción al fútbol profesional es diferente. Los equipos femeninos profesionales por ejemplo ofrecen pruebas al público dos veces al año. Cada jugadora que se quiera presentar tiene que pagar unos gastos de administración, pero tendrá la oportunidad de mostrar su nivel futbolístico. También hay muchos estados que ofrecen torneos a nivel estatal para que los equipos vayan con los mejores jugadores y ahí hay entrenadores de todas partes de los Estados Unidos preparados para hacer fichajes para sus universidades.

LA FILOSOFÍA DE JUEGO EN ESTADOS UNIDOS

Generalmente, el gusto del estadounidense se decanta por un futbol físico y directo. Es una seña de identidad arraigada en la cultura deportiva del país y la condición física de la mayoría de los jugadores, chicos y chicas, es bastante fuerte. Por eso, muchas veces se le denomina a este futbol como "patadón". Estoy segura de que el futbol internacional está influenciando poco a poco a la metodología estadounidense, puesto que es lo que están intentando implementar en los cursos de entrenadores.

Tácticamente, los equipos tienen como objetivo principal ser directos. En este apartado, hablaría del portero: aun en estos días, al portero no se le ve como un jugador más al que se le puede pasar el balón. El portero aquí no juega en una posición de libre. Yo creo que ésta sería la peculiaridad que más llama la atención.

El nivel de compresión del juego y desarrollo práctico es muy bajo por la sencilla razón de que el jugador no ve fútbol en televisión o en directo, ya sea profesional o amateur. El jugador aquí no ha crecido viendo fútbol, salvo excepciones. Por ejemplo, cuando pregunto a mis jugadoras si han visto algún partido recientemente, ellas admiten que no ven fútbol.

Eso marca una gran diferencia para la compresión del juego y esto lleva a no entender cómo es el juego de fútbol.

Una de las fortalezas que yo veo en Estados Unidos es el nivel económico que los padres y clubes están dispuestos a invertir para la mejora del rendimiento de los jugadores. Más dinero permite a los clubes crecer no solo en las instalaciones o material sino también a nivel de entrenadores. Hay clubes que tratan de motivar a sus entradores con ayudas en su educación como entrenador.

En cuanto a las áreas de mejora, pienso que el futbol va bien encaminado. No se puede cambiar una cultura, pero creo que, si hubiese un poco más de relación con el futbol internacional, los jugadores en Estados Unidos verían un campo más abierto de lo que es el fútbol y la pasión que éste conlleva.

PECULIARIDADES DEL PAÍS QUE AFECTAN AL FÚTBOL

Si nos centramos por ejemplo en la liga en Illinois, ésta se divide entre el este, oeste, norte, y sur. Mi zona por ejemplo está en el noreste. La media de tiempo que conduzco para ir a los partidos de mis equipos del club, U10 y U19, es entre 20 y 50 minutos. Es por eso que cada liga está separada por regiones, para que sea más fácil y cómodo desplazarse.

Para el equipo universitario, nuestra liga es de equipos que están entre una y cinco horas de distancia. Dato importante es que no se viaja el día anterior, a pesar de que se juega tan lejos. Solo se dormiría en caso de Play-offs. Aquí la gente está acostumbrada a desplazarse tan lejos para jugar.

En Illinois, la temporada de fútbol en la universidad y en el club discurre durante el verano y el otoño. En los equipos High School, el fútbol comienza en primavera. Sin embargo, durante el invierno, las temperaturas son muy bajas (pueden llegar hasta 30 grados bajo cero) y con mucha nieve, por lo cual el fútbol se juega indoor. Este parón afecta al rendimiento de las jugadoras porque el fútbol también se modifica. Por ejemplo, mi equipo U19 pasaría de jugar 11vs11 a 9vs9 en la liga de invierno indoor. Durante la primavera, los jugadores pueden decidir si jugar en la liga del High School o en la liga del club.

En Chicago hay estadios cubiertos y cerrados, debido a las bajas temperaturas en invierno. Por eso el futbol profesional no se juega durante el invierno.

Como espectador, un partido de fútbol aquí no se vive con la misma pasión como un partido de béisbol, fútbol americano, o baloncesto. Sin embargo, hay comida por todas partes, venden muchos tipos de ropa o regalos para los aficionados, se toca el himno nacional de Estados Unidos siempre antes de cada partido. Esto es también a nivel universitario. Coincidiendo con los partidos, en el estadio se encargan de organizar cualquier tipo de evento que promueva la interacción con el aficionado. Siempre tratan de hacerlo entretenido y de que la gente se vaya del estadio habiendo tenido una buena experiencia.

Algo cultural que también resulta muy curioso es el rol de los padres en el entrenamiento. El padre o la madre siempre está a pie de campo, cerca del entrenador, observando cada momento. Y, si es necesario, el padre o la madre intervendrán en la sesión cuando ellos quieran. Los padres mandan porque ellos son los que pagan. El coste de jugar en un buen club es bastante alto. Por eso los padres se sienten con todo el derecho de ser parte de esta experiencia. Hay normas que se ponen como equipo, pero al final el club y los entrenadores tenemos que cuidar de los padres y escucharlos para que se sientan parte de la experiencia de sus hijos.

MÉTODOS DE ENTRENAMIENTO EN ESTADOS UNIDOS

La metodología de entrenamiento se está pareciendo mucho a lo que estudié yo en España.

El modelo de sesión que la federación de futbol de Estados Unidos quiere que usemos es una sesión con cuatro partes: un calentamiento donde se introduzca el objetivo de la sesión; la segunda fase de orientación, en la que el jugador empieza a familiarizase con el objetivo de la sesión; una tercera fase donde el jugador aprende el objetivo en un ámbito lo más real posible; y por último la cuarta fase, la de implementación, que es la fase de juego real. La sesión dura una media de una hora y 30 minutos.

También es importante según la federación que los ejercicios sean lineales, de un lado de la portería al otro, para que de esa forma se asemeje lo más posible a la competición real. En la segunda y tercera fase tiene que haber porterías para ambos equipos. En conjunto, el objetivo de los entrenadores es crear un jugador que sea independiente, crítico y pensador, que pueda tomar decisiones en cada parte del juego.

Si hablamos del uso de tecnología, no veo grandes diferencias respecto a España.

Los estadounidenses son más clásicos en el entrenamiento del portero y en la forma de enseñar, en la fórmula pedagógica. También lo son en la forma de juego, que es más físico que técnico. Y son innovadores en la facilidad que tienen de invertir en el futbol y en los medios porque saben que es un deporte en crecimiento.

La mentalidad es abierta o cerrada a nuevas ideas, dependiendo de los jugadores o personas. Hay de todo. Son muy perseverantes y ambiciosos cuando han apostado por una idea o han invertido en un proyecto. Por ejemplo, si piensan que un entrenamiento privado con un entrenador (one to one) es beneficioso para el rendimiento del jugador, le darán un plazo larguísimo confiando en que funcionará.

INFRAESTRUCTURAS Y MEDIOS DE ENTRENAMIENTO Y DE TRABAJO

Como norma, los campos de entrenamiento son de hierba natural. No es así por una cuestión económica, en función del nivel del club, sino por la cantidad de espacio y terreno para crear campos de futbol, además de un clima que favorece este tipo de superficies naturales. La mayoría de instalaciones son centros deportivos donde tienen más de un campo de futbol y también terrenos de juego para otros deportes.

No todos los campos tienen vestuarios con duchas. Los jugadores vienen directos al terreno de juego para empezar a jugar. Creo que esto está relacionado con el poco margen que tiene el entrenador entre sus sesiones de entrenamiento. Por ejemplo, hay días que tengo que entrenar tres grupos diferentes, sin apenas intervalo entre ellos. Estoy en el campo desde las cinco hasta las nueve de la noche y los jugadores llegan y se van por turnos.

Por norma general, se dispone de todo tipo de material, aunque el jugador siempre trae consigo su balón de futbol. Eso siempre me ha extrañado mucho. De este modo, los jugadores se tienen que preocupar de su balón y yo no tengo que estar cambiando los balones en cada sesión, al igual que el tamaño de estos.

En cuanto a los recursos humanos para cada equipo, depende del nivel del club. En el rango más básico, un padre o una madre, con título o sin título, puede llevar un equipo. Por norma general, cada grupo tiene un "Team Manager" que suele ser el padre o la madre de un jugador. El objetivo del "Team Manager" es facilitar la comunicación entre el entrenador y todos los padres, actualizar el calendario de partidos y entrenamientos y encargarse de las logísticas del equipo. Esta persona es muy recurrente para el entrenador porque ellos siempre quieren ayudar y ser los responsables en caso de que el entrenador necesite algo o esté llegando tarde a un partido. Depende del equipo, es posible que se requiera más de un entrenador, debido a la cantidad de jugadores del grupo. Por lo general, desde las categorías más inferiores a las más superiores, la demanda de nivel y formación por parte de los entrenadores se va incrementando, a medida que sube el nivel y la edad.

CONTEXTO LABORAL PARA POTENCIALES INMIGRANTES ESPAÑOLES

Actualmente veo que hay una gran demanda de entrenadores cualificados, dispuestos a trabajar a tiempo completo en academias de futbol. Nunca antes había experimentado ser entrenadora a tiempo completo. Esto requiere mucha dedicación, no sólo con la planificación de los entrenamientos, sino también con la cantidad de horas que hay que estar en el campo entrenando, en las pruebas a nuevos jugadores, acciones de captación y reclutamiento, planificación de los calendarios.

A nivel universitario, todo cambia y la dinámica de trabajo es diferente a la de un club. Aun así, pienso que venir de un país diferente, donde el fútbol es el deporte más demandado, tiene muchos beneficios. Se requiere un nivel alto de inglés, hablado y escrito, para poder comunicarse, pues ya sabemos que la interacción directa entre el entrenador y los jugadores es muy importante.

Los clubes en Illinois pagan entre 5.000 y 8.000 dólares por equipo y por temporada. Hay algunos entrenamientos especiales que algunos clubes pagan por hora y eso puede variar entre 10 y 60 dólares la hora. Un entrenador profesional puede cobrar entre 30.000 y 100.000 dólares al año aproximadamente y dependiendo del club.

Un entrenador inmigrante en este país siempre tiene el mismo pensamiento: que aquí pagan muy bien a los técnicos. Depende de qué tipo de visado el entrenador inmigrante tenga, puede recibir casa, dinero para la comida y coche. La experiencia de la que puedo hablar con conocimiento es la de ser entrenador a tiempo completo, con 4 o 6 equipos. Eso quiere decir que se tiene entre 4 y 6 partidos en el fin de semana, más posibles clinics o entrenamientos privados.

Por las mañanas, el tiempo se dedica a la planificación de los entrenamientos. Pienso que es una gran experiencia el vivir del fútbol de base en Estados Unidos porque realmente sientes un gran profesionalismo. Sin embargo, el futbol base aquí es tan grande que eso te puede llevar a muchas otras salidas, como por ejemplo torneos internacionales, campamentos, entrenamientos técnicos, u otros eventos.

CONTEXTO LEGISLATIVO PARA LA CONTRATACIÓN DE TRABAJADORES ESPAÑOLES

La inmigración ha sido uno de los aspectos más controvertidos durante las últimas elecciones presidenciales. Con la victoria de Donald Trump, el panorama futuro para la inmigración es incierto. En los últimos años, la inmigración había seguido aumentando, a pesar de las dificultades para mantenerse con estatus legal.

El país tiene las puertas abiertas a todo el mundo, pero lo difícil es encontrar un trabajo que te dé ese estatus legal. Por ello, hay una gran variedad de academias de futbol donde ofrecen visados de trabajo de un año con opción a futuras oportunidades.

Los pasos a seguir serían: buscar y aplicar para una posición de entrenador, ya sea en academias de futbol o universidades. Ellos, si están interesados, te ofrecerían un contrato con una visa y ahí los pasos legislativos son bastante sencillos.

Ahora bien, si un entrenador quiere viajar a encontrar algún puesto, las posibilidades de encontrarlo pienso que son muy pocas. Hay que ir al país con un trabajo ya cerrado.

Estados Unidos es muy grande y por eso estoy segura de la gran cantidad de oportunidades que hay para profesionales españoles que estén interesados en hacer un cambio en sus vidas a nivel profesional y personal.

UNA HISTORIA REAL: ELOÍSA BORREGUERO EN ESTADOS UNIDOS

Mi experiencia personal comenzó en Nueva York. Yo vine a Estados Unidos con un visado de estudiante F-1, con el objetivo de aprender inglés para así poder presentarme al examen de inglés en INEF de la Universidad Politécnica de Madrid.

Una vez en Nueva York, tuve la oportunidad de visitar un entrenamiento privado. Este entrenamiento consistía de un campo de futbol, un entrenador, 22 jugadoras y 22 balones. Cada jugadora pagó 80 dólares por esa hora de entrenamiento con ese entrenador. ¡Era un total de 1.760 dólares! Eso es todo lo que pensé una vez que vi un ejercicio de finalización donde estaban todas en una fila en el medio del campo y daban un pase al entrenador de una en una, y éste haría una pared con la jugadora para que ella tirase a puerta. Esa dinámica se produjo durante los últimos 20 minutos del entrenamiento.

No podía creer lo que estaba viendo. ¿Quién era ese entrenador? Fuera quien fuera, estar en una fila no cuesta 80 dólares. Esa experiencia me hizo buscar y buscar dónde podría jugar de nuevo para después quizás volver a entrenar.

De ese modo, encontré la universidad Judson University, donde el entrenador me ofreció una beca para jugar al futbol y sorprendentemente me ofreció entrenar en un club cercano.

Gracias a mi visado, he podido estar en la universidad y, gracias a las oportunidades de prácticas en la universidad, ha sido posible poder entrenar más en el club.

En este club, actualmente somos nueve entrenadores y yo soy la única mujer. De los nueve entrenadores, hay siete nacionalidades diferentes. Entre dos, somos los encargados de entrenar a los porteros, un entrenador brasileño y yo.

El club proporciona ayudas para que los entrenadores sigamos estudiando las licencias de entrenador. Al mismo tiempo, soy asistente en el equipo femenino de la universidad de Judson. Esta posición la he conseguido a través de una beca de "grad assistant", que consiste en trabajar como entrenadora a cambio de recibir mi Máster en Administración de Empresas.

Esto es otra oportunidad que debo aprovechar. Es una experiencia increíble, no solo haber sido parte de un equipo ya durante cuatro años, sino ahora tener la oportunidad de entrenar al equipo dos años más.

CONSEJOS PARA EL EMIGRANTE NOVATO

Si estás decidido a vivir una experiencia inolvidable, a aprender nuevos métodos, cultura, estilo de vida, a hablar y convivir con otro idioma, a conocer gente diferente a ti, a entrenar jugadores que el fútbol no es su pasión, a entrenar jugadores con ganas de ser mejor, a ver un fútbol nuevo y diferente, busca esa oportunidad y la encontrarás.

Consejos personales diría que cuando ya no vives en España tu mente tiene que estar donde tu cuerpo reside. Chicago son 7 horas de diferencia con Madrid. La vida sigue caminos diferentes y hay que aprender a disfrutar de lo que está pasando en cada instante. Vivir en otro país no es nada fácil, pero si estás decidido, lo disfrutarás y encontrarás cosas nuevas en el camino.

Profesionalmente, Chicago está lleno de oportunidades. El fútbol es un negocio en pleno auge, donde la gente quiere seguir invirtiendo. Es importante diferenciar que el fútbol es diferente en España y en Chicago, al igual que la cultura y el estilo de vida. Esto afecta a como el jugador entiende y practica el deporte. Un consejo es tener paciencia a la hora de enseñar fútbol. Primero hay que saber a quién nos dirigimos, antes de soltar nuestras propias metodologías, ser flexible y adaptar los conocimientos a los jugadores.

Como aspectos innovadores que yo he podido introducir, por ejemplo, en mis últimos dos años, he mandado deberes a mis jugadoras de 16 y 17 años: tenían que investigar sobre las posiciones en el campo en las que ellas individualmente juegan más y los roles de cada una en ataque y en defensa. Eso les hizo entender un poco más el futbol tácticamente. Además, en mi entrenamiento de porteros de 8 y 10 años, hago clases de aeróbic. Ellos se reparten como en una clase con el balón en las manos y todos a la vez practicamos la técnica de caída lateral con balón. Es una progresión: aprenden a caer lateral desde la posición de rodillas, y luego de cuclillas y después de pie. Ha tenido un gran resultado esta clase de aeróbic con los porteros más pequeños para entender la técnica de caída lateral del portero.

Como dato curioso, los jugadores salen del coche con las botas de futbol y las espinilleras puestas y se van de la misma manera después del partido. Nunca entendí porque no pueden cambiarse el calzado al menos después del partido. Incluso durante mi primer año entrenando en la liga "recreational", jugadores de 8-14 años, siempre alguno venía en pantalón vaquero a entrenar. Al igual que porteros al entrenamiento de porteros venían sin guantes y con pantalones de baloncesto.

GEORGIA

Andrés Carrasco

EL AUTOR

Licenciado en 2001 en Ciencias de la Actividad Física y el Deporte (Promoción de 1997-2001, Universidad de Barcelona), Andrés Carrasco tiene la especialidad en Alto Rendimiento y Fútbol. Paralelamente a sus estudios universitarios, cursó los niveles 1 y 2 de entrenador y en 2013 los completó con el Nivel-3, obteniendo así la Licencia UEFA Pro.

Después de licenciarse, realizó el Máster de Preparadores Físicos de Fútbol de la RFEF, para profundizar en sus conocimientos sobre este deporte.

Se confiesa un futbolista frustrado que decidió muy pronto colgar las botas para concentrarse en lo que hoy es su profesión. El tiempo le demostró que no pudo tomar una decisión mejor y su gran oportunidad llegó cuando uno de sus profesores, Santiago Vázquez, le habló sobre la posibilidad de entrenar en la Escuela del F.C. Barcelona.

La etapa en el F.C. Barcelona empezó desde lo más básico de la estructura, pasando por diferentes categorías y llegando a coordinar el Área de Fútbol 7 en su última temporada. Doce años en los que se formó como entrenador, en torno a una idea de fútbol y metodología muy definida. Tuvo la suerte de descubrir y trabajar con varios futbolistas que hoy en día están en el alto nivel y muchos otros que, a pesar de no haber llegado tan alto, juegan en Segunda División A, o incluso en equipos de Primera División del extranjero.

Durante tres temporadas, vivió además una experiencia muy enriquecedora en la Selección Catalana, junto a Pichi Alonso y Toni Cortés, consiguiendo varios Campeonatos de España, juvenil, cadete y alevín.

Y en 2011 tomó la decisión que cambiaría profundamente su vida. Firmó como ayudante de Álex García por el F.C. Dinamo Tiblisi de Georgia, antigua república soviética. Además, debía crear y dirigir su academia, prácticamente desde los cimientos. Permaneció allí un año. Luego vino un paréntesis dirigiendo al Cadete A del Málaga C.F. junto a Manel Casanova y Francesc Arnau, y regresó a Georgia, esta vez como director del F.C. Saburtalo, la academia de fútbol más grande de Tiblisi, para vivir esa experiencia durante dos temporadas.

El F.C. Saburtalo posee la estructura más grande y compleja a la que se había enfrentado Andrés: más de 1.200 jugadores, 50 técnicos y tres instalaciones, con un total de 12 campos de fútbol. Durante los tres años de aventura total en Georgia, tuvo la oportunidad de trabajar en diversos aspectos relacionados con el fútbol, desde diferentes ópticas, por ejemplo, colaborando con la Federación Georgiana en la formación de técnicos y en el fomento de este deporte. Desde lo más básico a lo más profesionalizado, como el uso de nuevas tecnologías y aplicaciones o la organización de grandes eventos de captación de talento, torneos internacionales y conferencias y jornadas técnicas.

Actualmente, Andrés Carrasco trabaja como segundo entrenador de Tony Popovic en el Western Sydney Wanderers, el único equipo de Australia que ha sido capaz de ganar una Champions League Asiática.

EL FÚTBOL EN EL CONTEXTO DEPORTIVO DE GEORGIA

Georgia es una ex república soviética, que desde su independencia ha sufrido varias guerras contra Rusia, perdiendo los territorios de Abjasia y Osetia del Sur. El último episodio bélico del conflicto fue en 2008. Por este motivo, los procesos de reconstrucción del país han marcado los últimos 20 años. Su territorio es pequeño, al igual que el volumen de población, con alrededor de 4 millones de habitantes, de los cuales alrededor de un 35% vive en la capital, Tiblisi.

El fútbol es el deporte rey del país, el que más se practica y por el que el georgiano siente auténtica pasión. A pesar del clima en invierno, el fútbol se juega mucho en la calle y eso tiene un efecto directo en cómo son los jugadores georgianos. Muchos de ellos son rápidos y habilidosos, pero no demasiado disciplinados tácticamente. Aunque esto está cambiando desde que la situación del país es más estable y los clubes con academia han empezado a importar técnicos que llegan con nuevas metodologías y formas de trabajo profesionalizado.

El fútbol es casi una religión en Georgia, y a lo largo de los últimos años hay varios ejemplos de futbolistas en grandes equipos de Europa. Esto implica esperanza para el futbolista georgiano y un anhelo de conseguir una vida mejor. Kaladze (AC Milan), Kinkladze (Manchester City), Arveladze (Glasgow Rangers y Ajax), Ketsbaia (Newcastle), Khizanishvili (Glasgow Rangers, Newcastle, Blackburn) y Kobiashvili (Schalke 04) son las referencias más claras del fútbol georgiano moderno y las influencias más importantes actualmente. Todos ellos siguen vinculados a la política o al fútbol hoy en día.

El fútbol femenino no tiene prácticamente presencia. De hecho, se contabilizan 450 licencias federativas femeninas en todo el país, frente a las 15.000 masculinas. Es un país religioso, católico ortodoxo y muchas de las costumbres resultan en una sociedad donde la mujer tiene un papel muy familiar: se casan y conciben en una edad joven, aunque conforme el país se va modernizando, esto evoluciona y cambia.

Para que el fútbol en Georgia dé un salto de calidad necesita modernizar sus estructuras organizativas, ancladas en algunos aspectos en costumbres de un país que ya de por sí es muy tradicionalista. Es el proceso que está llevándose a cabo actualmente, con la última generación de futbolistas llegando a posiciones de gestión. Tal es el caso de Kobiashvili, elegido recientemente como presidente de la GFF.

El rugby, los deportes de lucha o la halterofilia son otras disciplinas con muy buenos resultados a nivel internacional. La mayor parte de las medallas olímpicas que consigue Georgia provienen de estas prácticas. Especialmente, el rugby ha tenido una expansión muy rápida, para ser un país sin tradición. Pero hace falta entender que el rugby desarrolló un programa muy interesante de detección y formación de talento hace unos años y es ahora cuando están recogiendo resultados. Si el fútbol siguiera un camino similar, muy probablemente en un corto espacio de tiempo tendría una evolución muy positiva.

En cuanto a sus gustos por el ámbito internacional, solo tienes que pasear por cualquiera de los parques o mercados del centro de Tiblisi para darte cuenta de la percepción que se tiene del fútbol español. La mayor parte de los niños visten camisetas de sus clubes preferidos, Barcelona y Madrid, básicamente. Aunque gracias a los resultados del equipo en

Champions League y colaboraciones en las que pude participar, el Atlético de Madrid también tiene sus seguidores. Sin embargo, la liga española no es la competición internacional más seguida, pues la Premier tiene un mayor reconocimiento, seguramente debido a que la mayor parte de los mejores jugadores georgianos hicieron carrera en Inglaterra, y nunca en España.

LA ESTRUCTURA Y EL NIVEL DEL FÚTBOL EN GEORGIA

Umaglesi Liga es como se denomina a la máxima competición en Georgia. Podríamos decir que, por problemas económicos y políticos, la estructura y normativa han cambiado durante los últimos años. Durante la temporada 2011/12 participaron 12 clubes. Pero en la 2013/14 se redujo el número, pasando a 10, para después aumentar, por orden del gobierno, a 14. El principal problema es la situación económica de muchos de estos clubes, que es precaria. Mantienen una estructura muy alejada de lo que en España sería razonable. La gran mayoría de ellos suele depender de ayudas del estado y otros de un solo hombre o familia con poder económico e influencia.

El nivel competitivo medio de los equipos podría equipararse a una Segunda División B, incluso inferior. Quizás no por el nivel futbolístico, pero sí por las condiciones en que desarrollan su actividad, como instalaciones, desplazamientos a los partidos, calidad y control de los entrenamientos, arbitrajes y un casi interminable etcétera. F.C. Dinamo Tbilisi es el club con mejores condiciones: buenos futbolistas con un nivel suficiente para competir en la Liga de Segunda A. Xisco Muñoz, Andreu Guerao, Mikel Álvaro, Carles Coto son varios futbolistas que firmamos para nuestra etapa. Xisco y Mikel hicieron muy buenas temporadas tras nuestra marcha, y siguen siendo muy queridos y recordados por los aficionados.

Un ejemplo de la precariedad de algunos equipos en la competición es que cada temporada se cancelan partidos debido a que el equipo visitante no puede pagar el desplazamiento ni la estancia cuando juega fuera de casa.

Las máximas competiciones (Umaglesi Liga y Pirveli Liga) no han estado exentas de casos de corrupción: amaño de partidos o corrupción arbitral, motivados por las apuestas, principalmente. Ésta ha sido siempre una problemática añadida. Georgia es uno de esos muchos países que son víctimas de este tipo de tramas y de mafias.

Las dificultades se acrecientan en la competición inferior, Pirveli Liga (Segunda División), y en la Chabukta Liga, torneo que combina las categorías sub 18 y sub 16, y de obligada participación para todos los clubes de Umaglesi Liga (por mandato de la UEFA). Si el primer equipo no puede cubrir los gastos de viaje, podemos imaginar cómo se trabaja en el fútbol base en dichos clubes.

Por todo lo explicado anteriormente, es normal que en ocasiones se observe una mayor asistencia de público a partidos de máxima rivalidad en fútbol base o a fases de clasificación de las selecciones georgianas de base. El aficionado al fútbol en Georgia no suele asistir a los partidos, debido a la situación económica, que no ayuda, y la población prioriza cosas más importantes.

EL FÚTBOL BASE EN GEORGIA

Las dos academias que he dirigido – F.C. Dinamo Tiblisi y F.C. Saburtalo – tienen un nivel alto. Es comparable a España. En los torneos internacionales también la Selección Georgiana compite a buen nivel en Europa, dependiendo mucho de la calidad de la generación en concreto, por supuesto.

He participado en la organización de torneos internacionales en los que invitamos a clubes como el Málaga C.F., Atlético de Madrid, Dnpro, Maccabi Haifa, entre otros y los equipos georgianos siempre obtienen buenos resultados y ofrecen buen juego. Cierto es que en ambos clubes y en la selección la influencia de nuestra metodología y sistema de trabajo ha sido muy importante y todavía se siguen estas directrices en la actualidad.

Como ya he comentado, el georgiano vive el fútbol muy intensamente, seguramente debido a que es una oportunidad de mejorar y de salir del país. Eso afecta también a los entrenadores y las familias.

El sistema más extendido de organización consiste en que un mismo entrenador, por regla general ex jugador profesional y veterano, reúne o capta a un grupo de jugadores desde muy temprana edad. Los desarrolla a lo largo de varias temporadas, con la esperanza de que alguno de ellos despunte. Este jugador más talentoso no suele pagar a dicho entrenador y recibe el máximo cuidado y atención por su parte, llegando a ser el técnico tan importante como su padre. Dicho entrenador mantiene un salario gracias a que los otros jugadores que ha ido incorporando al equipo pagan una cuota mensual. Cuando algún club se interesa por el jugador, no se dirige a la familia, pues el vínculo generado a lo largo de los años por la situación descrita es más fuerte y tiene más peso que cualquier contrato escrito o firmado. Para contratar a un futbolista, primero se debe negociar con el entrenador, cuyas condiciones de partida pueden ir desde un puesto de trabajo en el club a una operación de corazón, pasando por cantidades económicas en mano o porcentajes de una venta futura al extranjero, o varias de estas cosas a la vez.

Con esta breve explicación se puede entender cómo navegar por el entramado del fútbol base de país. Una amalgama de intereses y vínculos pseudo-familiares que son difíciles de gestionar y en los que la confianza y la palabra son vitales para entrar. La cultura georgiana se basa mucho en el compromiso y en la ayuda. Años de necesidad y de guerras hacen que las familias adquieran compromisos que se extienden a lo largo de las generaciones.

La GFF (Federación Georgiana de Fútbol) gestiona la competición de fútbol base de ámbito nacional sub 18 y 16 o Chabukta Liga. Las federaciones regionales gestionan el resto de competiciones. Cada uno de estos torneos tiene normas diferentes. Se da la circunstancia de que, debido a la pérdida de territorios en las guerras de 1996 y 2008, las federaciones de Abjasia y de Osetia del Sur desplazaron sus sedes a Tiblisi, de forma que, simultáneamente, existen tres competiciones desde sub 7 hasta sub 18 de ámbito regional en la ciudad de Tiblisi. Las de mayor nivel son las correspondientes a la Federación de Tiblisi, aunque para sumar más partidos, hay equipos/clubes que participan en competiciones de diferentes federaciones al mismo tiempo.

Las competiciones federativas se inician en sub 7, con campeonato de fútbol 6 (5 más portero), en campos de fútbol 7 o más pequeños, sin regla de fuera de juego, haciendo que se parezcan al fútbol sala, pero jugado en un terreno más grande.

Me ayudaré con un ejemplo para explicar cómo están organizados los clubes de élite. Tomando como referencia a la academia del F.C. Dinamo Tiblisi, su estructura es de 4 ó 5 equipos por categoría, hasta sub 14. Como solo dos equipos pueden competir en la Federación de Tiblisi, se inscriben dos en ésta, dos más en la federación de Abjasia y el resto en la federación de Osetia de Osetia. Si se dispone de equipos de mucha calidad, se inscriben en competiciones de edad superior para hacerles competir a mejor nivel. A partir de dicha edad, sub 14, solo hay dos equipos por categoría, con vistas a la Chabukta Liga, sub 16, en la que se inscribe un solo equipo. Como se puede entender, existe un filtro muy importante desde sub 14 hasta sub 16. Esto provoca que muchos jugadores dejen la práctica del fútbol, debido principalmente a la decepción que supone ser descartado, aunque también por la gran diferencia que existe entre las grandes academias y el resto de clubes.

Existen equipos por debajo de sub 7, pero el F.C. Dinamo, al igual que el F.C. Saburtalo, tiene una competición interna, que les ayuda a seleccionar y formar los futuros equipos que competirán.

Las academias de F.C. Dinamo Tbilisi y de F.C. Saburtalo poseen una estructura técnica muy importante. Directores de Academia, normalmente extranjeros, y coordinadores profesionales. Los mejores equipos en estas academias disponen de un cuerpo técnico completo, incluyendo ayudantes, fisioterapeutas, cuidadores de material y delegados. Normalmente los ayudantes de estos equipos son a su vez entrenadores en equipos de inferior categoría, de forma que los ayudantes complementan su salario al cumplir más funciones. Todos ellos viven del fútbol exclusivamente.

Éstas son las dos únicas canteras con estructura comparable a un fútbol base de élite en España. Ambas acaparan a un número enorme de jugadores: alrededor de 2.300. El resto de academias funciona con sus equipos organizados de forma aislada: es decir, mundos independientes que componen el entrenador y "sus" jugadores.

F.C. Dinamo y F.C. Saburtalo tienen objetivos diferentes. Mientras que F.C. Dinamo es un club que orienta su academia a la captación de talento y su formación para llevarlos al primer equipo, F.C. Saburtalo forma futbolistas para su promoción y venta fuera de Georgia. Ambos clubes tienen buenas infraestructuras, pero F.C. Dinamo es el único cuyas instalaciones podrían competir con clubes de primera división en España. Posee una Ciudad Deportiva para el primer equipo y otra que es específica para la Academia. Ambas cuentan con residencia para sus futbolistas. En la Residencia de la Academia, con casi 50 plazas, los jugadores disfrutan de todo lo necesario para su desarrollo, desde la alimentación hasta clases de refuerzo para sus estudios, incluso áreas de recreo.

Los jugadores de mayor talento están muy cuidados, ya que se tiene puestas en ellos muchas expectativas y esperanzas. Esto les lleva a acumular mucha presión como podemos imaginar. El jugador y su familia firman un contrato al llegar al club. Estos contratos están aceptados por la GFF y pueden vincular un jugador desde una edad muy temprana (8 ó 9 años) y, según las necesidades de la familia y su situación, podría tener una duración indecente. Estos jugadores perciben un salario, desde 50 Gel (18 Euros) hasta un máximo de 1000 Gel (350 Euros) cuando se acercan al fútbol profesional y, por lo tanto, están más solicitados o debutan con las selecciones nacionales de base.

Con esto, es fácil entender que el engaño y el abuso están permanentemente en el ambiente. Pero al mismo tiempo, esos modestos salarios pueden ser una solución para las familias, que con 200 Gel mensuales podrían llegar a cubrir sus necesidades básicas, que implica comer una vez al día, situación común en las familias más humildes, y garantizar el suministro de gas y agua en los meses de invierno.

En los últimos años se están extendiendo los representantes que buscan traspasar futbolistas a clubes en la Europa occidental, especialmente en países con ligas de segundo o tercer orden, tipo Dinamarca, Bélgica o Suecia. Estos clubes disponen de suficientes recursos económicos como para invertir en jóvenes georgianos. Los representantes están adquiriendo un papel cada vez más relevante, ya que ayudan a estos jóvenes a buscar un destino para seguir con su desarrollo y los alejan de un ambiente en el que "sus entrenadores" de toda la vida los puedan manejar a su antojo. Estos agentes trabajan en algunos casos de forma coordinada con los clubes extranjeros, propiciando el contacto entre ambas partes, invitando a ojeadores de la entidad interesada a visitar las academias, para poder así valorar a los futbolistas.

Además de esto, que considero muy positivo, también ayudan a los jugadores profesionales cuando se producen situaciones abusivas en sus clubes. También colaboran con la Asociación de Futbolistas, creada hace escasos 4 años.

En el desarrollo del fútbol base, la GFF y la Selección Nacional juegan un papel muy importante, aunque sin duda debería estar menos corrompido. Todos los futbolistas aspiran a mostrar su mejor fútbol con la Selección Georgiana, ya que no es fácil para ellos tener experiencias en competiciones o en torneos internacionales. Ser convocado por la selección es la mejor oportunidad.

En los últimos dos años, desde que Kobiashvili es presidente de la GFF, se ha cambiado a los seleccionadores de categorías inferiores y se controla más su trabajo. Ahora se está sistematizando y controlando mejor a los futbolistas que van destacando. Se trabaja de forma más independiente y no hay tantas influencias en las decisiones como en las etapas anteriores, cuando era común que los seleccionadores de categorías inferiores trabajaran simultáneamente en algún club, con casi el mismo equipo. Con la excusa de tener a los futbolistas más tiempo y preparar mejor las fases de clasificación, acababan teniendo demasiada influencia en los jugadores y sus familias, demasiado poder de decisión. Incluso intereses económicos, queriendo ser parte beneficiada en los traspasos de los jugadores.

Todo el sistema del fútbol base está cambiando conforme se produce un relevo generacional en sus responsables. Es un cambio lento, pero que se está llevando a cabo.

LA FILOSOFÍA DE JUEGO EN GEORGIA

El fútbol georgiano se ha visto influenciado desde muchos años atrás por la tipología de su sociedad. Durante décadas, el país formo parte de la URSS y éste rasgo marca, y mucho, la manera de entender la vida, el deporte y el entrenamiento.

Georgia no escapa al resultadismo que reina en nuestro deporte, pero en base a las experiencias que viví, saben apreciar el fútbol de posesión y de ataque, por delante del defensivo. No obstante, como en muchos otros lugares, los presidentes o directores deportivos no exhiben ningún tipo de rigor, constancia o lógica en la toma de decisiones. Los clubes cambian continuamente de entrenadores y de jugadores. En los últimos años, la única institución que ha mostrado continuidad ha sido el F.C. Zestafoni. Este club mantuvo a su entrenador cinco temporadas, llegando a conquistar el título de liga y copa dos años consecutivos, habiendo partido desde prácticamente nada.

En Georgia no existe una filosofía comúnmente extendida de juego o una cultura generalizada. Las tendencias vienen marcadas por las grandes potencias del fútbol mundial. Los entrenadores intentan poner en práctica movimientos y estructuras "copiadas" de los equipos que están de moda en ese momento, aunque también hay entrenadores con criterios propios y un estilo definido.

Hay un factor muy importante que afecta a la mayor parte de los equipos en cuanto al juego. Su preparación física y cuidado de los detalles no es la que cabría esperar del fútbol profesional. Existe una carencia importante de preparadores físicos en el país que afecta a todos los clubes y que marca el juego. La cultura georgiana tiene una aceptación del alcohol como elemento socializador, muy importante en sus relaciones y en sus celebraciones. La dieta tiene un elevado nivel de grasa en sus elaboraciones y el georgiano es muy orgulloso de sus costumbres, por eso es difícil encontrar en Tbilisi restaurantes italianos o españoles, cosa muy sencilla en todas las capitales del mundo. Todos estos factores comprometen la calidad del juego profundamente.

Los partidos en general tienden a convertirse en un juego de transiciones conforme el partido avanza, como ya he comentado antes, debido al aspecto físico y estado de forma de los jugadores.

Georgia, tradicionalmente, ha sido siempre productora de un jugador ofensivo con un buen nivel técnico. Mayormente extremos o jugadores de banda y delanteros. También es cierto que es más difícil para ellos exportar jugadores con perfil defensivo, ya que por regla general son "más fáciles" de crear o encontrar en los países de destino. El atacante que se encuentra tiene buenas prestaciones técnicas y de velocidad, pero al mismo tiempo anárquico e individualista. Este es otro factor que condiciona y los partidos acaban por ser encuentros de transición constante, y carente de control de la posesión. En muchos se pueden ver acciones individuales de los jugadores en ataque, combinaciones rápidas en el tercio de ataque y acciones de banda de mérito. Pero también es fácil ver equipos con desorganización tanto en ataque como en defensa. La estrategia, que implica organización, siempre fue un aspecto difícil de trabajar y mejorar.

Una de las particularidades que se encuentra en la mayor parte de los equipos es que se juega con un media punta que tiene libertad de movimientos. Además, es bastante curioso que en la mayoría de equipos le dan el dorsal "10" a este jugador.

Existen otros aspectos psicológicos que pueden incidir en el rendimiento del equipo, y que ya se pueden intuir, por lo explicado con anterioridad. En nuestra temporada en F.C. Dinamo Tbilisi participamos en la Europa League desde las primeras rondas de la fase previa. Nos enfrentamos al Milsami Ohrei (Moldavia) en primera ronda, al Llanelli (Gales) en segunda, al KR Reykjavik (Islandia) y en Play Offs al AEK Atenas (Grecia). Competir a nivel internacional era una motivación enorme para nuestros jugadores, además de negociar "primas" por pasar ronda. El juego fue muy bueno y estuvimos a dos minutos de forzar la tanda de penaltis contra el AEK. Pero al iniciar la competición doméstica todos bajaron su rendimiento llegando a perder partidos de forma inexplicable. El aspecto psicológico jugó un papel importantísimo durante ese período de competición internacional, pues todos los jugadores afrontaban los partidos pensando en demostrar su mejor nivel con la esperanza de salir de Georgia.

PECULIARIDADES DEL PAÍS QUE AFECTAN AL FÚTBOL

Por superficie y población, Georgia podría compararse con la Comunidad Autónoma de Andalucía. Tiene 70.000Km2 y la distancia entre las dos ciudades importantes más alejadas es de 380Km Tiblisi y Batumi (en la costa del Mar Negro).

Como expliqué anteriormente, la mayor parte de la población vive en la capital Tiblisi, que se sitúa en el este del país. Otras ciudades importantes y con clubes que compiten en la Umaglesi Liga son: Kutaisi (200.000 habitantes), Rustavi (120.000 habitantes), Mtskheta (20.000 habitantes), Batumi (120.000 habitantes), Zestafoni (75.000 habitantes), Zugdidi (42.000 habitantes), Chiatura (20.000 Habitantes), Samtredia (30.000 habitantes), Gori (50.000 habitantes), Bolnisi (13.000 habitantes). Todas ellas se sitúan en un radio respecto a Tiblisi que va de los 15km la más cercana, Mtskheta, hasta los 380km, Batumi.

Todos los desplazamientos se realizan por carretera y los clubes con alguna posibilidad viajan el día antes del partido y se concentran. Pero todo va en base a la economía. Si no hay dinero, se viaja directo al partido y cada jugador debe costearse la comida.

Un ejemplo de lo importante que es reducir gastos es la adaptación de los horarios de los partidos a la puesta del sol. La GFF adelanta los partidos una hora cada mes al entrar otoño, debido a que en muchos estadios no se pueden cubrir los gastos de iluminación, así los partidos se pueden disputar con luz diurna.

El clima ha afectado siempre a la competición. La nieve puede hacer acto de presencia desde octubre hasta bien entrado marzo, aunque las temperaturas no son tan extremas como podría parecer. El verano es caluroso. Siempre hay diferencias según las regiones: por ejemplo, en el este del país el verano es más suave y tanto la primavera como el otoño son muy lluviosos. En la temporada 16-17, la GFF ha adaptado su calendario para que la campaña se sitúe en el curso del año natural. Un sistema idéntico al que se lleva a cabo en la mayor parte de Asia (China, Japón o Corea).

La Iglesia Ortodoxa y sus costumbres marcan la vida del georgiano. Tienen periodos de ayuno, en los que no se les está permitido comer alimentos provenientes de animales, es decir, reducen la ingesta de proteínas de origen animal. Aunque es cierto que no todos los jugadores siguen al pie de la letra estos ayunos. Es costumbre hacer ofrendas a los santos y es típico que cada club tenga un párroco que les da la bendición y que organiza misas antes de los partidos.

Como ya he comentado, las posibilidades de los clubes dependen de la crisis que está viviendo el país por la devaluación de su moneda. Tan solo un par de clubes pueden permitirse contratar extranjeros y pagar regularmente los salarios de los futbolistas. El gobierno del país está intentando potenciar el fútbol y a raíz del cambio político y de presidencia de la GFF ha empezado a inyectar dinero en los clubes, pero muchos de estos no tienen suficiente y siempre dependen de estas aportaciones para seguir adelante. Cabe pensar que ese dinero proveniente del gobierno es casi una necesidad, ya que muchas familias viven de esos salarios.

MÉTODOS DE ENTRENAMIENTO EN GEORGIA

Existen muchas carencias en cuestiones metodológicas y de organización del entrenamiento. El hecho de que se imiten estilos de juego no implica que se adopten los medios de entrenamiento necesarios para desarrollarlos.

Debido a esto, nuestro primer año en F.C. Dinamo Tiblisi tuvo un impacto muy importante. La intensa formación de técnicos provoco una mejora muy significativa tanto de los que trabajaban directamente conmigo, como de los que recibían las conferencias en los diferentes cursos de entrenadores en los que colaboré.

En Georgia, como norma, se prioriza mucho el entrenamiento de tipo analítico, tanto de aspectos técnicos como de aspectos tácticos. El exceso en el uso de la metodología de tipo analítica se puede ver a lo largo de todos los grupos de edad. La preparación de muchos de los entrenadores no es suficiente como para desarrollar actividades de entrenamiento contextualizadas, que respondan a las necesidades de un estilo concreto de juego.

He podido ver en muchas sesiones de otros equipos cómo la presencia de la preparación física basada en el atletismo o incluso en el "body building" aún tiene mucho peso. Esto último es un gran problema ya que la falta de coherencia ha provocado que muchos jóvenes aún en desarrollo físico sufran lesiones por estrés debido a un temprano trabajo de fuerza con sobre pesos mal planificado.

Cuando llegué al F.C. Saburtalo, empezamos a desarrollar protocolos de prevención de lesiones, a partir de la categoría sub 13, para iniciar a los jugadores en la importancia de cuidar su propio cuerpo y de fortalecerse desde la base. Esto también ha sido un problema y sigue siéndolo en la gran mayoría de los clubes. Es difícil para muchos entrenadores, técnicos y directores deportivos pensar en el largo plazo.

Georgia ha tenido muchas dificultades de desarrollo causado por los diferentes conflictos bélicos en los últimos 20 años. Estas dificultades son extensivas a toda la población en general, pero en particular a los jóvenes y su formación. La tecnología no ha llegado a toda la población hasta hace bien poco. Ha sido siempre una dificultad añadida. En los dos clubes donde dirigí en Georgia siempre obligué a los coordinadores y entrenadores a trabajar con tecnología, a grabar entrenamientos y a editar vídeo. El uso de software de gestión fue uno de mis grandes objetivos, pero ni mucho menos está extendido en el resto de clubes.

La realidad es que cuando llegue al F.C. Dinamo en 2011 muchos de mis entrenadores no tenían ni siquiera cuenta de correo electrónico.

INFRAESTRUCTURAS Y MEDIOS DE ENTRENAMIENTO Y DE TRABAJO

Existen grandes diferencias según el club que examinemos. Varios de ellos cuentan con su propia ciudad deportiva, compuesta por diversos campos de entrenamiento, y con un estadio de buen nivel, pero al mismo tiempo si analizamos la situación de los clubes de Umaglesi Liga encontraremos muchas necesidades, ya sea por carencia de instalaciones o por la antigüedad de las mismas.

F.C. Dinamo es el modelo de club que en cuanto a instalaciones y medios podría competir con cualquier equipo de La Liga española. Con dos ciudades deportivas, una para el primer equipo y otra para la academia, cuentan con tres campos de hierba natural y cuatro con césped artificial. Gimnasio, saunas, piscina cubierta y zona de crioterapia. Además de salas de audiovisual, despachos y demás espacios complementarios que componen un conjunto lleno de detalles. Ambas instalaciones disponen de una residencia para futbolistas, con comedores en los que los residentes reciben las atenciones necesarias.

A partir de este nivel tan alto, Georgia cuenta con diversos clubes con instalaciones considerables y con condiciones de entrenamiento decentes. Locomotive Tiblisi, F.C. Saburtalo, Torpedo Kutaisi, F.C. Dinamo Batumi y F.C. Zestafoni tienen infraestructuras en buenas condiciones y estadios funcionales, con alta capacidad de espectadores. Ni mucho menos cerca de F.C. Dinamo pero son bastante decentes, sobre todo pensando en que todos estos clubes son propietarios de sus propias instalaciones y que no reciben el apoyo gubernamental, por lo que todo proviene de fondos personales de sus presidentes y de patrocinadores o socios.

El de la tecnología es un aspecto que está mejorando, pero durante los últimos años su uso ha brillado por su ausencia. Debemos entender que el entrenador veterano es muy frecuente en todos los niveles del fútbol, tanto en la base como en el fútbol profesional. Este perfil de entrenador no usa tecnología. Los entrenadores que he podido formar en mis tres años en Georgia tienen un buen nivel como usuarios: grabación y edición de vídeos para análisis, o utilización de software para la organización y control del entrenamiento. Como ya he dicho antes, ésta fue una de mis batallas personales.

No se ha podido contar con el uso del GPS hasta hace bien poco, principalmente debido a la falta cobertura satélite en Georgia. Se da la circunstancia de que la mayor parte de satélites que cubren Georgia son rusos, con lo que a Georgia nunca se le permitió tener acceso a dicha cobertura, debido a las disputas territoriales.

El nivel de los asistentes en un cuerpo técnico es muy variable. Todo precisan de una formación importante y de procesos de adaptación largos.

Poca gente habla inglés, con lo que la lengua es una dificultad añadida. Los ayudantes y coordinadores que han trabajado conmigo han necesitado varios meses para que empezáramos a poder delegar en ellos, con lo que la monitorización era muy importante al principio.

Siempre que fue posible, decidí trabajar con técnicos jóvenes por delante de veteranos, los cuales hay que decir que siempre fueron más problemáticos. Tanto fue así que cuando volví para firma por el F.C. Saburtalo, una de las condiciones en mi contrato fue contar con varios técnicos de mi primera etapa en F.C. Dinamo, cosa que ayudó mucho en el inicio.

CONTEXTO LABORAL PARA POTENCIALES INMIGRANTES ESPAÑOLES

Las necesidades de incorporar personal extranjero que en mi opinión tiene el país y la demanda real que se produce no están alineadas. El fútbol en Georgia necesita incorporar técnicos con buena formación y experiencia profesional de alto nivel si se pretende dar un salto de calidad. Esto mejoraría al resto de técnicos por el contacto e intercambio que existe en la convivencia, ya sea en el mismo club o en la relación con la competencia. Pero la demanda de técnicos extranjeros en el fútbol georgiano no es importante. El nivel económico del país no se encuentra en sus mejores momentos, con lo que no existe una garantía de estabilidad y es difícil que se puedan cubrir las demandas de entrenadores foráneos. Sólo un club suele trabajar con un perfil de entrenador extranjero: el F.C. Dinamo Tiblisi. Incluso la selección nacional, que podría incluir en sus estructuras técnicos que marcaran diferencias, no cuenta con ellos, ni tiene intención de hacerlo.

Georgia es una nación muy particular en cuanto a su sociedad y la manera de relacionarse y esto hace extremadamente difícil el trabajo en su fútbol. Siempre hay alguien dispuesto a desacreditar el trabajo desde el desconocimiento total de las situaciones, y siempre hay alguien dispuesto a influenciar a los dirigentes para manipular sus decisiones.

El jugador español podría aportar un extra, no sólo en calidad, sino también en profesionalismo, ayudando a generar dinámicas positivas en cualquier grupo. Pero al mismo tiempo el nivel salarial actual no permite la incorporación de jugadores de un nivel Segunda A y mucho menos de Primera, que son los niveles que realmente marcarían diferencias. Jugadores de Segunda B, difícilmente pueden marcar diferencias desde el inicio. Sé que no puedo generalizar, siempre existen casos particulares, pero nuestra ignorancia sobre el fútbol georgiano no puede cegarnos y hacernos pensar que en Georgia no hay nivel alguno. Este último comentario lo hago extensivo a los entrenadores. El que un entrenador no use tecnología o cuente con un staff técnico de apoyo de menor calidad no significa que no conozca el fútbol y que no pueda sacar rendimiento a un grupo de futbolistas.

En mis dos experiencias en F.C. Dinamo y F.C. Saburtalo las condiciones fueron buenas en cuestión salarial. Muy por encima de los salarios que se pagan en España en la mayoría de clubes para un puesto similar. El resto de condiciones son imprescindibles, coche, apartamento y vuelos.

CONTEXTO LEGISLATIVO PARA LA CONTRATACIÓN DE TRABAJADORES ESPAÑOLES

En mi último año en Georgia tuve que gestionar el visado como residente. Nunca antes fue un requisito para trabajar, ni siquiera para entrar en el país con el pasaporte español.

Actualmente se puede entrar en el país con nuestro pasaporte, recibiendo un visado de turista a la entrada, válido por 90 días. Una vez dentro, se debe gestionar un visado como residente permanente si se pretende vivir por más de esos 90 días. Esta gestión lleva un tiempo variable en función del papeleo que el gobierno demanda. Pero si se paga un extra por la gestión, siempre es más rápido. En Georgia, las gestiones son siempre más cortas si se paga una tasa extra al inicio de los trámites.

Abrir una cuenta bancaria no requiere ningún documento de inmigración, tan sólo se precisa un pasaporte. Otros trámites son igual de sencillos, como alquilar un apartamento, o pedir un crédito.

El resto de gestiones del día a día son incluso más fáciles. En Georgia no existe la domiciliación bancaria de los recibos. Las facturas como la luz, el gas, el agua o Internet se pagan en unas máquinas que se encuentran en los supermercados. Llega la factura a casa en la que ves el código de tu apartamento y las cantidades a ingresar. Esos datos se introducen en las máquinas y se paga con billetes y monedas, como se haría al pagar el ticket de un parking.

UNA HISTORIA REAL: ANDRÉS CARRASCO EN GEORGIA

Después de 12 temporadas en el fútbol base del F.C. Barcelona y de conocer y comprobar qué posibilidades me seguía ofreciendo el Club para progresar como entrenador profesional, llegó una oportunidad de iniciar un proyecto.

F.C. Dinamo Tiblisi era un club histórico, con una Recopa de Europa en sus vitrinas y algunas ligas de la URSS. En principio, teníamos tres años para reconstruir el club, desde una nueva academia hasta el primer equipo. En la cantera, tendría un papel principal como director, donde podría aplicar todo el conocimiento adquirido en mi carrera como técnico en el F.C. Barcelona.

Además, formar parte del staff del primer equipo y participar en competición europea era un paso importante para mí. Pasar del fútbol base al fútbol profesional había sido siempre un sueño que iba a poder cumplir. En ese momento, fue clave la amistad y confianza en quien iba a ser el entrenador: Alex García.

En la pretemporada, pudimos ver la plantilla y las necesidades que debíamos cubrir. Completamos el grupo con cuatro incorporaciones de futbolistas españoles y varias bajas de jugadores. Justamente ahí tuvimos el primer conflicto con el director deportivo, pues solicitamos dar salida a jugadores que él había firmado dos meses antes, con un criterio dudoso, ya que llegaron en un estado de forma muy lejos del deseable.

La pretemporada en Eslovenia y Austria se acabó con un muy buen partido contra Sturm Graz, en el que empatamos a uno y dominamos el juego. Fue una preparación perfecta para competir en Europa.

Empezamos en la Europa League desde la primera ronda de la fase previa, contra Milsami de Moldavia, para acabar pasando 3 rondas más y plantarnos en el Play Off, ronda previa a la fase de grupos, en que debíamos enfrentarnos a AEK de Atenas. Caímos eliminados en el último minuto de la prórroga. Una lástima, pero terminamos muy contentos por nuestra primera experiencia. Fue todo un éxito.

El campeonato doméstico mostró todas las carencias del equipo, en toda su dimensión. Nos encontramos con arbitrajes muy dudosos, muy malas influencias sobre el presidente cada partido en que no se conseguían los tres puntos y la situación se fue envenenando hasta que en enero el presidente decidió que el entrenador no continuaría y rescindió su contrato, junto con el del preparador físico, también español.

El presidente no quiso rescindir mi contrato ya que la academia estaba siguiendo pasos muy firmes, empezando con tres equipos que dominaban sus competiciones con buen juego e inmejorables resultados. Para enero ya teníamos seis equipos y los tres más jóvenes competían en edades superiores. Concluimos la temporada con seis equipos al completo.

Cuando acabo la campaña, decidí finalizar mi relación con el F.C. Dinamo, debido al nacimiento de mi segunda hija y firmé en el Málaga C.F. para trabajar en la Academia con Manel Casanova y Francesc Arnau.

El trabajo que desarrollamos en Georgia durante ese año fue muy reconocido y admirado por gran parte del fútbol georgiano, lo cual me permitió volver al año siguiente enrolándome en otro proyecto también como Director de Academia.

Georgia me ha permitido disfrutar de nuestra profesión de una forma muy intensa, además de conocer un tipo de fútbol sumamente interesante y a personas muy relevantes para la historia de un país con una gran tradición futbolística. Gracias a los entrenadores que trabajaron conmigo y que ahora son amigos, sé que mi trabajo o una parte importante del mismo ha arraigado profundamente, algo que me hace sentir muy orgulloso.

CONSEJOS PARA EL EMIGRANTE NOVATO

Siempre he pensado que Georgia es un país de contrastes: tiene una capital preciosa, llena de rincones antiguos y de detalles bien cuidados, pero también hay regiones donde la vida no ha cambiado en los últimos 50 años. En este país, se puede vivir extremadamente cómodo, pero al mismo tiempo se puede uno encontrar con muchas dificultades si no se anticipan bien las necesidades.

Antes de desplazarse a Georgia, es importante considerar la ciudad en la que se va a residir, pues Tiblisi ofrece las mismas posibilidades que cualquier capital pueda garantizar, mientras que, si se va a vivir en otra ciudad, vale la pena hacer una visita previa, ya que las dificultades pueden ser extremas.

Además, su moneda se encuentra sujeta a muchísimas fluctuaciones, de modo que siempre es aconsejable que se firmen cantidades a cobrar en euros, no el Lari Georgiano, ya que la sorpresa de un día para otro puede ser mayúscula. Además, es interesante que se pueda incluir la posibilidad de escoger la vivienda, ya que los estándares en cuestión de construcción son diferentes y, después de tantos años en el extranjero, siempre me ha gustado sentirme bien en casa. Lo más recomendable es cerrar una cantidad mensual para la vivienda y así alquilar uno mismo. Sería importante que el club cubra asimismo el hotel para las primeras semanas, hasta encontrar un apartamento donde vivir. Y con el vehículo sucede algo idéntico, del mismo modo que con los vuelos. Sé que parece obvio, pero lo que al principio pueden ser buenas intenciones, con los malos resultados se convierten en preocupaciones si no se tienen todos los detalles cerrados.

Dependiendo del trabajo a realizar, sin conocer el país y su cultura, es interesante no ir solo. Es decir: firmar como parte de un staff técnico o solicitar la incorporación de ayudantes de confianza. Es un país con grandes desigualdades salariales, cosa que, si no se tiene un buen soporte y fuerza, siempre puede provocar que haya técnicos locales que influyan en las personas que toman las decisiones. Ya sabemos todos como es el fútbol, esto pasa también en España, pero en Georgia no tienes acceso a la prensa, ni puedes entender conversaciones entre georgianos cuando usan su idioma.

Esto me hace recordar que también es de vital importancia tener un buen traductor. Yo tuve hasta tres diferentes y acabé quedándome con quien menos me esperaba: un inmigrante que trabajo en Barcelona en la construcción pero que siempre jugó al fútbol en equipos de regional. Conocía a la perfección todas las expresiones y vocabulario. Tuvimos que ajustarnos durante semanas, pero acordé que no solo fuera traductor, si no que fuera una clase de asistente personal, de modo que estaba disponible 24 horas al día. Fue de vital importancia para mí.

La cultura georgiana, como ya he explicado anteriormente, tiene muchas costumbres protocolarias entorno a una mesa. Las comidas pueden ser eternas, con brindis interminables que el "Tamada" se encarga de orar. Uno no puede escapar a esas costumbres y es de muy mala educación, una ofensa, no beber en algunos brindis. Siempre me gusta absorber al máximo la cultura de los países en los que trabajo, así que ir a la iglesia con el equipo, a los actos o misas, funerales, celebraciones religiosas, es importante. Habiendo estado tres años en Georgia, he asistido al menos a 15 funerales, con sus respectivas celebraciones (celebraciones, porque el rito ortodoxo celebra que la persona difunta va con Dios).

Como último consejo, en clave futbolística, ya no solo para Georgia, si no para cualquier otro país del mundo:

Hay muchos compañeros españoles entrenando y trabajando por el mundo, cada uno con sus experiencias, vivencias y objetivos, deportivos o no deportivos. Creo que muchos compañeros que participan en este libro estarán de acuerdo conmigo en que, por el simple hecho de salir de una gran potencia futbolística, como es nuestro país, no es garantía de tener una verdad absoluta. Ninguno de nosotros debemos salir con esa mentalidad para pretender imponer ideas sin tener en cuenta el contexto y la idiosincrasia del país en el que se va a trabajar. Debemos ser lo suficientemente humildes como para aprender de cualquier técnico de cualquier nivel. Porque cada proyecto en el que se trabaja afecta a muchas personas, directa o indirectamente, y siempre es garantía de éxito cuando uno intenta adaptar sus ideas a las necesidades del entorno. Así que mi último consejo es éste: asegúrate de conocer bien el objetivo requerido y las particularidades que te pueden afectar para diseñar algo único; date algo de tiempo para analizar; no pretendas imponer modelos imposibles, porque nada es comparable a trabajar en un F.C. Barcelona, Real Madrid o cualquier club de Primera en España; y diseña siempre algo particular y único, que pueda quedar cuando ya no estés, como herencia tuya.

GUINEA ECUATORIAL

Esteban Becker Churukian

EL AUTOR

Hispano-argentino, Esteban Becker es Entrenador Profesional de Fútbol (UEFA PRO); Nivel 3 (RFEF); Licenciado en Ciencias de la Educación/Deporte (INEF) y Director Deportivo (RFEF). En la actualidad (enero de 2017), realizando el I Máster de Entrenadores de Fútbol (RFEF)

Su trayectoria profesional, en España y en el extranjero, ha sido dilatada:

Entrenador de la Selección Masculina de Futbol de Guinea Ecuatorial. 30ª edición de la COPA AFRICANA de NACIONES. 4º puesto en la Copa Africana de Naciones 2015.

Entrenador de la Selección Femenina de Futbol de Guinea Ecuatorial. Campeón de África con la SELECCIÓN Ecuatoguineana de Fútbol Femenino 8th AFRICAN WOMEN CHAMPIONSHIP (CAF) 2012.

Mánager General de Selecciones. Bajo su Dirección Técnica (2012-2015), las Selecciones Nacionales Sub 17 y Sub 20 Femeninas de Guinea Ecuatorial han disputado FINALES para participar en los Mundiales de Costa Rica y Canadá.

En la actualidad, a su cargo de Seleccionador Nacional (Absoluta Masculina), se le añade el de Mánager de Selecciones Juveniles: Selección Local (Sub 23); Sub 20; Sub 18 y Sub 16.

Entrenador en España. San Sebastián de los Reyes, R.S.D. Alcalá, C.D. Ciempozuelos, C.F. Fuenlabrada, C.D. San Fernando, consiguiendo Campeonatos y Ascensos en Segunda División B y Tercera.

Entrenador en Argentina. Club Deportivo Español de la Primera División, encargado de las Divisiones Inferiores junto al internacional Alberto González (Ex- Boca Juniors y Mundialista en Chile '62 e Inglaterra'66).

Futbolista. Independiente de Avellaneda (Divisiones Inferiores); Quilmes A.C.; Independiente de Saladillo; ha jugado en Israel, Bélgica, Alemania y España.

Escritor. Tiene editados dos libros (Frontera, hombre de cuero y Ni un gol al arco iris) y escribe habitualmente en periódicos y revistas especializadas.

Profesor de Técnica y Táctica en Federación de Fútbol de Madrid (RFEF); Profesor en Fundación Real Madrid (Real Madrid Club de Fútbol).

UNA HISTORIA REAL: ESTEBAN BECKER EN GUINEA ECUATORIAL

Corre el mes de Diciembre (2014); el seleccionador en funciones, Andoni Goicoechea, decide no continuar al frente de Guinea Ecuatorial. En ese mismo mes, las elecciones a la Presidencia en la Federación Ecuatoguineana de Fútbol, FEGUIFUT, dieron como ganador a un nuevo inquilino: D. Andrés-Jorge Mbomio.

Le digo a mi mujer: -"Es posible que estas Navidades no la celebremos juntos. Tengo el presentimiento de que me van a llamar para dirigir a la Selección Masculina".

Cabe explicar que llevaba desde 2012 trabajando en el país como Seleccionador de Fútbol Femenino, con quienes tuvimos la dicha de coronarnos CAMPEONES DE ÁFRICA ante la sorpresa de todo el continente, con un balance de récord. 5 partidos disputados, todos ganados, 18 goles a favor y ninguno en contra. El nuevo presidente en funciones, me conoce muy bien. Fue precisamente él quien me había contratado para dirigir a la Selección Femenina.

Al final, las Navidades y el Año Nuevo lo pasé en Madrid en familia, pero el 1º de Enero sonó el teléfono y mi mujer tapando el teléfono, me susurró: ¡El Presi!

Al contestar sólo escuché que me decía: ¡Felicidades, Míster! ¡Estoy hablando con el Seleccionador Nacional de Fútbol masculino!

A la mañana siguiente ya estaba junto a mi equipo de colaboradores, reclutando futbolistas dispuestos a partirse el pecho por la causa. Tenía ¡MI OPORTUNIDAD! y no iba a dejarla escapar.

Hacía años que había dejado un TRABAJO FIJO como PROFESOR TITULAR de Educación Física, para dedicarme al FÚTBOL exclusivamente. En los tiempos que corrían alguno me tildó de loco por esa toma de decisión, pero tenía el apoyo familiar, su confianza y el firme deseo de cumplir un sueño.

En su origen, el país organizador de la Copa Africana de Naciones (CAN) 2015, era Marruecos, pero éste finalmente renuncia alegando problemas de enfermedades (ÉBOLA). En principio, la Edición se pensaba celebrar en Brasil (como prueba pre- Mundialista 2016) o en Qatar (como prueba pre- Mundialista 2022), pero es cuando el presidente de la CAF, se pone en contacto con el presidente de la República de Guinea Ecuatorial para pedirle organizarla en este país.

Guinea Ecuatorial, no estaba clasificada deportivamente para disputar dicho evento. Y al ser país anfitrión, pasa a formar parte de la competición.

¡Manos a la obra! En apenas tiempo, reunimos a los futbolistas ecuatoguineanos que militan en España y resto de Europa. El Rayo Vallecano nos cede gentilmente sus instalaciones. Viajamos a Lisboa, donde también el Benfica, nos recibe con calidez. Con 36 jugadores y 4 porteros, en escasas sesiones, decido completar la Lista de Buena Fe requerida por CAF y FIFA.

23 son los afortunados. Ya con el grupo reducido/seleccionado, empezamos la andadura. El 7 de enero primer Partido Internacional (Amistoso) contra Cabo Verde (en Mini Estadio del Benfica). Empate. Toca trabajar mucho y bien. ¿Sensaciones? Más dulces que agrias.

Viaje a Malabo y entrenamientos rigurosos en busca del modelo de juego deseado, con una metodología de trabajo, donde priman los JUEGOS TÁCTICOS con objetivos orientados a la Amplitud y la Profundidad. Ejercicios de Mantenimientos, Posesión & Posición". El pase como bandera. Pase fuerte, tenso. Controles orientados. Movilidad. Ofrecerse al compañero con balón. Ayudas permanentes. No estancarse en posiciones ofensivas. Conceptos nuevos para el grupo ("puerta giratoria", "agujeros negros") Juego combinativo/ asociativo, eficiente. Juegos adaptados al modelo: acciones explosivas con pases al vacío. Mucho trabajo ofensivo, en busca de triangulaciones, paredes, llegada por sorpresa de hombres de segunda línea. Verticalizaciones en ruptura establecidas/ programadas/ estudiadas.

Trabajo defensivo en repliegue y/o con presión alta. Basculaciones. Permutas y coberturas. Trabajos en bloque de líneas escalonadas. Transiciones. Espacio & tiempo. "Achique & barrido".

Momentos del juego. Corrección de errores. Repetir aciertos. Todo matizado con charlas y vídeos. Esfuerzo innegociable. Carácter y ambición. Agredir, atravesar líneas. Evitar "MTP" (Mucho toquecito al pedo). Hablar, motivar, seducir, hacérselo creer. INTENSIDAD & RITMO! ¡Y FÚTBOL! ¡MUCHO FÚTBOL!...

Les paso un video motivador a los futbolistas de la Dinamarca del '92. La historia nuestra era parecida. Los daneses, que se encontraban de vacaciones y que fueron convocados a última hora (al renunciar Yugoslavia por su guerra civil), terminaron consagrándose campeones.

Guinea Ecuatorial (1.2 millones de habitantes; mitad en Isla de Bioko y el resto en continente), se presenta en escena situada en el puesto 118 del ranking FIFA y en su Fase de Grupos debe enfrentarse a CONGO (Brazaville), BURKINA FASSO (sub-campeón vigente) Y GABÓN que cuenta en sus filas con el que decían sería el Mejor Futbolista del Torneo: Aubameyang, quien milita en el Borussia Dortmund. Todos estas Selecciones de altísimo nivel y con futbolistas que juegan en 1ª División de Francia, Bélgica, en su mayoría.

Guinea Ecuatorial empata los dos primeros partidos y se juega el todo por el todo en el enfrentamiento con su archirrival Gabón, a quien el empate le podía valer. Matar o morir. En un partido épico y contra pronóstico, conseguimos ganar el encuentro (2 a 0) que nos clasifica matemáticamente a Cuartos de Final. ¡Ni en los sueños alguien podía imaginar algo así!

¿El rival? TÚNEZ. Equipo áspero, difícil, con jugadores marrulleros que salieron a intimidar a los "pibitos" del Nzalang (nombre en dialecto fan que significa Rayo). Partido duro, con entradas dañinas y peligrosas. En el 89, cuando se cantaba la victoria tunecina, Iván Bolado es derribado en el área. El árbitro pita penal para Guinea Ecuatorial. Ante el silencio sepulcral de 38.000 espectadores, Javier Balboa envía el balón a la red. Empate y prórroga.

¡Los tunecinos nos aplastarán! (podría pensar alguno). Pero surge la mejor versión del Nzalang. Los futbolistas se sueltan y el balón empieza a circular con velocidad y precisión. Con la ambición de ganar, decido poner extremos como laterales, equipo súper ofensivo. Balboa recibe en el carril del 8, conduce en diagonal, encara el área y en la frontal es derribado en clara falta. Derechazo certero, que supera la barrera y se cuela en el ángulo superior izquierdo del portero que ve como el balón se cuela en las mallas. ¡Golazo de alta escuela! ¡Magistral!...

¡Y nos plantamos en SEMIFINALES! ¿SE LO PUEDEN CREER?

¿El rival? GHANA nada menos. La Ghana de Avrant Grant que venía de empatar a dos a Alemania (Campeona del Mundo) en Brasil 2014. Jugamos bien, hicimos un buen partido, pero ellos estuvieron más atinados y se plantaron en la final.

En nuestro partido por el tercer puesto (estábamos fundidos) nos enfrentamos a CONGO DEMOCRÁTICO. Empatamos a cero y nos vencieron en la lotería de los penaltis. Haber llegado allí, era una hazaña.

Lo realizado en esta competición tiene que tener muchos mensajes. El primero es para que los humildes entiendan que se puede conseguir logros deportivos y de vida, desde la convicción, el trabajo en equipo, con sinergias, con hermandad y lealtad, con orgullo y con pasión.

Claro que hay más fuertes y mejores, pero la meta es derribar barreras, tener fe en el trabajo, ser serios y profesionales, apostar a ganador, por más que el otro sea teóricamente más poderoso. NADA FUE FRUTO DEL AZAR, la preparación en apenas 12 entrenamientos, tuvo rápida asimilación por parte de unos futbolistas inteligentes con una alta capacidad de de análisis -síntesis.

Lo vivido con esta Selección (Nzalang Nacional) es un ejemplo. No éramos mejores que nadie, pero tuvimos el CONVENCIMIENTO de que podíamos crecer en cada entrenamiento, en cada acción, en cada lance del juego si jugábamos con esmero, con vértigo, sin temores, concentrados, atentos, agrupados, firmes y también un poco locos, caraduras, imaginativos, creativos, sagaces e inteligentes. Disfrutando y buscando la felicidad. La nuestra y la de los que nos acompañaron apasionados desde el primer momento.

De 6 partidos solo perdimos la semifinal. Tiene mérito. Lo atribuyo a los que protagonizan, los que se batieron firmes contra rivales de otra Liga. Jugamos con hambre. Hambre no de chorizo y pan, hambre de trascender en la historia. Una historia que terminó con una condecoración del gobierno a estos futbolistas, nombrándolos HÉROES NACIONALES.

¿CÓMO LLEGO A GUINEA ECUATORIAL?

Estaba trabajando en el Club de Fútbol Fuenlabrada, Madrid, Tercera División, Grupo VII, cuando llega un muchacho que pide poder hablar conmigo. Lo recibo y me cuenta que es guineano, que ha venido a España a estudiar y hacer los cursos de entrenador, que le gustaba mi modelo y metodología de trabajo y que le encantaría poder presenciar todos los entrenamientos para tomar nota, etc.

Le pregunto de donde viene y justamente venía (desplazándose sin coche) desde mi zona de residencia. Hablo con el club y lo incorporo como colaborador del cuadro técnico. Durante 10 meses lo recojo 6 días por semana y hacemos juntos los 100 km diarios.

Juan Micha había sido jugador y capitán de la selección de su país y se notaba su buen golpeo y buenas maneras con el balón. Terminada la temporada nos despedimos, ya que él volvía a su terruño.

A los dos años acude a visitarme y me habla de una propuesta de trabajo en su país. Me habló de fútbol femenino y lo descarté (nunca había estado en mi mente dirigir chicas, ni había trabajado con ellas), pero cuando me habló del proyecto y de que era nada menos que la Selección Absoluta y que el objetivo era llegar lo más alto posible en la CAN que organizaba Guinea Ecuatorial, me animé.

Está claro que la toma de decisión para aceptar una propuesta de esta envergadura, es una decisión familiar. Uno habla con su mujer y con sus hijos (púberes-adolescentes) valora pros y contras, y saca una conclusión. La preocupación es sin duda que uno se va a trabajar a África, lejos de los suyos, a un país que no sabe ni dónde está en el mapa, ni sus costumbres, ni la situación que se va a encontrar. Que si los mosquitos, las vacunas, el agua, etc.

Siendo el Proyecto tentador y las condiciones económicas satisfactorias, es que acepté la propuesta. Lo primero que pedí a la dirigencia fue poder contar con mi cuadro técnico de confianza y acudir a los JJOO de Londres 2012 donde iba a encontrar a las mejores selecciones del planeta fútbol, en esos momentos. Concedido mi pedido, comenzó mi historia africana.

Con la selección femenina realizamos un stage de preparación de 9 semanas en Bitburg, Alemania. Estamos hablando de que el país realizó una muy fuerte inversión económica y logística en el proyecto. El complejo SportSchulle nos ofrecía excelentes instalaciones para entrenar, dieta deportiva, descanso adecuado, etc. Disputamos semanalmente un partido amistoso internacional. Así jugamos contra Koln, Bayern Leverkusen, Ájax de Amsterdam, PSV Einhdoven, Selección de Holanda Sub 20, Selección de Luxemburgo, etc. El saldo fue de 3 empates y 6 victorias.

Cuando volvimos a jugar la CAN, el equipo estaba finísimo y a un nivel excepcional. Éramos un tsunami, un ciclón, un violín....

Campeones con autoridad. Orgullo y felicidad para el pueblo guineano.

SELECCIÓN MASCULINA

¿Cómo llego a ser seleccionador de la masculina? Mi llegada a la Selección Masculina es fruto del trabajo realizado con la Selección Femenina. Seguramente de no haber sido campeones, no estaría ahora al frente de la misma. El mismo presidente de la Federación fue quien propuso mi nombre para dirigir la selección masculina de fútbol. Él me había visto trabajar, y conseguir los resultados que conseguimos. Fue él con sus hombres de confianza, quienes pensaron que era el hombre ideal para dirigir a los hombres.

PECULIARIDADES DEL PAÍS QUE AFECTAN AL FÚTBOL

Guinea Ecuatorial es un pequeño país, situado en el Golfo de Guinea (África Central), dividido en una zona continental y otra insular. Suelo explicar que en España sería como si medio país viviese en Valencia y la otra en Mallorca.

Las capitales Malabo (Isla de Bioko) y Bata (continente), albergan a la mayoría de la población, un millón doscientos mil en todo el país.

A nivel deportivo, esta situación condiciona las competiciones que deben jugarse "separadas" para luego disputar finales de ida y vuelta, con los correspondientes gastos de avión/hotel, que esto acarrea.

El clima en EQG es caluroso y húmedo. Unos 25º C de media, con una oscilación de 5º C. No existen 4 estaciones diferenciadas, sino una seca y otra de lluvias (tropicales, cortas e intensas).

Los campos de entrenamiento (pocos) no tienen condiciones ideales. Por poner un ejemplo, en Malabo, existe el campo anexo al Estadio Nacional, donde los equipos entrenan desde las 6 de la mañana a las 6 de la tarde ininterrumpidamente en que anochece (no tiene luz artificial, todavía). Los equipos a los que "les toca" entrenar en la franja horaria de más calor, sufren.

En cuanto al idioma, Guinea Ecuatorial es el único país en el continente en el que se habla español. África es francófona en su mayoría, aunque también anglófona. En pocos países también se habla portugués y alemán.

En EQG se hablan varios dialectos como el fan y el bubi, de sendas tribus, más otros tantos más.

Muchos son los futbolistas de países vecinos (Camerún y Gabón, fundamentalmente) que vienen a G.E. en busca de mejores condiciones. Unas expectativas que no llegan a colmar el sueño de ser futbolistas profesionales. Son semi profesionales, pero viven mejor en Guinea

Ecuatorial que en sus propios países, donde serían completamente amateur. Lo mismo ocurre con entrenadores foráneos que acuden a la cita con sueños que generalmente no se cumplen.

EL FÚTBOL EN EL CONTEXTO DEPORTIVO DE GUINEA ECUATORIAL

El fútbol es pasión de multitudes en Guinea Ecuatorial. No es que les guste, les encanta, es una verdadera locura. Es el deporte más practicado y seguido por la población.

El guineano es un enamorado del deporte rey. Tiene conocimiento de todos los campeonatos del mundo. Sigue la Liga Local, pero también la Liga española, la Ligue, la Premier League, el Calcio, la Bundesliga, etc. España, gana con holgura en cuanto a seguidores. Se divide la población entre madridistas, colchoneros o fanes del Barça.

Cada bar, cada taxi, tiene la bandera de los colores del equipo preferido. Un Real Madrid - FC Barcelona puede ocasionar que se pare el país, tal es el amor que se tiene por el fútbol.

La afluencia a los estadios de fútbol es masiva en partidos de Selección. No así, en partidos de Liga Local.

Los principales estadios de fútbol del país son: Nuevo Estadio de Malabo con una capacidad de 15.500 asientos (donde jugó España) y el Estadio de Bata, con 38.000.

Ambos súper modernos, elegantes, con un terreno de juego en perfecto estado.

También se han hecho estadios en Mongomo, Ebebiyin (región continental) y en Rebola (región insular), entre otros.

En partidos de Selección las entradas al fútbol suelen costar de 3 a 45 Euros. En partidos de Liga Local, de 1 a 3 Euros.

LA ESTRUCTURA Y EL NIVEL DEL FÚTBOL EN GUINEA ECUATORIAL

Quien sostiene el Fútbol en el país es el gobierno, a través de la Tesorería Nacional. La Federación ecuatoguineana de fútbol (FEGUIFUT) está intentando auto abastecerse, a través de su nuevo Departamento de Marketing.

Es la misma Federación quien organiza las competiciones. Actualmente se juega un Campeonato Nacional en el que participan 12 equipos de 1ª División. Seis equipos juegan en la zona insular (con sede en Malabo) y los otros en la zona continental (con sede en Bata)

Se podría equiparar la competición de 1ª División a una 3ª División del Fútbol en España.

La 2ª División en Guinea Ecuatorial, sería equiparable a una Preferente en la que participan muchos futbolistas en edad de juveniles.

La 3ª División, sería equiparable a una mezcla de futbolistas juveniles con cadetes.

La Liga Local es semi-profesional. Los futbolistas perciben unos salarios bajos. Pero entrenan y juegan con gran valor y abnegación.

Suelo decir que la liga, aunque "amateur" es "amatar", por la intensidad con la que se juega. El premio no solo es ser campeón, con el club para el que juegue; a nivel individual, todo futbolista ecuatoguineano sueña con la posibilidad de tener una oportunidad en la Selección. Ahí sí, recibirá unas cantidades interesantes que le ayudarán a seguir haciendo la casita, comprar un coche o tapar agujeros.

En lo relativo a las selecciones nacionales, la Selección Femenina de Fútbol de Guinea Ecuatorial, siempre ha gozado de más prestigio que la masculina, al haber ganado en los años 2008 y 2012 la Copa de África. También participó del Mundial en Alemania 2011.

Sin embargo, el equipo de hombres no había gozado hasta ahora (CAN 2015) del amor del pueblo. El cuarto puesto conseguido, el fútbol demostrado y la mejora en el Ranking Mundial (Top 50), produjo que se haya ganado el respeto de la población.

Se está viviendo una etapa de crecimiento en la Selección de hombres. Hay una selección joven, con proyección. Guinea Ecuatorial tiene muy pocos futbolistas militando en grandes ligas. La gran mayoría militan en equipos de 2ªA, 2ª B, 3ª de España y en la Liga Local del país.

EL FÚTBOL BASE EN GUINEA ECUATORIAL

Guinea Ecuatorial, tiene buenos estadios, pero carece de campos de entrenamiento. Esto hace que, a nivel formativo, se dificulte tener una estructura clara, donde acudan los niños y jóvenes a entrenar.

Los equipos de 1ª División, no tienen cantera. Solo unos pocos, disponen de un segundo equipo.

Existen en el país tres escuelas de fútbol, que están realizando una buena labor.

La más antigua es la Escuela de Chiki Mayele, que se encuentra en Ebebiyim, en el continente, en la frontera con Camerún y Gabón.

De reciente creación tenemos a la Fundación Bata, también en la zona continental, que está formando adecuadamente a jóvenes futbolistas del país.

En la región insular, en Malabo, encontramos la Escuela de fútbol Cano Sport. Creada a principios del año 2015.

Todas ellas están realizando una meritoria labor formativa.

Tienen convenios con equipos europeos, gozan de unas instalaciones modernas, ayudan al futbolista no solo en el apartado futbolístico, sino además en su educación y alimentación.

En Guinea Ecuatorial, los jugadores jóvenes no pagan por jugar, como tampoco cobran por hacerlo. Suelo decir que debajo de cada piedra, en G.E. hay un jugador de fútbol en potencia. Habrá que cuidarlo y mimarlo; alimentarlo y entrenarlo, para que llegue a ser futbolista. Pero faltan medios.

Si el mayor anhelo de los jugadores es ser captados y llamados a jugar en la Selección Nacional, el mayor deseo de las Escuelas de Fútbol, es que alguno de sus futbolistas, puedan llegar a fichar algún día por un grande de Europa (clin-caja) para justificar la inversión. Pero es largo el camino y se necesita paciencia.

En el país, no existe todavía una organización de Ligas en Divisiones Inferiores como las que existen en España, Argentina u otros países. Recientemente (año 2016) se comenzó un trabajo de fútbol base, con categorías Sub 12 y Sub 10, a nivel nacional. Pero necesita que se le dé continuidad en el tiempo. Y todo tiene un coste.

Programa de Captación de Talentos (PCT)

A partir de mi llegada a la Selección Nacional de Fútbol de Guinea Ecuatorial, creé el PCT.

Primero fue compaginando el puesto de Entrenador con el de Manager General en el Fútbol Femenino.

Creamos junto a mi grupo de colaboradores dos equipos. Una Selección Sub 17 y otra Sub 20 femeninas.

Con ambas selecciones llegamos a jugar la final de la clasificación para la Copa del Mundo que se disputaron en Costa Rica y Canadá. Perdimos ambas finales contra la potentísima Ghana. Una por un gol y la otra por penales.

Una vez en la Selección masculina de fútbol, y como máximo responsable del fútbol en G.E. armamos la Selección Sub 17 y Sub 20 masculinas. Esta última participó en el Torneo del COTIF, de Valencia en Julio del 2015.

Ambas selecciones deben ser las que nos dirijan a avanzar a mediano plazo. Son las que potencialmente van a permitir un relevo generacional, sin fisuras. Si Guinea Ecuatorial desea avanzar, debe preocuparse seriamente porque estas selecciones juveniles estén adecuadamente formadas/organizadas/estructuradas y compitan con regularidad.

¿Cómo realizamos la selección de talentos?

Los componentes del Cuadro Técnico, recorremos toda la geografía nacional (dividimos el país por zonas/provincias), los cuatro puntos cardinales de España y otros países europeos, y visitamos /observamos a todo aquel futbolista guineano que pueda ayudar al combinado nacional. "Vivimos" viajando con el objetivo de captar nuevos valores.

Confeccionamos una Selección Insular, otra Continental y otra en Europa, precisamente en España, en Madrid.

De estas tres Selecciones, salieron los 50 mejores futbolistas que "llevamos" a un Stage de concentración (CAMPUS) en la ciudad de Malabo.

Tenemos un control de seguimiento de todos los jugadores ecuatoguineanos que militan en España (unos 500 en distintas categorías) y por supuesto en el medio local. Pocos juegan en categorías superiores, pero confiamos en que irán creciendo y evolucionando en sus equipos.

La selección Absoluta de Fútbol que disputó la CAN de 2015, tenía futbolistas de 3ª División, 2ªB, Emilio Nsué en 2ª, Juvenal en 2ª y Balboa que jugaba en 1ª de Portugal.

Por suerte hoy (Temporada 2016-17), Emilio milita en 1ª (Middlebrough, de la Premier League), Dualla en 1ª de Grecia, Balboa en 1ª de Marruecos y jugadores como Kike Boula, Salvador Edú y Akapo han pasado de 2ª B a jugar en Segundas de Grecia, Valladolid y Huesca de España.

Guinea está creciendo paulatinamente. No hemos podido clasificar para disputar la CAN del 17 en Gabón, ni al Mundial de Rusia 18, pero estamos avanzando en juego, en experiencia, en competitividad.

Hemos perdido con Mali sendos partidos por 1 a 0 (goles en los minutos 85' y 87'). Su entrenador Alain Giresse, nos felicitó por nuestro fútbol. Hemos perdido con Marruecos por 2 a 0 en su casa y ganado 1 a 0 en la nuestra, que no bastó para pasar a la Tercera Ronda de clasificación para el Mundial. Jugamos un amistoso contra el Campeón de África, en Abidjan, Costa de Marfil, contra Yaya Touré, Gervinho, Bony, etc. y apenas pudieron empatarnos en el 85. Estamos hablando de Selecciones con futbolistas militando todos en primeras divisiones de grandes ligas. Nadie nos vapulea (en otra época nos hubiesen goleado) Ganamos en casa a

Sudán por 4 a 0, practicando un fútbol exquisito, de alta escuela, que sorprendió a propios y extraños.

A día de hoy, terminando el año 2016, hemos dejado de ser la cenicienta. Pueda que no seamos campeones, pero hemos conseguido algo mejor: ganarse el RESPETO del continente y situar al país en el mundo.

LA FILOSOFÍA DE JUEGO EN GUINEA ECUATORIAL

El fútbol africano, a diferencia del sudamericano o europeo, tiene sus propias características. Así como Argentina, Brasil o Uruguay tienen cada uno su sello diferenciado, en África ocurre lo mismo. Y creo entender que mucho tiene que ver la influencia de sus colonizadores.

Así en Ghana se lleva un fútbol anglosajón, en Costa de Marfil, Marruecos o Mali la influencia la marcan entrenadores franceses, en Namibia los alemanes. En Guinea Ecuatorial, mi antecesor fue el español Andoni Goicoechea.

Como cada "maestrillo tiene su librillo" en mi llegada al Nzalang, mi elección fue la apuesta por un ESTILO de juego basado en la tenencia del balón, sumado a ella el carácter que puede caracterizar a los técnicos hispanos-argentinos.

Si analizamos desde el punto de vista táctico el logro de haber alcanzado las semifinales de la CAN con Guinea Ecuatorial, podemos preguntarnos ¿casualidad o causalidad?

Desde mi punto de vista, nuestro equipo se convirtió en el Team revelación de la Copa Africana de Naciones porque demostró en el terreno de juego, una actitud/ mentalidad ganadora. No se dedicó a especular, sino que salió desde el primer minuto de juego y ante cualquiera de sus rivales, con la clara intención de ganar.

Pude haber elegido salir a que no nos goleen (eso pensaban muchos), pero la decisión fue salir a protagonizar, a ser valientes, a agredir y atacar.

No hay excusas al escaso tiempo de preparación (apenas 12 entrenamientos). Éstos fueron suficientes para plasmar la idea/ filosofía sobre las que el equipo iba a establecer su MODELO DE JUEGO. La METODOLOGÍA DE TRABAJO diseñada en cada uno de los entrenamientos realizados, obedeció a los 4 MOMENTOS DEL JUEGO: ataque, defensa, transición ataque-defensa y transición defensa-ataque. Y a estar firmes y concentrados en acciones de dos o tres segundos como son las acciones a balón parado.

Trabajamos a partir de razonados ejercicios TÉCNICO- TÁCTICOS. Vital importancia era el juego en AMPLITUD Y PROFUNDIDAD a través de un JUEGO COMBINATIVO y una PRESIÓN ALTA (en campo contrario).

En esta SELECCIÓN tuvimos la virtud/ creencia de sostenerla en tres pilares: MÁXIMA EXIGENCIA, VERGÜENZA PROFESIONAL y PASIÓN. Y además "subpilares" que fueron RITMO, INTENSIDAD Y ATREVIMIENTO. (recuerdo una frase de Emilio Nsué en el partido inaugural, en la Charla antes de salir al campo, en el vestuario: -" Hermanos, que si nos ganan que sea porque son mejores que nosotros, ¡pero no nos van a ganar a correr!" Y Balboa: - "40 mil personas están ahí fuera esperando que demos lo máximo en cada acción, seamos valientes, juguemos al fútbol que nos gusta!").

Hubo MÉTODO, ESFUERZO y PLACER por JUGAR BIEN AL FÚTBOL.

Nos terminaron llamando "La Rojita" de África, no solo por como vestimos, sino porque practicamos un fútbol atractivo, del gusto de la gente. Por qué salimos a protagonizar al igual que hizo la España de Del Bosque, porque muchos de nuestros jóvenes futbolistas son guineanos nacidos en la Madre Patria. Porque tuvimos ESTILO.

MÉTODOS DE ENTRENAMIENTO EN GUINEA ECUATORIAL

¿Qué han visto o valorado los dirigentes a la hora de contratar a un entrenador extranjero? ¿Qué tenemos nosotros que los entrenadores locales no tengan? Porque en definitiva todo es fútbol y de esto todo el mundo sabe. Cuando a uno lo llaman es porque algo han valorado. Nadie acude a enseñarles a jugar al fútbol. Ni uno va de maestro, porque el guineano sabe de fútbol.

En mi caso creo que influyó que a los que me contrataron les gustó mi forma de trabajar. Mi ambición (hambre de ganar), la Metodología y el Modelo que exponen mis equipos, mi experiencia internacional.

Seguro buscaban un golpe de tuerca, otro acento, otra dimensión. Creo que aportamos a la mejora del rendimiento. Nuestra formación ha sido excelente, estamos actualizados y al tanto de las nuevas corrientes; manejamos diversas herramientas ajenas al mercado local. No somos mejores, ni modelos, pero hemos introducido (creo) mejoras en varios aspectos.

Hay una anécdota que me gustaría contar. Apenas llegué a G.E. en los entrenamientos introduje unas cintas blancas elásticas para delimitar diversos espacios en el terreno de juego. Una herramienta que me facilita el trabajo para los diferentes objetivos que busco y que además a la vista, denota orden y organización en las tareas. Después de un par de semanas, marché con la Selección a Alemania donde hicimos un Stage de concentración de 9 semanas. Al regreso (más de dos meses) todos los entrenamientos de los equipos locales de fútbol, tenían armadas líneas divisorias por sectores. Como la cinta blanca no la conseguían, realizaban las líneas con las cintas (rojas y blancas tipo Coca-Cola) que se usan en las obras de construcción o cuando la policía acordona un espacio.

También uno podía escuchar en los entrenadores locales palabras como Amplitud, Basculación, Repliegue, que antes no se escuchaban. Las mismas tareas que uno desarrollaba (espacios reducidos, trabajos defensivos, pressing) veía uno que las "copiaban" para sus equipos. ¿Qué me pareció esto? ¡Un placer! Uno siente que ha aportado al crecimiento del fútbol del país. A una mejora, a una actualización, a un modernismo si cabe la palabra.

Además, jamás tuve reparos en sentarme con los técnicos locales que se acercaban a consultar sobre un ejercicio, una tarea, un planteamiento o sobre la metodología de trabajo, objetivos o contenidos de los entrenamientos. Creo que estamos para ayudar, para aportar, para resolver inquietudes, y no se puede pasar por un sitio sin aportar a su gente. He regalado libros, armado cuaderno de ejercicios de técnica, de táctica y sobre todo de metodología de trabajo. He intentado que comprendan a través de los principios del entrenamiento, que esas sesiones de 2 horas a pleno sol no eran efectivas, que no se puede entrenar igual el día post partido o el anterior que a mitad de semana, la cuantificación de las cargas, etc.

Puedo decir, humildemente, que el valor de mi trabajo en EQG pasa/pasó por lo que me gusta llamar GESTIÓN DE EQUIPO. Tener al futbolista "alto", motivado para la acción, preparado para esa " guerra" que es el fútbol, y cómo no, valorado y querido.

Jugadores de Tercera División saltaron al campo a comerse el mundo, sin importarle que estaba enfrente un Aubameyang, un Yaya Touré, o había 38.000 almas en el Estadio.

INFRAESTRUCTURAS Y MEDIOS DE ENTRENAMIENTO Y DE TRABAJO

Muchos piensan que viajar a África es toparse con un mundo escaso de recursos. Y es verdad en muchos países. Pero cuando España visitó Guinea Ecuatorial se sorprendió positivamente. El país está creciendo a pasos agigantados. Goza de excelentes carreteras y hoteles; aeropuertos; estadios.

Desde la FEGUIFUT, reconocen la importancia de INVERTIR, para potenciar el fútbol. El país crece y las instalaciones escasean. Pero hay ganas y voluntad de hacerlo.

La dirigencia está empeñada en construir nuevas instalaciones deportivas en el país y ya ha presentado varios proyectos-programas-planes de trabajo tanto a la FIFA como al propio gobierno.

Recuerdo que, al llegar por primera vez a la Federación de Fútbol, en Malabo, en 2012, las calles adyacentes eran de barro y sin luz. Tras el periplo por tierras germanas, sólo 9 semanas después, cuán grande fue mi sorpresa al ver todo asfaltado e iluminado.

CONTEXTO LABORAL PARA POTENCIALES INMIGRANTES ESPAÑOLES

En G.E. existen entrenadores nacionales con conocimientos de fútbol. Algunos realizan cursos de formación esporádicos y muy cortos que de tanto en tanto, organiza o la FIFA o la Confederación Africana de Fútbol (CAF), pero están alejados de los Cursos que se realizan por ejemplo en España, con muchas más horas lectivas, más las Prácticas correspondientes. Para un título de Entrenador Nacional, se requiere no menos que 3-4 años.

En mi caso, siempre tuve acompañándome en esta experiencia, al citado Juan Micha (Seleccionador Adjunto) y Andrés Marinangeli (Entrenador de porteros y Adjunto). La preparación física actualmente la lleva a cabo un PF del medio local, bajo mi supervisión.

Me acompañan un cuadro médico (Doctores, Fisioterapeutas y Masajistas) todos del medio local, exceptuando un español (José María, Chema); Utilleros; Entrenadores locales adjuntos (al PF, al Entrenador de porteros), y otros colaboradores anónimos como pueden ser los encargados de edición de videos, scouting, etc. Sumado a todos ellos un Departamento de Marketing y Comunicación, Prensa, Coordinadores técnicos, de viajes/ vuelos/ hoteles, miembros de la Federación encargados de presupuestos, citaciones y/ o convocatorias, etc.

Ambos cuadros técnicos, residimos en las instalaciones del Complejo Deportivo Nacional de Malabo, que cuenta con el Estadio Nacional, un campo de fútbol anexo de césped artificial, un polideportivo cubierto, una piscina olímpica y un complejo hotelero. Desde nuestra llegada dispusimos de coche y percibimos un buen salario. Disponemos de vuelos a nuestros países de residencia dos veces al año (Navidades y Vacaciones)

CONTEXTO LEGISLATIVO PARA LA CONTRATACIÓN DE TRABAJADORES ESPAÑOLES

Desde los organismos que rigen y gestionan el deporte en Guinea Ecuatorial, Ministerio de Juventud y deporte y Federación Ecuatoguineana de Fútbol, FEGUIFUT, no existe ni un impedimento a la hora de contratar a un trabajador (Entrenador) español.

De cumplimiento legal es tener el Visado de entrada al país y haber pasado los Antecedentes Penales.

también haber pasado el filtro entre muchos técnicos, al presentar el Curriculum Vitae y experiencia profesional.

En nuestro caso, los técnicos de la Selección masculina somos formados en España (RFEF). Actualmente la Selección Femenina tiene un Entrenador español (Miguel Ángel Pozanco), que ha viajado junto a tres colaboradores (un Adjunto, un PF y un Entrenador de Fútbol Base)

CONSEJOS PARA EL EMIGRANTE NOVATO

Salí jovencito de mi país con destino a Israel. Probé fortuna como futbolista en Alemania, Bélgica y España. Ya afincado en Madrid, comencé mi profesión de Entrenador, siempre en la capital de España.

Esta es mi primera experiencia en el extranjero y primera también en una Selección Nacional. Y no puedo menos que ser un agradecido.

Los entrenadores de fútbol vivimos con la maleta preparada. En el mundo actual, problemático y febril, globalizado y cibernético, será complicado residir donde uno quiera/desee.

Y hablo desde mi experiencia de emigrante prematuro, que dejó su Argentina, para buscar un futuro mejor. Y que, tras 20 años en España, también emigro a Guinea Ecuatorial.

Mi consejo es que hay que arriesgar/ apostar.

Era muy feliz viviendo en Argentina, comiendo asado y empanadas; igual en España con el Bernabéu o el Prado, su clima y sus costumbres.

Pero viajar te moviliza, te cambia el prisma y descubres lugares que jamás podías imaginar. Viajar te hace crecer. Viajar te culturiza.

Mi consejo, por mi experiencia, es "hay que animarse", romper las barreras y echarse a volar.

EL FUTURO

Mirando hacia el futuro, Guinea Ecuatorial debe aprovechar este momento, para seguir creciendo. Cuenta con una camada de jóvenes talentosos que irán creciendo en el juego y mejorando profesionalmente a través del fichaje por equipos de primer nivel en Ligas Europeas.

La apuesta es esperar que cada año, nuestros futbolistas suban escalones, lo que se traducirá en una mejora cualitativa de la Selección. Con paciencia, pero sin freno.

Después del éxito de la CAN, no podemos mirarnos el ombligo. Estamos lejos de la élite Mundial, pero podemos acercarnos cada vez un poco más.

Es importante que la FEGUIFUT contribuya no solo con el cuidado de estos futbolistas, sino a través de un ADECUADO PLAN DE APRENDIZAJE-MEJORA Y PERFECCIONAMIENTO (ESCUELAS DE FÚTBOL) de nuevos futbolistas en el país. Es preciso crear ESTRUCTURAS DE BASE para los nuevos tiempos.

Queda mucho por andar y es mi mayor anhelo poder clasificar por primera vez en la historia a una fase final de una CAN (2019, en Camerún) por méritos deportivos, no solo por ser equipo anfitrión. Y cómo no, poder llegar a disputar los JJOO de Japón 2020 y por qué no, participar por vez primera en el próximo Mundial de Qatar 2022.

Es necesario seguir creciendo y compitiendo para lograr cada vez mayor roce internacional. Debemos "invertir" en Selecciones Nacionales Juveniles (Sub 20, Sub 18, Sub 16) que serán la semilla de los próximos triunfos.

EQG (Ecuatorial Guinea), uno de los países más pequeños de África, con una población de un millón doscientos mil habitantes, puede crecer, siempre que se trabaje con PROGRAMACIÓN Y PLAN.

Suele decir que -"EQG es pequeña como una hormiga, pero tiene la fuerza de un elefante".

Guinea Ecuatorial tiene el futuro en sus manos.

EpíloGOL!

Mi historia en Guinea Ecuatorial, puedo resumirla como apasionante, vibrante, de ensueño. Decir que es MI EXPERIENCIA. Quizá otros puedan tener diferentes versiones. Llevo casi un lustro de mi vida en el país y el balance es claramente positivo. A nivel familiar, hemos sabido llevar la convivencia a distancia, sin mayores inconvenientes; a nivel profesional ha sido de crecimiento mayúsculo.

La historia que pueda contar es la de un hombre exitoso. Y no lo digo solo porque hemos ganado, sino porque además he sido/ SOY FELIZ. Desde aquí quiero agradecerle al país, a su gente, todo el afecto recibido.

¡Gracias Guinea Ecuatorial!

HONG KONG

Xavi Bravo

EL AUTOR

Javier Bravo, entrenador catalán y conocido profesionalmente como Xavi, se encuentra actualmente en la Región Administrativa Especial de Hong Kong (China), como máximo responsable de las selecciones nacionales inferiores en la Federación de Futbol de Hong Kong.

Xavi, Licenciado en Ciencias de la Actividad Física y el Deporte por la Universidad de Barcelona, es a su vez Entrenador Nacional de Fútbol con Licencia UEFA PRO. Para complementar sus estudios y con vistas a posibles ofertas laborales, siempre relacionadas con el mundo del fútbol, cursó un Master en Administración y Dirección de Empresas Deportivas en el Instituto Johan Cruyff.

La trayectoria deportiva de este entrenador de 39 años ha estado centrada (aparte de sus inicios en dos pequeños clubes locales donde dio sus primeros pasos como entrenador) en un único club: el Fútbol Club Barcelona. Primero como entrenador de la Escuela de Fútbol y posteriormente como entrenador de la Academia (mas popularmente conocida como La Masía), durante unos catorce años Xavi se fue impregnando de esa filosofía tan particular y diferente de entender el fútbol y que tantos éxitos ha proporcionado al FC Barcelona y también a la Selección Española.

Es especialmente por esta larga trayectoria en el Fútbol Club Barcelona y por el prestigio de pertenecer a uno de los clubes de fútbol más importantes del mundo que Xavi recibió una interesante y atractiva propuesta por parte de la Federación de Fútbol de Hong Kong para continuar su carrera en la lejana y exótica capital económica del Este Asiático y conocida mundialmente por su imagen cosmopolita, donde se mezclan de una manera inigualable la tradición oriental con la cultura occidental.

En la Federación de Futbol de Hong Kong, su tarea principal es la de promocionar desde la base jugadores que puedan representar a la RAE en el futuro y a su vez potenciar y aumentar los estándares actuales del futbol de formación en todos los niveles.

La Federación de Futbol de Hong Kong crece día a día, poniendo en práctica un ambicioso plan del Gobierno a diez años vista, donde se pretende profesionalizar y dotar de mayores recursos a todos los ámbitos e instituciones involucradas en el desarrollo del fútbol de Hong Kong, desde el más recreativo y educacional, hasta el más competitivo y profesional.

Xavi se encuentra en la actualidad a cargo de unos 300 jugadores, desde los diez hasta los dieciocho años. Con la ayuda de un gran cuerpo técnico, integrado básicamente por entrenadores locales, se enfrenta día a día al difícil reto de proporcionar al futbol base de Hong Kong de una metodología de entrenamiento propia, con personalidad y basada fundamentalmente en el fútbol de posesión y de posición y, al mismo tiempo, conseguir que el fútbol forme parte de la vida diaria de los jóvenes jugadores en un entorno social y cultural donde los estudios son lo más importante y condicionan el desarrollo integral del joven futbolista en su camino que va desde la base hasta el profesionalismo.

EL FÚTBOL EN EL CONTEXTO DEPORTIVO DE HONG KONG

En un país donde tradicionalmente los deportes individuales (Gimnasia, Esgrima, Ciclismo Indoor), los deportes de raqueta (Tenis de Mesa, Bádminton, Squash) y los deportes de lucha (Karate, Judo, Kung Fu) han sido los más practicados y seguidos, el fútbol ha ido creciendo poco a poco hasta convertirse en el deporte de equipo más popular, el más seguido y el más practicado en Hong Kong.

La tendencia es claramente ascendente en cuanto al número de practicantes y seguidores. Las iniciativas promovidas desde el Gobierno, junto con las iniciativas llevadas a cabo desde el sector privado, están atrayendo a más población a interesarse y a practicar fútbol.

Dentro de las iniciativas del Gobierno están, por ejemplo, los planes implementados desde la Federación de Fútbol y su programa de desarrollo del fútbol de base en todos los distritos de Hong Kong (18) o el programa de verano "Fútbol para Todos", ofreciendo diez sesiones de entrenamiento para todas las edades y niveles por un precio casi irrisorio.

Unos 2.000 niños siguen actualmente el programa de fútbol en los distritos y en verano unos 11.000 disfrutan de esas diez sesiones de entrenamiento anteriormente mencionadas.

Dentro del ámbito privado, grandes Clubes Europeos (Chelsea, Arsenal, Barcelona o Real Madrid) han abierto o van abrir escuelas de futbol en Hong Kong y, año tras año, pequeñas academias de fútbol ofrecen sus servicios en todo el país.

Ambas iniciativas persiguen potenciar tanto el fútbol masculino, como el femenino. Éste se encuentra claramente un paso por detrás del masculino en cuanto al número de practicantes, popularidad y profesionales dedicados exclusivamente a este sector. Como he comentado anteriormente, esta situación está cambiando y, poco a poco, el fútbol femenino va asumiendo una mayor importancia y va atrayendo más practicantes desde la base (actualmente, solo seis equipos compiten en la liga juvenil femenina y doce lo hacen en la Primera División, siendo ésta totalmente amateur).

Cabe destacar que, de la misma manera que sucede con los chicos en las selecciones juveniles y con la selección absoluta, Hong Kong dispone también de la misma estructura para los equipos nacionales femeninos.

Siendo el fútbol el deporte colectivo más practicado y seguido en Hong Kong, encontramos entre la población numerosos fans de los mejores clubes del mundo, estando la Premier League Inglesa y la Liga Española entre sus primeras preferencias. Pese a todo y debido al pasado como colonia británica (en 1997 Hong Kong volvió a manos chinas convirtiéndose en Región Administrativa Especial), el seguimiento y la afiliación es mayor en clubes como el Liverpool, Manchester United, Arsenal o Chelsea.

La Liga Española es la segunda en orden de importancia y seguimiento por los medios de comunicación y por los aficionados al fútbol. Barcelona y Real Madrid son los equipos que gozan de una mayor repercusión, seguidos básicamente del Atlético de Madrid. Aparte de los tres grandes, los demás equipos de la Liga no son tan conocidos ni tan admirados como, por ejemplo, cualquier equipo de la parte media - baja de la Premier Inglesa.

Podemos afirmar que prácticamente todos los equipos de la Premier e incluso de la Championship, encuentran en Hong Kong a un numeroso grupo de apasionados y entusiastas fans.

El hecho de poder seguir cada fin de semana los partidos de la Premier League por televisión debido a los horarios, facilita y ayuda a este fenómeno y, de la misma forma, contribuye a la expansión y popularidad de los clubes ingleses en todo el territorio asiático. Parece que La Liga está también apuntando en esa dirección en cuanto a los horarios televisivos y realmente este hecho puede proporcionar, por un lado, un mayor seguimiento de la Liga y, por el otro, una mayor expansión de la misma Liga Española y de sus equipos en un mercado muy amplio y con un gran futuro por delante.

LA ESTRUCTURA Y EL NIVEL DEL FÚTBOL EN HONG KONG

Siendo la Challenge Shield la primera competición llevada cabo en Hong Kong en 1898, la primera Liga de Futbol profesional fue creada en el 1908. A su vez, la Federación de Futbol de Hong Kong fue fundada en el 1914, habiéndose celebrado el partido del Centenario contra la Selección de Argentina en un memorable partido Hong Kong - Argentina (0-7) el 14 de octubre de 2014 en el Estadio Nacional de Hong Kong.

Me gustaría destacar una fecha en la historia del fútbol de Hong Kong y es el 19 de mayo de 1985, cuando Hong Kong batió por 1-2 a China en el Estadio de los Trabajadores de Pekín en la fase de clasificación para el Mundial del 86. Esta victoria supuso un antes y un después para el fútbol de Hong Kong con el añadido político que rodeaba a aquel partido.

Empezando por la "Premier League" de Hong Kong, denominada así desde septiembre de 2014 (antes llamada "First Division League"), y con una clara intención de convertirse en una Liga fuerte, bien organizada y sobre todo profesionalizada y en consonancia con los estándares marcados por FIFA y AFC (Asian Football Confederation), podemos definir claramente cómo es la estructura del fútbol profesional en Hong Kong.

De hecho, como fútbol profesional entendemos exclusivamente a aquel que comprende a todos los equipos que componen la Premier League. De la Premier League para abajo, el futbol es totalmente amateur, es decir, la segunda división de Hong Kong, la "First División" de ahora es ya completamente amateur, con la presencia de jugadores jóvenes que aspiran a llegar a la Premier en un futuro no muy lejano y con jugadores semi-retirados cuyo máximo objetivo es simplemente disfrutar del fútbol.

Profesionalizar el futbol en Hong Kong y llevarlo a estándares mundiales es, sin ninguna duda, el gran reto al que se enfrenta la familia del fútbol en Hong Kong para mejorar la percepción y la imagen global que se tiene de este deporte en el país, salpicada en el pasado con algún que otro caso de amaño de partidos.

Incluso ahora, en la presente temporada, en la Premier League no todos los clubes están cumpliendo con esos estándares anteriormente comentados y sólo los cuatro grandes Clubes de Hong Kong, South China, Kitchee, Eastern y Pegasus disponen de una estructura seria y profesional en su funcionamiento diario.

Durante estas tres temporadas la Premier League de Hong Kong ha estado compuesta por entre ocho y diez equipos, siendo Kitchee y Eastern los grandes dominadores de la Premier actual, con un título para cada club.

Históricamente el South China es el club con más títulos de Liga, la antigua "First División League" (41).

Para tener una mejor idea del nivel de la Premier League de Hong Kong, ésta se podría equiparar a una Segunda División "B" española. De hecho, prácticamente la mayoría de los jugadores españoles que juegan actualmente en Hong Kong (unos 10 en la presente temporada) vienen de jugar la Segunda B en España.

Por debajo de la Premier League, encontramos tres divisiones: la First Division, Second División y Third Division. Estas tres categorías son todas amateur, si bien podemos encontrar en la First División a más de un equipo con extranjeros en sus filas y con ciertas aspiraciones a subir de categoría. Así como en España cualquier equipo de Segunda División puede poner las cosas complicadas a los equipos de Primera (se han dado ya muchos casos especialmente en la Copa del Rey), eso en Hong Kong es algo impensable, debido a la enorme diferencia en cuanto a la calidad de los jugadores y a la profesionalización (palabra clave) de los clubes.

Como conclusión y, para entender de manera global la situación del futbol profesional en Hong Kong, podríamos decir que existe una enorme diferencia entre los cuatro grandes de la Premier y el resto, y que entre la Premier y la First División hay tal separación que no se pueden llegar a comparar en ningún sentido.

Este hecho esconde un preocupante trasfondo que, a largo plazo, puede suponer un grave problema para el futuro del fútbol en Hong Kong y es el siempre importante desarrollo de los jóvenes futbolistas y el hecho de disponer de una plataforma previa a nivel competitivo y formativo para afrontar el reto del futbol profesional con las máximas garantías.

La actual situación estructural del futbol competitivo y profesional en Hong Kong no facilita en ningún caso ese supuesto paso intermedio entre el fútbol formativo y el profesional, viéndose el jugador de mayor talento y con clara intención de ser profesional abocado desde edades muy tempranas a luchar por tener oportunidades en uno de los equipos de la Premier League, sin disponer de demasiados minutos en esos primeros años como profesional.

EL FÚTBOL BASE EN HONG KONG

Todo lo explicado en el capítulo anterior respecto al fútbol profesional se plasma a su vez en el fútbol formativo. El nivel de profesionalización y de tecnificación está aún lejos de los estándares que, por ejemplo, en España entendemos como los más apropiados para el desarrollo del joven futbolista desde la base.

Cabe destacar y comentar que el fútbol formativo en Hong Kong está condicionado por tres factores que deben tenerse en cuenta para entender la situación deportiva, social, cultural y económica que vive el fútbol en el país.

El primero y más determinante es que únicamente dos clubes, Kitchee y Chelsea Hong Kong, disponen de campo propio. Los demás equipos de la base deben utilizar los campos que estén disponibles para alquilar, utilizando el sistema de reserva de campos que proporciona la Federación de Fútbol. Éste es un hecho que condiciona en gran medida los planes de todos los clubes, ya que por un lado los días y el lugar de entrenamiento pueden cambiar de una semana a la otra, y por el otro, debido a la gran demanda existente, cada equipo puede, como máximo, entrenar dos veces a la semana.

Al final, quien se ve afectado es el joven jugador de futbol, que a lo largo de su vida deportiva se ve privado de multitud de horas de entrenamiento y partido. El jugador de fútbol de Hong Kong tendrá, aproximadamente, un treinta por ciento menos de horas de práctica si lo comparamos con el jugador de fútbol en España.

El segundo factor en orden de relevancia en el fútbol de base es que éste se encuentra siempre supeditado a la vida académica del jugador-estudiante. El desarrollo académico y la formación del niño/a es el pilar de la sociedad de Hong Kong. Esto es debido al alto nivel de competitividad existente en el país y que hace que los niños/as desde bien pequeños tengan sus estudios como máxima prioridad en sus vidas.

Entendemos que los estudios son importantes en cualquier país, como lo son en España, pero también entendemos que son dos elementos compatibles y que a la larga benefician al desarrollo integral del individuo.

Así como en España todos los jóvenes jugadores/as intentan compatibilizar el tiempo que dedican a sus estudios con el tiempo destinado a entrenamientos y/o partidos, en Hong Kong los jugadores/as en época de exámenes o reducen a un día los entrenamientos semanales o simplemente no van a entrenar.

El tercer factor es la composición de las Ligas y la edad donde se empieza a competir con cierta regularidad. En Hong Kong hay competición semanal desde los trece a los dieciocho años, con una Liga para cada grupo de edad y dentro de cada grupo de edad, tres divisiones. Como he comentado anteriormente al hablar de la Premier League, la primera división en fútbol base está a años luz de la segunda y tercera división. Todos los clubes más potentes – Kitchee, South China, Chelsea Hong Kong, Rangers y Pegasus – tienen a todos sus equipos de base en primera división. También encontramos en esta primera división a los mejores equipos provenientes de los Distritos, siendo Southern, Tai Po y Yuen Long los más destacados.

Para suplir la escasez de experiencia competitiva, algunos clubes locales, como Kitchee o Chelsea Hong Kong, y algunas academias privadas, organizan competiciones internas los fines de semana entre los niños y niñas desde los siete hasta los once años. Es en estas edades donde el fútbol es de pago en los clubes. Cuando empiezan a competir en las Ligas y son seleccionados, pasa a ser gratuito.

En las academias privadas, más pequeñas y ubicadas en diferentes campos de entrenamiento, se debe pagar una cuota mensual en función de los días de entrenamiento y/o torneos en ese respectivo mes.

Por lo que respecta al hecho de empezar a competir con regularidad y a un nivel competitivo alto a la edad de trece años, supone una gran diferencia con lo que sucede en otros países de Asia y también de Europa. La carencia de experiencia competitiva y, a su vez formativa, es demasiado grande y supone un impacto negativo en la formación de los jóvenes futbolistas a corto y a largo plazo y a todos los niveles (técnico, táctico, físico y psicológico).

Es por estos tres condicionantes que desde la Federación de Fútbol de Hong Kong se lleva a cabo un programa de entrenamiento paralelo al que desarrollan los Clubes, con dos entrenamientos semanales durante toda la temporada para todos los equipos nacionales de base. De esta manera los jugadores de más talento se ven beneficiados de más días de entrenamiento en un entorno más profesional y estable. De hecho y, desde la presente temporada, el equipo técnico de la Federación del que formo parte está llevando a cabo entrenamientos para los mejores jóvenes jugadores de Hong Kong a partir de los 10 y hasta los 18 años.

LA FILOSOFÍA DE JUEGO EN HONG KONG

Por lo que respecta a la filosofía futbolística de Hong Kong, ésta tiene sus orígenes en la época en la que el país fue colonia británica, siendo el Hong Kong Football Club el primer club de fútbol, fundado en el 1886. En estos primeros años y hasta la década de los 80, el estilo de juego predominante fue el juego directo, de contacto y sin demasiada elaboración. George Best, mítico jugador del Manchester United llegó a jugar un par de amistosos en Hong Kong en esa época con el See Bee y el Hong Kong Rangers.

En los últimos años, y sobre todo desde la década de los 90, técnicos de diversos orígenes y filosofías (española, brasileña, croata o serbia, entre otras) han llevado a cabo una ligera transformación y han proporcionado su visión propia en lo que respecta a las filosofías y los gustos futbolísticos en el fútbol de Hong Kong.

Cada club sigue una filosofía propia, acorde a sus ideales y a la influencia recibida por técnicos y jugadores a lo largo de su historia. Con tendencias que van desde el juego de posesión y posición, al fútbol más directo, encontrando en la mayoría de los casos una combinación de ambas tendencias.

Por ejemplo, Kitchee es el máximo exponente de club que sigue una filosofía clara desde el primer equipo hasta la base, en este caso una muy parecida a la idea del Fútbol Club Barcelona, jugando desde atrás, construyendo cada jugada con paciencia y con un buen juego de posición, siguiendo el sistema de juego 1-4-3-3 como herramienta para poner en práctica sus ideas en el terreno de juego. De hecho y desde hace ya varias temporadas apuestan por técnicos españoles tanto para su primer equipo como para sus equipos de base (Josep Gombau o José Molina entre otros).

Por lo que respecta a los demás clubes, éstos apuestan mayoritariamente por fórmulas mixtas, combinando con mayor o menor acierto el juego de posesión con el juego directo. Entendiendo como mixto al construir el juego desde atrás y hasta el mediocampo, pero en ese caso buscar un juego más vertical y queriendo finalizar las jugadas de una manera más rápida y mucho menos elaborada desde esa parte del terreno de juego.

El juego de posición tal y como lo entendemos en España, con una óptima ocupación de los espacios, con el aprovechamiento de las superioridades, con la combinación del juego corto con el largo, con el adecuado perfil de jugador para cada posición, con la combinación del juego horizontal y vertical o con la figura del tercer hombre, es difícil de llevar a cabo al cien por cien en un entorno tan diferente y sin una larga tradición en la creencia de esta manera tan peculiar de entender el futbol, que tantos éxitos ha dado y sigue dando y del que tenemos como máximos exponentes al Futbol Club Barcelona y a la Selección Española de Futbol. Es por esto que quizás estas fórmulas intermedias se adaptan mejor al actual nivel de conocimiento del juego por parte del entrenador y del jugador local. La cultura futbolista de Hong Kong es aún joven, inmadura y en vías de desarrollo.

Siguiendo este razonamiento, la idea de juego varía en cada equipo y con ella el sistema o los sistemas de juego empleados para llegar a esa idea. Así, los sistemas de juego más empleados son el 1-4-3-3 (Kitchee) o el 1-4-2-3-1 y el 1-5-2-3 (Eastern, Pegasus, Rangers). Estos sistemas son bastante flexibles y suelen adaptarse a las necesidades y al nivel que proporcionan especialmente los jugadores extranjeros a cada uno de los equipos, situados en las posiciones clave y que conforman la base de cada equipo.

Es por esta razón que encontramos carencias de jugadores locales en posiciones clave del equipo, como serían los centrales, el medio centro (pivote) o el delantero centro. Esta columna vertebral del equipo está formada principalmente y en casi todos los equipos por jugadores extranjeros, lo que hace que el jugador local quede relegado en cierto sentido a las bandas y a las posiciones de centrocampista, con diferentes perfiles en cada caso, siendo unos más defensivos y otros más ofensivos y con llegada.

Quizás los clubes de Hong Kong buscan un rendimiento más inmediato y es por ese motivo que haya presencia de estos jugadores foráneos en posiciones clave del equipo. No existe esa paciencia o esa clara apuesta en el jugador local, de cara a un futuro a medio o largo plazo.

Se prefiere, en el caso que nos ocupa, colocar en esas posiciones a jugadores más contrastados y experimentados y a la vez de mayor nivel y capacidad física. Como he comentado con anterioridad este hecho va a afectar y de hecho ya está afectando a la Selección Nacional (en la última convocatoria, un sesenta por ciento de los jugadores eran nacionalizados) y al desarrollo y promoción de jóvenes futbolistas a la élite y con suficiente nivel para representar a Hong Kong en sus compromisos internacionales.

Los principales rasgos que definen al futbolista hongkonés son: se trata de un jugador técnicamente bien dotado, pero quizás con pocos conocimientos tácticos y pocas experiencias más allá del futbol local, con lo que esto implica a nivel de competitividad, de intensidad en el juego y, lo que es más importante, de entendimiento del mismo.

A nivel físico, el jugador de Hong Kong es rápido, potente (sprint de corta distancia) y está dotado de un buen tren inferior. En cuanto a la talla, generalmente son jugadores bajos de estatura, si los comparamos con el futbolista español.

Otro rasgo muy característico del jugador local es la disciplina, la actitud y el respeto al entrenador que muestra en cada momento. Sumándolo todo, este perfil técnico, táctico, físico y psicológico conforma un jugador predispuesto a la competición de más alto nivel, pero falto de ciertos ingredientes competitivos, de experiencia y de aprendizaje que hacen que le sea muy difícil llegar a competir fuera de Hong Kong. De hecho, actualmente solo en China, League One (Segunda División), encontramos futbolistas nacidos en Hong Kong jugando en el extranjero.

Por último, me gustaría remarcar que incluso desde la Selección Nacional absoluta no se ha llegado aún a ninguna conclusión clara en referencia a cuál es la mejor idea futbolística para el país. Se sigue buscando la fórmula que por un lado se adapte mejor al perfil del jugador local (incluyendo aquí a los nacionalizados) y que por el otro permita al fútbol nacional ser lo más competitivo y flexible posible, de cara a adaptarse y plantar cara a los diferentes estilos presentes en Asia. Todo ello, con dos objetivos: llevar la iniciativa del juego e incrementar la solidez defensiva para sacar mayor partido de las transiciones.

PECULIARIDADES DEL PAÍS QUE AFECTAN AL FÚTBOL

Con una extensión de 1.108 km2, la Región Administrativa Especial de Hong Kong cuenta con tres partes bien diferenciadas: la isla de Hong Kong, la parte continental de Kowloon y los Nuevos Territorios, que comprende el 85% del territorio de Hong Kong y que limita por el Norte con China.

Por lo que respecta al clima, éste es subtropical y monzónico, con unos veranos muy calurosos y húmedos y con unos inviernos no demasiado fríos. El otoño y la primera son prácticamente anecdóticos.

Como en cada país, las distancias y el clima afectan al desarrollo normal de cualquier competición deportiva. El clima en Hong Kong es bastante inestable y cambia radicalmente, especialmente en verano así que se debe estar alerta en cuanto a cualquier posible cambio en el clima que pueda afectar al transcurso normal de los entrenamientos y/o partidos. La mayoría de campos de fútbol para la base son de césped artificial, así que solo en situaciones de extrema gravedad (fuerte lluvia, tormenta de rayos o monzón) se suelen suspender entrenamientos y/o partidos.

A nivel profesional y al jugarse siempre en césped natural, todo dependerá de la decisión del árbitro, del estado del terreno de juego y del posible anuncio del Gobierno alertando de cualquier situación climática extrema y que suponga un riesgo para la práctica del fútbol o de cualquier otra actividad llevada a cabo en el exterior.

En cuanto a las distancias, el territorio no afecta demasiado al desarrollo del futbol. Las distancias no son grandes y es relativamente fácil llegar a cualquier sitio. El fútbol de base se ve condicionado como ya he comentado anteriormente por el hecho de no disponer los clubes de campo propio, con lo que cada fin de semana cada equipo debe ir a jugar a la instalación que le haya sido asignada en el calendario, pudiéndose jugar tanto en Kowloon, en Hong Kong o en los Nuevos Territorios, indistintamente.

En lo que respecta al fútbol profesional, cada equipo de la Premier League de Hong Kong tiene asignado un campo como local, acorde a ubicación en el territorio. Así, el Yuen Long juega en el Yuen Long Stadium o el Tai Po juega en en Tai Po Stadium. En una situación diferente se encuentran los clubes con sede en Kowloon, dándose el curioso caso de que tanto Kitchee como Eastern cuentan con el Mongkok Stadium como estadio designado para jugar como locales.

Ya como espectador, asistir a un partido de la Premier League de Hong Kong no supone una experiencia inolvidable como podría pasar en España o Inglaterra. En primer lugar, la asistencia no es demasiado alta y el espectáculo futbolístico muchas veces no invita tampoco a la pasión desbordada por parte de los fans o del espectador neutral. Cada equipo está representado por un pequeño y pasional grupo de incondicionales que apoyan y animan a su equipo desde el principio hasta el final del partido, pero para el espectador neutral los partidos carecen la mayoría de las veces de esa emoción y de ese entretenimiento propios de las grandes ligas europeas.

El fan o el espectador medio no muestra un gran entendimiento del juego, simplemente se emociona al ver acciones que técnicamente son atractivas, goles u otras acciones (fallos, caídas, decisiones arbitrales) que les provocan rechazo o que les hacen cierta gracia.

Al lado de este escenario encontramos otro completamente distinto y es el de los partidos de la Selección Nacional. El campo se llena para las grandes ocasiones (normalmente se juega en el Mongkok Stadium, con capacidad para casi 7.000 espectadores) y el público se vuelca completamente con el equipo, creándose una atmósfera increíble que empuja a los jugadores y que la mayoría de las veces provoca que el equipo rival, aun siendo de mayor entidad, no pueda mostrar todo su potencial. Este efecto se vio enormemente aumentado en el doble enfrentamiento Hong Kong – China (septiembre y noviembre de 2015) en la fase de clasificación para el Mundial de Rusia 2018, cuando Hong Kong logró un meritorio doble empate a cero ante la potente China de Alain Perrin.

Los últimos resultados de la Selección Absoluta y su gran mejora en el ranking FIFA (de la posición 169 del 2011, a la 142 en la actualidad) están ayudando en gran medida a incrementar el interés y el reconocimiento de la sociedad Hongkonesa hacia su Selección de fútbol en particular y también hacia el fútbol en general.

MÉTODOS DE ENTRENAMIENTO EN HONG KONG

Bajo mi punto de vista, la metodología de entrenamiento es siempre el reto principal para cualquier entrenador porque implica el paso de las ideas a la práctica del entrenamiento diario y de éste a la competición.

A pesar de que encontramos diferentes filosofías e ideas en los diferentes clubes y academias de Hong Kong, el aspecto metodológico está a mi entender un paso por detrás, sin que exista una clara tendencia en este sentido, pero sí un denominador común, que es una visión tradicional del entrenamiento. Por cultura y por la forma de pensar de la sociedad, la práctica deportiva es un instrumento más para adoctrinar y disciplinar a individuo, en este caso el jugador de fútbol.

A partir de esta base, el entrenador local se muestra abierto y receptivo a adquirir nuevos conocimientos, pero existe intrínsecamente una visión muy tradicional del entrenamiento de fútbol. Así, la metodología se basa principalmente en la práctica del estilo directo y en una batería de ejercicios eminentemente analíticos y segmentados, apartándose en muchas ocasiones, de la visión global que el propio juego requiere. Como ya he comentado anteriormente, el juego de posición se encuentra aún lejos de estar mínimamente implantado en la filosofía del entrenador local y otras tendencias como la periodización táctica ni siquiera se conocen en el territorio.

Es decir, el entrenador local es agradecido y realmente quiere mejorar (hay unos 7.000 entrenadores con licencia A, B o C), pero ya sea por su experiencia previa (muchas veces como jugador) o por la falta de una mayor comprensión del juego, la metodología de entrenamiento propia y la específica para cada uno de los clubes y/o academias en Hong Kong están aún por desarrollar (tan solo Kitchee, Chelsea Hong Kong y alguna academia privada han desarrollado un currículum futbolístico propio). El fútbol hongkonés debe desmarcarse cuanto antes de los entrenamientos alejados del juego real y de las practicas simplistas, analíticas y llevadas a cabo por el simple hecho del 'entrenar por entrenar'.

CONTEXTO LABORAL PARA POTENCIALES INMIGRANTES ESPAÑOLES

La Región Administrativa Especial de Hong Kong lleva a cabo sus propias políticas de promoción del deporte en general y del fútbol en particular. Como he comentado anteriormente, el Gobierno inició hace ahora unos cuatro años ya un plan a diez años vista para promocionar el desarrollo, mejora e implementación del fútbol en todos sus ámbitos. Pese a este ambicioso plan, no se puede comparar ni acercarse al ambicioso plan de la República Popular de China de convertirse en potencia Mundial en el año 2050, llegando a una cifra de 50 millones de practicantes de fútbol para 2020.

Me gustaría remarcar este punto por el hecho de diferenciar entre la gran demanda de entrenadores existente en China (el país más poblado del mundo, con el claro objetivo de convertirse en una potencia en fútbol en un futuro no muy lejano) y la situación de Hong Kong, con unos objetivos mucho más humildes y terrenales.

Kitchee es el Club que más ha apostado, y que sigue haciéndolo en la actualidad, por entrenadores extranjeros (españoles entre ellos) para su primer equipo y para su base. En los demás clubes de Hong Kong es realmente difícil encontrar entrenadores extranjeros en la base, pero, por otro lado, es algo bastante común en sus primeros equipos. Entrenadores brasileños, serbios e ingleses están siendo reclamados por Pegasus, South China o Rangers, por poner varios ejemplos.

El mercado laboral para entrenadores extranjeros se amplía en el sector privado. Existen en Hong Kong muchas academias de fútbol que funcionan a un nivel totalmente privado y externo al propio sistema de la supervisión de la Federación de Futbol.

Chelsea, Arsenal, AC Milán y anteriormente el FC Barcelona han abierto escuelas de fútbol en Hong Kong. Otras escuelas de futbol mucho más pequeñas y con menos nombre están operando en diferentes regiones de Hong Kong, por lo que el mercado del fútbol está creciendo, favoreciendo la creación de puestos de trabajo que pueden llegar a ser muy atractivos para el entrenador extranjero.

CONTEXTO LEGISLATIVO PARA LA CONTRATACIÓN DE TRABAJADORES ESPAÑOLES

A nivel legislativo, el Gobierno de Hong Kong controla en gran medida la expedición de los visados de trabajo para aquellas personas que desean ejercer su profesión en Hong Kong.

Lo primero que se requiere es la oferta de trabajo o el contrato en sí. A partir de aquí, la empresa que contrata desde Hong Kong necesita ciertos documentos que debe proporcionar el interesado, como pueden ser cartas de recomendación, el propio Currículum Vitae, titulaciones académicas y demás documentos que prueben que la persona va al país a proporcionar y a ofrecer un valor añadido con su labor profesional.

Al obtener el visado, solo queda (en el caso de los trabajadores con familia) anexar a los familiares (mujer y/o marido e hijos) al visado de trabajo.

En principio, el proceso debe ser ágil y rápido y, según mi experiencia, no existe ninguna regulación especial que dificulte en gran medida la entrada de profesionales emigrantes al país. El único impedimento con el que se han encontrado algunos emigrantes españoles es el de tener activada la visa de trabajo cuando ya se encontraban en Hong Kong, habiendo residido hasta ese momento como turistas. En este caso, la vía más simple es ir a Macao, también Región Administrativa Especial perteneciente a China, en Ferry (en una hora de trayecto desde Hong Kong) para después volver a Hong Kong y, en ese momento, activar la visa de trabajo.

UNA HISTORIA REAL: XAVI BRAVO EN HONG KONG

La oportunidad de venir a trabajar a Hong Kong como máximo responsable de los equipos nacionales de base surge porque un gran amigo mío estuvo anteriormente trabajando en el país y pone mi nombre encima de la mesa cuando se presenta la opción de reclutar a un nuevo técnico para el cargo.

Es en el momento de la llamada cuando te empiezas a plantear muchas cosas, no sólo pensando en uno mismo, sino en la familia y en el futuro profesional que se avecina. Bajo mi punto de vista, existen dos opciones completamente respetables: una es la de seguir donde estás y donde piensas que vas a seguir estando bien; y la otra es la de empezar un nuevo reto, en un país completamente diferente y con numerosas dudas respecto al futuro. En mi caso, yo opté por la segunda opción por dos motivos: uno fue la predisposición previa que ya tenía en cuanto a salir fuera de mi entorno profesional e iniciar una aventura en el extranjero; y el otro es el hecho de ver que las oportunidades de seguir mejorando como entrenador en ese entorno anterior eran prácticamente nulas.

Después de tres años en Hong Kong, valoro la experiencia como algo sumamente positivo y enriquecedor, tanto a nivel personal, familiar y como no, profesional. Además de entrenar, realizo tareas de coordinación, de planificación e incluso de formación, funciones que nunca antes había llevado a cabo y que han supuesto un aprendizaje increíble e impagable. Además, al estar en un entorno completamente distinto y al tener que relacionarte con individuos de otros países y filosofías, maduras laboralmente y aprendes realmente a desenvolverte en una situación profesional compleja, a nivel deportivo, político, social y económico.

En el ámbito puramente deportivo, me enorgullece decir que en los últimos tiempos los estándares del fútbol de rendimiento de base del país se han profesionalizado, sistematizado y organizado. Hong Kong está aún lejos de los países pioneros en fútbol en Asia pero, poco a poco, vamos consiguiendo mayores y mejores recursos (técnicos con roles específicos, mayores medios tecnológicos o infraestructuras: la ciudad deportiva de la Federación se abrirá el próximo verano) para proporcionar al jugador de fútbol un entrenamiento adecuado a sus cualidades individuales y con el claro objetivo de mejorar a cada uno de nuestros jugadores en ese largo camino que va desde la formación hasta el fútbol profesional.

CONSEJOS PARA EL EMIGRANTE NOVATO

En primer lugar, me gustaría remarcar que Hong Kong no es China. Puede que esto no suene demasiado bien o que parezca raro pero el conocido lema de "un país, dos sistemas" se adapta perfectamente a la situación que se vive entre Hong Kong y China. actualmente.

Hong Kong no es China a nivel social, pues es mucho más cosmopolita y occidentalizado, aun conservando sus tradiciones. No lo es tampoco a nivel educativo, siendo la educación el pilar de la sociedad hongkonesa y a años luz de la situación educativa en China, y principalmente a nivel político. Hong Kong suspira por ser independiente de China y por poder elegir libre y democráticamente a sus representantes políticos, hecho que hasta el momento viene marcado directamente por el régimen comunista de la República Popular China.

Así que el posible inmigrante se va a encontrar con un país abierto al mundo occidental, a otras culturas y donde es posible llevar un estilo de vida muy parecido al de cualquier gran ciudad del mundo. Eso sí, el inglés, aun siendo lengua oficial, no está demasiado extendido fuera de la Isla de Hong Kong y de la parte más central de Kowloon. En los Nuevos Territorios se habla única y exclusivamente el chino cantonés (diferenciado del llamado mandarín o chino simplificado por tener la mitad de caracteres que el cantonés).

Como parte negativa, encontramos la educación y sobre todo la vivienda (Hong Kong tiene el precio por metro cuadrado más caro del mundo, seguido por Sidney y por Vancouver). Ambos bienes son sumamente caros, así que éste es un factor primordial y a tener en cuenta en el momento de lanzarse a la aventura de venir a Hong Kong a trabajar.

INDIA

Javier Cabrera y Óscar Bruzón

LOS AUTORES

JAVIER CABRERA es Entrenador de Fútbol, Nivel 2 (UEFA "A") por la Real Federación Madrileña de Fútbol. Además, es licenciado en Publicidad y Marketing por ESIC Business & Marketing School y Máster en Organización y Producción de Eventos por ESODE y Universidad Nebrija.

Su trayectoria profesional podría dividirse en dos etapas:

Una primera, trabajando en España como entrenador de fútbol sala en diferentes escuelas y en categorías desde prebenjamín a juvenil. Fue su salida natural tras colgar las botas, ya que toda su trayectoria como jugador se había desarrollado en esta disciplina, desde benjamín hasta División Nacional Senior, con un breve paso por la Selección Madrileña Juvenil.

También en esta primera etapa en España trabajó durante siete años como analista de fútbol para OPTA, compañía líder mundial en análisis de datos deportivos, perteneciente al grupo de medios Perform. Su trabajo estaba enfocado a Primera y Segunda División españolas, ligas europeas, Champions League, Europa League y competiciones de selecciones como Eurocopas, Copas América o Mundiales de Fútbol.

La segunda etapa, en fútbol-11, tuvo lugar en India desde diciembre de 2012. Llegó al país a través del coautor de este capítulo, Óscar Bruzón:

Primero ejerció como director técnico y entrenador de academias privadas (SPT Sports India). Más tarde lo hizo como Director de Cantera y asistente de Óscar en un club de Primera División (Sporting Clube de Goa) y actualmente trabaja como Director Técnico de una academia residencial (NRL Football Academy).

Javier también ha dirigido y participado como ponente en diferentes cursos de formación y seminarios para entrenadores de fútbol base.

ÓSCAR BRUZÓN es entrenador de fútbol UEFA Pro License. Tiene un MBA de Icade y es licenciado en Administración y Dirección de Empresas.

Sus inicios como entrenador se desarrollaron durante una década completa en la cantera del Celta de Vigo, club en el que también se formó como jugador.

En la temporada 2016-2017 ha formado parte del cuerpo técnico del R.C.D. Mallorca, en la Segunda División española. Anteriormente completó una experiencia de cinco años en la India, entrenando al Mumbai City F.C. y al Sporting Clube de Goa en la Indian Superleague. Además, trabajó de 2011 a 2013 en Spt Sports Asia PVT. LTD.

EL FÚTBOL EN EL CONTEXTO DEPORTIVO DE INDIA

En India, el deporte rey por excelencia e indiscutible es el cricket, tanto a nivel de seguimiento de clubes y selección, como de practicantes, tanto profesionales como aficionados.

Dicho esto, el fútbol es sin duda el deporte que más está creciendo en los últimos años a nivel social y poco a poco también en el ámbito profesional.

En ciertas áreas/ciudades se dan importantes excepciones y podríamos decir que el fútbol al menos compite con el cricket en cuanto a número de seguidores. Es el caso de Calcuta, que cuenta con dos equipos centenarios en la ciudad, Mohun Bagan y East bengal, cuyo derbi copero en 2011 llegó a alcanzar los 131.000 espectadores, antes de que el principal estadio de la ciudad, Salt Lake City, se sometiera a una remodelación, albergando en la actualidad un máximo de 68.000 espectadores.

Otra de estas excepciones se da en Kerala, al sudoeste del país, donde su equipo, los Blasters, acoge una asistencia media de algo más de 50.000 espectadores durante sus partidos de la Indian Super League.

Uno de los grandes problemas en India para el desarrollo de su fútbol local es que hay un seguimiento importante del internacional, especialmente de la Premier League (La Liga española está por debajo). En contraste, el seguimiento y el conocimiento de la sociedad en general sobre el fútbol nacional indio es prácticamente nulo.

Se pueden encontrar blogs, webs y páginas en redes sociales que siguen muy de cerca el fútbol indio, pero el número de seguidores de las mismas es marginal en un país con más de 1.200 millones de habitantes.

Un ejemplo claro es el siguiente: la página del equipo nacional de cricket en Facebook tiene más de 26 millones de "likes" mientras que la del equipo nacional de fútbol apenas llega al medio millón. Entre la liga nacional de fútbol (I-League), que tiene 165.909 seguidores en Facebook, y la Indian Super League, nuevo torneo de fútbol muy mediático que se organiza desde 2014 y que cuenta con 2,8 millones de fans, juntos apenas alcanzan los tres millones de seguidores en esta red social. La IPL, Indian Premier League de cricket, supera los 18 millones.

Aún con estos datos, el fenómeno fútbol está creciendo rápido en India y tal vez la mejor prueba de esto es la creación del antes mencionado torneo: la Indian Super League. Pese a ser una competición muy discutida por diferentes razones que detallaremos en el siguiente punto, no hay duda de que, como se puede ver en el gráfico, su éxito en cuanto a seguimiento por televisión y asistencia a los estadios es rotundo, en comparación con la liga nacional (I-league).

Los datos de espectadores televisivos de la edición de 2015 superan incluso a competiciones como La Liga o la Serie A y se sitúan sólo por detrás de la Bundesliga y de la Premier. La liga nacional (I-League) también crece y promedió la temporada pasada 8.296 espectadores por partido, incrementando en algo más de 2.000 espectadores la asistencia a los campos, en comparación con la edición 14/15.

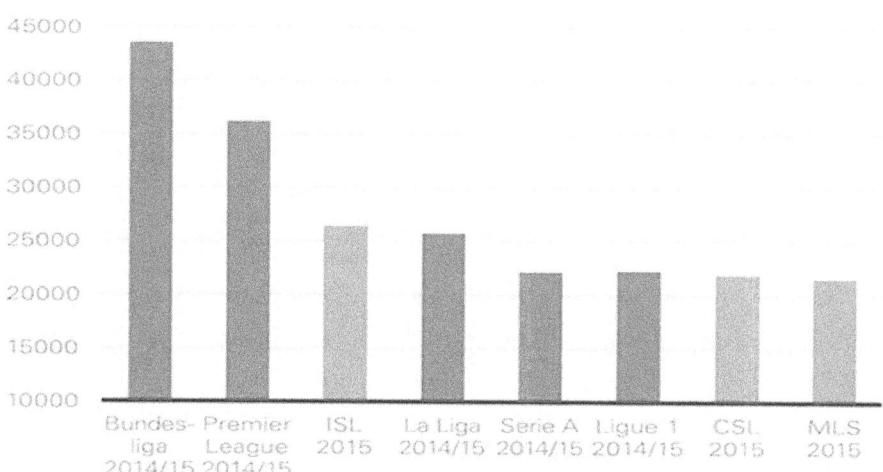

Average attendances in the top division of the 'big five' European Leagues (2014/15) vs. Emerging leagues (2015)

Source: KPMG Analysis

En cuanto a la práctica femenina del fútbol, ésta es muy inferior a la masculina, aunque poco a poco se ven algunos avances como, por ejemplo, la primera edición de la Liga Nacional femenina, que dio comienzo en enero de 2017 y en la que participan 10 equipos.

Un dato sorprendente es que, pese al poco desarrollo del fútbol femenino en el país, la selección nacional de chicas se encuentra en una posición en el ranking FIFA (57) muy superior a la de los chicos (129).

En cuanto al fútbol español, y aunque India es un país muy marcado por la herencia y filosofía del fútbol inglés, el nuestro es un fútbol muy valorado y seguido en India. De hecho, en los últimos tres años, el número de profesionales españoles en el fútbol indio es cada vez mayor, tanto de entrenadores a nivel profesional/ académico como de preparadores físicos y jugadores, lo que muestra lo valorado que está el producto nacional en India. Esto también se refleja en el grado de seguimiento de La Liga española. Actualmente se emiten prácticamente todos los partidos de la jornada en televisión.

Otros deportes importantes en India son el hockey hierba o los deportes de raqueta, como el tenis o el bádminton.

LA ESTRUCTURA Y EL NIVEL DEL FÚTBOL EN INDIA

El fútbol profesional indio cuenta desde 2014 con dos competiciones principales: la I-League y la Indian Super League (ISL), lo cual deja una situación bastante confusa sobre el escenario actual de este deporte en el país. Como consecuencia, se han producido continuos enfrentamientos y debates especialmente entre algunos clubes y la Federación. Trataremos de explicarlo lo más claro posible a continuación:

La I-League es lo que viene a ser la liga nacional India, reconocida oficialmente tanto por la Federación india (AIFF) como por la FIFA. Es decir, es el torneo del cual salen los representantes que participarán en las competiciones continentales. Se disputa de enero a mayo.

Este tipo de liga regular se inició de manera profesional en India en el año 1996, bajo la denominación de "National Football League" y en 2007 cambió su nombre por el actual: "I-League". Durante la temporada 2015-2016, contó con nueve equipos y en la 2016-2017 finalmente participaron diez, después de que la federación otorgara invitaciones a nuevos clubes. Esto demuestra la inestabilidad actual del torneo. El actual campeón es el Bengaluru FC, entrenado por el español Albert Roca desde julio de 2016.

El cupo máximo de extranjeros por equipo y alineación es de cuatro, teniendo que ser al menos uno de ellos nacido en algún país de la Confederación Asiática de Fútbol (AFC). En general, el nivel de la competición sería comparable a la parte baja de Segunda B y alta de Tercera española, aunque los equipos más fuertes como Bengaluru FC podrían ser competitivos en Segunda B.

También existe una segunda división I-League, que se disputa primero por zonas geográficas para luego jugar una fase final de la que sólo el campeón consigue el ascenso a primera división (I-League). No existen más divisiones de fútbol profesional, aunque cada estado cuenta con sus propias competiciones domésticas.

La Indian Super League (ISL) es un torneo con formato de liga más play off que se disputa en India desde 2014. Tiene una duración de dos meses y medio, desde octubre a mitad de diciembre, por lo que no se solapa con la I-League y esto permite a muchos jugadores disputar ambas competiciones.

Es un sistema formado por ocho equipos-franquicias, al estilo MLS de Estados Unidos o A-League de Australia, y no existe sistema alguno de ascensos y descensos. Ninguno de estos equipos compite en la I-League.

Se trata de una competición que está resultando muy exitosa, especialmente a nivel mediático, tal y como vimos en el gráfico del punto anterior. Todos los propietarios o copropietarios de franquicias son actores de Bollywood o estrellas de cricket. Además, el torneo cuenta con importantes contratos de patrocinio y televisión. Los presupuestos de los equipos son muy superiores a los de la I-League, lo que permite traer extranjeros de mayor caché y nivel futbolístico.

El cupo máximo de extranjeros por equipo es de diez, pudiendo alinear un máximo de seis en el once inicial. Esto, junto al mayor poder económico de los clubes, permite que el nivel de la competición sea mayor que el de la I-League, por lo que podríamos compararla con un nivel de Segunda B español.

Destacar que una de las franquicias, Atlético de Kolkata, es copropiedad del Atlético de Madrid y además se proclamó campeón de la primera edición en 2014. En la actualidad, es entrenado por José Francisco Molina y cuenta en sus filas con jugadores como Javi Lara, Borja Fernández o Hélder Postiga.

Otra peculiaridad del torneo es que resulta obligatorio presentar, bajo ciertos criterios que decide la competición, tanto un jugador franquicia como un entrenador franquicia. Algunos de estos han sido jugadores y entrenadores como Del Piero, Capdevila, Trezeguet, Zico, Marchena, Forlán, Roberto Carlos, Lucio o Marco Materazzi, quien se proclamó campeón en la última edición como entrenador del Chennaiyin FC.

Dada la situación insostenible de tener dos competiciones paralelas, la Federación India propuso en mayo de 2017 un nuevo "road map" en el que plantea la fusión de ambas competiciones a partir de la temporada 2017/18. Habría una Primera División (ISL), una Segunda (I-League) y una Tercera División. La propuesta se encuentra llena de puntos más que discutibles, como por ejemplo limitar la posibilidad de ascender a Primera a la compra de una franquicia. Esto ha hecho que muchos equipos de la I-League se hayan vuelto contra la Federación, por lo que el futuro del fútbol profesional indio es todavía una incógnita.

EL FÚTBOL BASE EN INDIA

El concepto de academias/fútbol base es prácticamente nuevo en India. Se empezó a mover hace escasamente 10 – 15 años de una manera muy débil. Desde entonces, ha ido a más, especialmente en el ámbito privado, en el último lustro.

Es muy común, especialmente en ciudades grandes como New Delhi, Mumbai o Bangalore, el negocio de academias privadas de fútbol en las que simplemente se paga una cuota mensual o anual por entrenar los fines de semana en campos normalmente en malas condiciones o totalmente superpoblados de niños. Como es lógico, en este contexto es imposible desarrollar un programa técnico adecuado.

Es la dinámica habitual en las academias privadas nacionales, en las que el único objetivo es la cantidad. El nivel de los jugadores suele ser bajo y el de los entrenadores, especialmente bajo. Se juegan algunos torneos una vez al mes como único sistema de competición.

Otro modelo que se está llevando a cabo en los últimos años con mucho más éxito es el de academias privadas internacionales, es decir, academias de clubes principalmente europeos que empiezan a invertir en el mercado indio abriendo sus franquicias en las principales ciudades del país. Es el caso del FC Barcelona, Arsenal, Manchester United, Paris Saint Germain, Liverpool o Boca Juniors. Todos estos clubes desarrollan actividades de fútbol base en India, a través del método de franquiciados. Aunque su principal objetivo es puramente 'business', es cierto que todas ellas cuentan con directores técnicos internacionales, por lo que desarrollan programas mucho más interesantes que las academias nacionales, centrándose también en el tema de la captación y el desarrollo de talento, y no solo en el aspecto económico.

Un tercer modelo serían los clubes y las academias enfocados al alto rendimiento. Estos proyectos se encuentran relacionados con los clubes profesionales, con las diferentes federaciones regionales o con proyectos de Responsabilidad Social Corporativa de grandes empresas del país.

Entre los clubes de élite hay escasamente 5 ó 6 entidades con proyectos de cantera realmente serios. Hasta la temporada 2015/16 sólo existía una competición oficial bajo la federación nacional: la Junior I-League sub 20. Por este motivo, prácticamente todos los clubes de élite se centraban exclusivamente en el desarrollo de esta categoría, dejando de lado al resto.

Esto cambió ligeramente para bien desde que desde 2013, la AIFF (Federación India) introdujo un programa con una serie de requisitos mínimos para todo club que quisiera participar en competiciones organizadas por dicha federación. Fueron los denominados 'The Club Licensing Criteria' y entre ellos se encontraba una serie de criterios que todo club debía respetar y cumplir en relación al fútbol base. Como digo, los clubes empezaron a invertir más recursos en cantera, pero al final son muy pocos los que cumplen dicho programa y aun así muchos más son aprobados por la federación para jugar sus competiciones.

Probablemente, los proyectos más interesantes de cantera que se encuentran ahora mismo en India estén relacionados con proyectos de responsabilidad social corporativa de diferentes empresas del país, como es mi caso actualmente. Algunas de las academias más conocidas en este sentido son TATA Football Academy y Ozone FC.

En cualquier caso, es importante destacar que es realmente difícil encontrar en India academias de alto rendimiento que se centren en el desarrollo de todas las categorías del fútbol base. La norma habitual es que concentren sus esfuerzos en desarrollar programas a partir de categoría sub 16 (cadetes). Por debajo de esas edades, los niños no entrenan más de dos días, si existe la categoría, y las competiciones suelen ser torneos de un día puntual y esporádico.

También habría que mencionar aparte los programas de élite que desarrolla la AIFF, ya que cuenta con su propio centro de alto rendimiento en Goa, donde viven los jugadores de las selecciones sub 16 y sub 18, los cuales son seleccionados a través de diferentes programas de scouting.

La estructura de competición se divide en torneos nacionales organizados por la Federación India y las competiciones estatales, organizadas por las diferentes federaciones regionales.

Las competiciones nacionales son:

- Under 18 Junior I-League: tuvo su primera edición en el año 2011, como competición sub 19. Solo pueden participar los clubes de Primera División y aquellos clubes o academias valorados con más de 2 estrellas en el programa de Licensing Criteria, anteriormente mencionado.

- Under 15 Junior I-League: tuvo su primera edición en la 2015/16 y se creó en cierto modo como método de scouting para el Mundial sub 17 que se llevará a cabo este año en India. Pueden participar todos los clubes y academias que superen la valoración mínima de una estrella en el Licensing Criteria.

- Under 13 Junior I-League: verá la luz este año 2017, aunque de momento no hay más información al respecto.

- Torneos Nacionales sub 18 y sub 15: los equipos los forman selecciones estatales.

Las competiciones estatales dependen de cada estado y federación regional. Los estados que mejor desarrollan competiciones de fútbol base son Goa, Maharastra y West Bengal. A partir de sus campeonatos estatales, la federación de cada estado forma su propia selección, que jugará los nacionales junior (sub 18) y sub junior (sub 15).

En cuanto a la edad de inicio, yo creo que el problema se encuentra realmente en la edad en la que se empieza a recibir un entrenamiento medianamente aceptable y de calidad. Como ya hemos dicho antes, los clubes y principales academias no dan prácticamente ninguna importancia a la formación de un jugador por debajo de los 12-13 años. Esto provoca que la gran mayoría de los niños indios, con talento o sin talento, empieza a desarrollar sus habilidades con un retraso de seis años, comparado por ejemplo con el caso estándar de un niño español. Esto no quiere decir que no haya chavales en academias entre 6 y 12 años, pero el nivel del entrenamiento que reciben y sobre todo el de sus entrenadores es realmente bajo.

En cuanto al fútbol amateur, en India lo podríamos relacionar con las competiciones regionales de cada estado. Es difícil valorar esta modalidad, ya que hay ciertas áreas como Goa y Calcuta especialmente, en las que puedes encontrar hasta cuatro divisiones amateur y en ellas juegan incluso futbolistas extranjeros, mientras que otros estados ni siquiera cuentan con una federación de fútbol o no se hace ningún uso de la que existe.

La ruta de un jugador amateur y de otro profesional no difiere demasiado de la de cualquier otro país. Sin embargo, al haber muy pocos clubes profesionales (10 en I-League y 8 en la ISL), la mayoría de los jugadores desarrollan sus carreras en clubes amateur pertenecientes a federaciones estatales.

Los jóvenes con más talento son seleccionados por las academias más fuertes del país, como son DSK Shivajians (asociada con el Liverpool y con las mejores instalaciones del país), TATA FA, Ozone FC, Bengaluru FC, Minerva Academy o Royal Wahingdoh.

Los jugadores especialmente talentosos son reclutados por los programas de élite de la Federación India para formar parte de las selecciones nacionales. La Federación desarrolla su propio programa de entrenamientos y cuenta con una residencia en la que viven los futbolistas, todo integrado en su centro de alto rendimiento, ubicado en Goa.

LA FILOSOFÍA DE JUEGO EN INDIA

El fútbol indio se encuentra influenciado principalmente por el modelo británico, desde la arquitectura de los estadios, hasta los modelos de gestión. Además, el estado irregular de los terrenos de juego invita a la práctica de un fútbol directo, donde las fases de iniciación y de finalización van íntimamente ligadas, obviando en muchos casos la fase de construcción.

India ocupa actualmente el puesto 150 del ranking FIFA, lo cual da a entender que las debilidades son mayores que las fortalezas a día de hoy.

El principal punto fuerte que podemos identificar es el deseo de FIFA, del AIFF (Federación India) y del público en general de convertir al fútbol en el deporte más practicado del país. Todavía estamos asistiendo a las primeras medidas que pretender dar base a ese propósito, pero la dirección adoptada es cuanto menos prometedora.

Además de la británica, en India nos encontramos con la influencia de otras culturas futbolísticas. Hay que destacar la amplia presencia de jugadores africanos, en particular de Nigeria. Esto se debe a su fácil adaptación al clima y al éxito de su fortalece física, frente a los morfológicamente débiles jugadores indios.

PECULIARIDADES DEL PAÍS QUE AFECTAN AL FÚTBOL

Los entrenamientos generalmente deben programarse a las horas del amanecer o del ocaso, ya que de lo contrario las altas temperaturas impiden que aparezca la alta intensidad requerida para la mejora colectiva. Además, los altos índices de humedad facilitan la deshidratación de los profesionales, por lo que tanto la hidratación como la nutrición adquieren un papel decisivo para la adecuada recuperación y preparación de los profesionales.

Otro factor imperativo en la competición es planificar con acierto cómo vamos a terminar los partidos, ya que los jugadores suplentes suelen adquirir un peso superlativo en el desenlace de los encuentros. Los futbolistas rápidos suelen tener mucho impacto en los últimos 30 minutos de juego.

Además, hay que tener en cuenta es que no todos los estadios cuentan con un sistema de iluminación aprobado por FIFA, por lo que el horario habitual de los partidos es a las 16h, teniendo que soportar en consecuencia altas temperaturas durante el juego.

El calendario es caótico y rara vez nos encontraremos con una tabla clasificatoria en la que los equipos hayan jugado el mismo número de partidos. Asimismo, es habitual encontrar en el calendario de competición cuatro o cinco partidos consecutivos en casa, seguidos de los mismos a domicilio.

La asistencia varía mucho, dependiendo de la relación Estado en el cual se juega / Interés de ese Estado por el fútbol, pero en líneas generales podemos decir que los estados de Kerala, West Bengal (Calcuta), Goa, Assam y Manipur son las regiones en las que hay más seguimiento y afición por el fútbol.

INFRAESTRUCTURAS Y MEDIOS DE ENTRENAMIENTO Y DE TRABAJO

En el ámbito del fútbol base, el número de academias con unas instalaciones adecuadas para el desarrollo de un programa técnico aceptable no llegaría a diez en todo el país. Éste es el principal problema que se encuentra en India: es muy difícil encontrar campos de fútbol con unas condiciones mínimas para entrenar. En los últimos años, la situación ha mejorado, pero todavía está muy lejos de ser normal para un país que se supone quiere fomentar el fútbol al máximo.

En cuanto al material disponible, no suele suponer un problema, al menos según lo que ha sido nuestra experiencia personal. Todas las academias suelen contar con el equipamiento necesario para desarrollar cualquier tipo de sesión de entrenamiento sin problema. Sí se puede encontrar algún inconveniente en cuanto a equipamiento para entrenamiento físico específico.

A nivel académico, no es frecuente el uso de tecnologías tipo GPS y muy pocos equipos profesionales lo utilizan. El tema del vídeo análisis viene siendo más común desde hace unos dos o tres años, tanto a nivel profesional como académico, pero aun así todavía hay equipos de Primera División que no lo utilizan.

En cuanto a recursos humanos, hay que tener en cuenta que la mano de obra india es muy barata, lo que permite a casi todos los clubes y academias contar con cuerpos técnicos bastante extensos. En una academia de buen nivel, se puede encontrar fácilmente un director técnico, un manager, dos o tres entrenadores por categoría, un fisioterapeuta e incluso preparador de porteros. Poco a poco se va introduciendo también la figura del preparador físico, algo muy poco habitual a cualquier nivel.

La federación india, AIFF, ha mejorado mucho los programas de formación durante los últimos cinco años, desde que contrató a un director técnico holandés muy reconocido que mejoró mucho lo que había. Aun así, en general, el nivel de los entrenadores indios es realmente bajo, con muchas carencias de conceptos en cualquier aspecto el juego.

CONTEXTO LABORAL PARA POTENCIALES INMIGRANTES ESPAÑOLES

El fútbol está creciendo muy rápido en India en los últimos años y esto ha permitido que el número de entrenadores y futbolistas extranjeros (y por extensión, españoles) se haya multiplicado.

En 2012, apenas había tres o cuatro entrenadores españoles en todo el país y sólo uno en fútbol profesional. En la actualidad, hay tres primeros entrenadores en clubes profesionales, con sus respectivos cuerpos técnicos, y en el sector formativo el número de entrenadores españoles puede superar la veintena. También se puede encontrar entrenadores holandeses, alemanes, italianos, portugueses, brasileños, australianos y, especialmente, ingleses.

En cuanto a futbolistas, en la actualidad entre las dos principales ligas del país suman más de 120 futbolistas extranjeros. 16 de ellos eran españoles en 2017, un alto porcentaje comparado con el total de 36 españoles que han participado en alguna de las ligas indias desde la temporada 2012/13.

En cuanto a salarios, una academia de buen nivel (club profesional, alto rendimiento) puede pagar desde unos 2.000$ hasta alrededor de 3.000$, las más punteras. Es importante matizar que esto suele conllevar más funciones de director/coordinador técnico de academias o canteras, no solo funciones de entrenador.

Los contratos suelen incluir casa, coche, uno o dos vuelos a España y, en ocasiones, comida.

CONTEXTO LEGISLATIVO PARA LA CONTRATACIÓN DE TRABAJADORES ESPAÑOLES

Para entrar en India con un visado de empleo, hay una regla muy clara: el contrato debe ser de al menos 25.000$ anuales.

Esto es un filtro bastante importante, ya que no es fácil que un club indio pague este salario, muy alto para la sociedad india, sin conocer al entrenador personalmente, especialmente en un ámbito de academia/cantera.

Por lo tanto, lo que se suele hacer antes de conseguir un visado de empleo es recibir una invitación por parte del club/academia que tiene interés en el profesional, con el objetivo de establecer una relación laboral por medio de un visado de negocios, de seis o doce meses, que suele servir como puente y tiempo de prueba en el que el club decidirá si da el siguiente paso y contrata al entrenador con, ahora sí, un visado de empleo.

El proceso para conseguir un visado para India no es el más fácil, ya que requiere de al menos dos citas en la embajada para conseguirlo, además del pago de tasas de unos 150€. Hay que señalar que el proceso viene siendo más progresivamente más fácil en los últimos años.

UNA HISTORIA REAL: JAVIER CABRERA EN INDIA

Mi oportunidad de emigrar a India surgió en diciembre de 2012, gracias a Óscar Bruzón. Desde entonces hasta ahora, sólo puedo decir que las experiencias extraordinarias, tanto personales como profesionales, se han sucedido una detrás de otra.

India es un país tan grande y con tanto potencial que siempre te da opciones y oportunidades de seguir creciendo. Desde que llegué hasta hoy, he estado trabajando con tres instituciones diferentes y ya estoy cerca de firmar por la cuarta. Un crecimiento continuo que, por supuesto, ha conllevado sacrificio en muchos momentos.

Además, es un país tan diferente en todos los aspectos, que por mucho tiempo que estés allí no deja de sorprenderte ni un solo día.

Siempre te va ofrecer algo que, aun creyendo que ya lo habías visto todo, te acaba dejando sin palabras.

En resumen, si pudiera volver atrás, no cambiaría absolutamente nada de todo lo que me ha ocurrido en estos cuatro años y dos meses que llevo viviendo aquí.

Una historia bastante impactante para mí ocurrió el pasado mes de noviembre, cuando acudimos a jugar la fase de clasificación de la Liga Nacional Sub 16 a una ciudad llamada Imphal.

Es importante matizar que nuestra academia es un proyecto social de una refinería de petróleo del nordeste de India, una de las zonas más rurales y poco desarrolladas del país, y los jugadores que forman parte de nuestro programa provienen de familias especialmente pobres, por lo que para ellos cada vez que viajamos a algún torneo es una experiencia única.

Imphal se encuentra a escasos 300 kilómetros de nuestra academia, distancia mínima si hablamos de India, pero debido a las terribles carreteras de la zona la distancia supone ni más ni menos que 14 horas en autobús. Además, al ser una región insegura (yo fui invitado-forzado a viajar separado, en avión), el autobús fue parado en doce checking points por parte del ejército indio.

Una vez en el destino, debido a la mencionada inseguridad de la zona, nos hospedamos en un hotel de 4 estrellas en increíbles buenas condiciones si hablamos de estándares indios y en concreto de Imphal, una ciudad especialmente gris, que cierra todos sus negocios a las seis de la tarde.

Al ser una expedición bastante grande, nos dieron un pasillo completo de una de las plantas del hotel. Mi sorpresa llegó cuando, al subir a dejar el equipaje a la habitación, todo el grupo de jugadores de 16 años de edad, estaba en medio del pasillo atendiendo con caras incrédulas a la demostración por parte del manager de la academia de cómo abrir las puertas de las habitaciones con las tarjetas del hotel.

Quizás suene como una historia sin más (como tantas otras que ocurrieron durante ese viaje, con platos llenos de comida sin sentido en el buffet del hotel o la incapacidad de los chavales para utilizar tenedor y cuchillo por su costumbre de comer con las manos), pero para mí son este tipo de experiencias lo que hace grande y gratificante mi trabajo. A través del fútbol, podemos conseguir que un grupo de chavales que proviene de lugares tan rurales que serían difíciles de concebir en la España del siglo XXI lleguen a vivir experiencias con las que nunca podrían haber siquiera soñado.

CONSEJOS PARA EL EMIGRANTE NOVATO (por JAVIER CABRERA)

Personalmente, e independientemente del país de destino y del sector en que se va a desarrollar el trabajo, pienso que una experiencia de al menos un año en el extranjero debería ser obligatoria en el sistema educativo de todo país. Es incomparable lo que se puede aprender cuando vives un año fuera, teniendo que pelear con todo para conseguir objetivos, en comparación con lo que llegas a vivir en un año en España, sin moverte de tu zona de confort y viviendo una rutina diaria que apenas cambia de un día a otro.

Si nos centramos en el fútbol, creo que es especialmente interesante y gratificante lo que se puede llegar a aportar, sobre todo en países que están empezando a desarrollar proyectos deportivos. Al menos, ésta es la experiencia que he vivido yo hasta ahora y aunque depende de las inquietudes que tenga cada uno, me siento realmente recompensado de haber aportado mi granito de arena en diferentes proyectos en India, a diferentes niveles.

Para mí es importante que el desarrollo del programa de fútbol tenga relación con el desarrollo social de jugadores, familias y comunidades que rodean al proyecto y esto es más fácil encontrarlo en países digamos más pobres, como es el caso de India.

Para compañeros españoles que inicien una experiencia similar, mi principal consejo, tanto a nivel personal como profesional, es que siempre traten de aportar el máximo desde el respeto. Hay países como India, en los que las diferencias en el ámbito cultural con una persona estándar occidental son inmensas. El éxito no consiste en cambiar todo lo que no te gusta, que serán muchas cosas, imponiendo a un equipo/academia/club tus valores y tus principios de trabajo, sino más bien al contrario. Tu éxito va a residir en la capacidad de adaptar tus métodos y tus planes a los hábitos culturales que tienen las diferentes personas que forman parte del proyecto.

Por supuesto, habrá ciertas cosas que será necesario cambiar, pero siempre desde el respeto y no tratando de imponer algo por el simple hecho de que eres un entrenador español y crees que sabes más que nadie. Esta forma de actuar es un fracaso seguro y rápido, ya que es muy fácil que el mensaje se interprete como una forma de querer estar por encima de todo y de todos. Y, como ya sabemos, cuando un entrenador se enfrenta al grupo, el grupo siempre gana.

INGLATERRA

Carlos Antón

EL AUTOR

Pese a su juventud, 31 años, Carlos Antón (Madrid, 25 de febrero de 1986), cuenta con 15 años de experiencia como entrenador. Tiene en su poder la titulación de entrenador de fútbol UEFA Pro, así como una Licenciatura en Ciencias de la Actividad Física y el Deporte y un Máster de Psicología del Deporte.

Con tan solo 16 años de edad comenzó a entrenar en el club de su localidad, Las Rozas de Madrid. Por entonces, el todavía en activo jugador juvenil descubrió aquello que era su verdadera vocación: entrenar. Pasó por diferentes roles en el club, entrenador y coordinador, de diferentes categorías desde Pre-Benjamín hasta el equipo Sénior.

Durante dos temporadas (2007-2009) desempeño las funciones de Segundo Entrenador de la Selección Madrileña Sub-16. Selección formada por jugadores de la última generación dorada del fútbol madrileño, donde se encontraban Morata, Carvajal (Real Madrid), Jesé (PSG), Koke, Saúl Ñíguez (Atlético de Madrid) Pablo Sarabia (Sevilla) o Borja González (Swansea) entre otros.

Durante las siguientes dos temporadas, trabajó como Técnico de Captación de Fútbol Base en el Real Madrid C.F. Al mismo tiempo, ejerció como entrenador del primer equipo juvenil de la U.D. San Sebastián de los Reyes, con el que consiguió dos ascensos consecutivos hasta Liga Nacional.

Precisamente, este hito fue el motivo que provocó que el Málaga C.F. se fijara en él para ser uno de los pilares de su Academia, tras el desembarco del Sheikh Al-Thani y su ambicioso proyecto. Con tan solo 24 años, fue incorporado como Coordinador de Formación y Metodología, siendo uno de los responsables de establecer el Plan de Formación que actualmente tantos frutos está dando al club. A su vez, durante su primera temporada ejerció como entrenador del Juvenil B, coronándose campeón de liga y de donde salieron jugadores como Juanpi Añor o Fabrice Olinga. En su segunda temporada fue promocionado al Juvenil A con el cual finalizó subcampeón de Liga.

En la temporada 2013/2014 se presentó un nuevo reto, esta vez desde tierras inglesas. El Bristol City F.C., club de la Segunda División inglesa, lo reclutó para dirigir al equipo sub-18. Tras su paso de dos temporadas por el club, realizó trabajos de análisis del rival para un histórico del fútbol inglés como el Derby County F.C. Sobre esta andadura por las islas anglosajonas se basará su participación en este libro.

En la temporada 2015/2016, el C.D. San Roque de Lepe de la Segunda División B lo contrató para dirigir el primer equipo, siendo unos de los entrenadores más jóvenes de la categoría, con tan solo 30 años.

Actualmente trabaja como *Elite Development Coach* para la Federación de Fútbol de Hong Kong. La traducción es complicada. Literalmente sonaría así: Entrenador de desarrollo de élite. A grandes rasgos, su cometido consiste en desarrollar el fútbol de la nación a todos los niveles, con un especial hincapié en la llamada edad de oro (menores de 12 años). La labor que desempeña es muy extensa y toca diversas parcelas: formación, captación, planificación estratégica y apoyo técnico a los clubes profesionales y fútbol de formación.

Algunas de sus principales responsabilidades son, entre otras, planificar estratégicamente el proyecto de captación y desarrollo del talento, formación de técnicos, consultor deportivo para los clubes y asistir a sesiones y partidos, tanto del primer equipo como de las categorías inferiores de la selección nacional.

EL FÚTBOL EN EL CONTEXTO DEPORTIVO DE INGLATERRA

Bien sabido es que fútbol e Inglaterra, históricamente, son sinónimos. Es el lugar de origen del deporte Rey, donde la primera evidencia de su práctica proviene de la Edad Media en el año 1170. Fueron pioneros en todo: cuentan con la Federación de Fútbol más antigua, creada en 1863, el mismo año que las reglas del fútbol moderno fueron establecidas. Así mismo, cuenta tanto con el primer club (Sheffield F.C.,

1857), copa nacional (FA Cup, 1871), liga nacional (English Football League, 1888), equipo nacional y partido internacional (Inglaterra-Escocia, 1872) del mundo.

En cuanto a niveles de participación, Inglaterra, con una población de 53 millones, es el país con más clubes registrados en el mundo: 40.000. Brasil, con una población de 200 millones, es el segundo en la lista con 29.000 clubes.

El fútbol es una verdadera forma de vida: está presente en todas partes y es el eje de la vida social. A nivel recreativo, en cada llanura de los parques podrás encontrarte con partidos de ligas amateur, con participantes de todas las edades.

En cuanto a los aficionados, cuentan con algo realmente admirable: su sentimiento de pertenencia y lealtad al club, considerándose un elemento activo de la entidad. El fan inglés es del equipo de su lugar de origen, no importa en la división que milite o las circunstancias del club. Existe un sentimiento único y real. Por supuesto, tienen preferencias por alguno de los grandes equipos de la premier, pero el club que ocupa su corazón siempre es el de su lugar de origen.

La práctica femenina, al menos a nivel sénior, se encuentra más avanzada que en otros países. Cuentan con una liga profesional, con ciertos recursos económicos. Los grandes clubes con secciones femeninas invierten más en esta área. De hecho, el equipo femenino de mi ciudad de acogida, Bristol, contaba con jugadoras extranjeras, cuatro españolas entre ellas.

El rugby es el segundo deporte más popular del país. Normalmente, existe una línea divisoria que trasciende al ámbito social, debido principalmente a las diferencias en el código ético de estos deportes tan similares y tan diferentes a la vez. Hay dos tipos de personas: aficionados al fútbol y aficionados al rugby. El tercer deporte sería el tenis, seguido por el cricket.

El aficionado y ciudadano inglés habitualmente tiene una alta capacidad crítica y suele ser muy objetivo en sus análisis, no teniendo pudor por reconocer los méritos ajenos o los propios desaciertos. De hecho, son muy autocríticos valorando el fútbol inglés.

El fútbol español es altamente reconocido, principalmente por los éxitos alcanzados por el equipo nacional y por sus clubes, además del hecho de contar con un estilo propio y de la prolífica producción de jóvenes talentos, con un perfil muy definido. También es altamente valorado el estilo con el cual se han alcanzado dichos éxitos.

Sin embargo, a su vez existe una relación culturalmente antagónica entre la forma de entender y disfrutar el juego de fútbol en Inglaterra y el juego de posesión característico de España, tanto desde el punto de vista del aficionado, como de los técnicos y jugadores. Ellos entienden el juego como espectáculo, en el que se valora el esfuerzo más que la estética, y la llegada al área más que el cómo llegar a ella.

Cierto es que esta forma de sentir el deporte está evolucionando, debido a la influencia futbolística europea. No obstante, aún sigue pesando ese antiguo enfoque más emocional. Si revisamos la historia del país entenderemos por qué: para ellos, la belleza reside en la épica.

Por ello, para gustos los colores. Probablemente, muchos encontrarán más atractivo y entretenido el épico juego de las remontadas del Real Madrid, basadas en ataques verticales, que las largas y perfectamente entramadas posesiones del mejor F.C. Barcelona.

LA ESTRUCTURA Y EL NIVEL DEL FÚTBOL EN INGLATERRA

El fútbol sénior está dividido en dos bloques: profesional y amateur. El primero es coloquialmente denominado "Football League", haciendo uso del nombre de la organización que rige la competición. Este primer bloque está compuesto por cuatro divisiones: Premier League, Championship, League One y League Two. Cada una de ellas está compuesta por un solo grupo, con extensión nacional, de 24 equipos (a excepción de la Premier que cuenta con 20). Esto nos deja un total de 94 clubes considerados profesionales. La Premier League es un órgano independiente, y las tres restantes están gobernadas por la Football League.

League One sería el equivalente a la 2ª División B española, con la diferencia de que en España está constituida por 80 equipos divididos en 4 grupos, frente a los 24 equipos en grupo único de la liga inglesa. Es fácil deducir que el nivel de esta división en Inglaterra se encuentra por encima de su igual en España, tanto por la capacidad económica de los clubes, así como porque el filtro de selección es más exigente, debido a la menor demanda (menos equipos).

Debemos tener en cuenta que el perfil de futbolista producido en cada país es distinto. El jugador español medio, a este nivel, podríamos definirlo vulgarmente como con más calidad en comparación con el inglés. Pero no podemos olvidar que el tipo de juego es diferente y que el producto final de jugador también lo es. La criba es mayor, por lo que podemos encontrar jugadores aparentemente de menos "calidad" pero con características físicas y/o mentales, así como experiencia muy superiores o simplemente más idóneos para las demandas del juego del lugar.

Si pasamos a comparar la cuarta división, League Two (24 equipos) con la tercera división (360 equipos) es obvio que las diferencias aquí se multiplican exponencialmente. No en todos los casos, pero a este nivel en Inglaterra podemos encontrar clubes con estadios de gran aforo y asistencia de miles cada partido, con estructuras de cantera semi-profesionales e incluso ciudades deportivas de menor escala. Evidentemente todo esto sucede a una escala mucho menor que los clubes de mayor envergadura, pero son situaciones que actualmente son inimaginables en España.

En cuanto al fútbol no profesional, nos encontramos con tres divisiones. En el quinto nivel, la "Conference National" compuesta por un solo grupo y con extensión nacional. El nivel y características de los clubes que componen esta liga es muy variopinto, algunos de ellos podrían considerarse profesionales de menor escala (comparable a un 2ºB de nivel medio) y otros son semi-profesionales. El sexto nivel está dividido en dos grupos, llamados North & South Conference. En cambio, la séptima división está formada por tres grupos, League Premier norte, sur y central.

A nivel de cobertura mediática, también existen grandes diferencias respecto a España. Los periódicos y cadenas televisivas principales hacen un seguimiento en profundidad de las cinco primeras divisiones. En el caso de las cuatro primeras, incluso en las cadenas principales se puede disfrutar de todos los goles y video resúmenes de cada uno de los encuentros de estas ligas.

EL FÚTBOL BASE EN INGLATERRA

El fútbol formativo tiene diferentes versiones y niveles. Paso a citar cada uno de ellos y profundizaré en el *Academy Football*: canteras de formación de clubes profesionales. En el primer escalafón existe el llamado *community football*, de carácter recreativo y social para la comunidad, junto con los *grassroots clubes*, los equipos locales. Un nivel por encima nos encontramos con los llamados *Center of Excellence* (centros de excelencia), que son un programa de entrenamiento extra para aquellos chico/as de la zona con un nivel superior a la media, pero no suficiente para acceder a las Academias.

Todo club profesional cuenta con la obligación de implementar un programa de desarrollo del fútbol para la comunidad, por eso los centros de excelencia y programas para la comunidad están asociados a la marca de un club. Aunque en la mayoría de los casos la gestión es completamente independiente del programa formativo de élite.

También existe el fútbol escolar con fuertes influencias americanas. Tanto colegios, como *college* y universidades cuentan con sus propios campeonatos, incluso a nivel nacional. "College" sería al equivalente al bachillerato y la formación profesional de grado de medio en España, es decir jugadores de entre 16 y 18 años.

Entrando de lleno en el sistema de las academias, la parte más profesional (en mayor o menor grado, según el estatus) del fútbol de formación, lo primero que habría que destacar sería que dicho sistema consta de cuatro categorías, según la estructura creada por la Federación Inglesa (FA). Cada academia pasará por un proceso de auditoría, cuya puntuación final determinará su estatus. Categoría 1 es el mayor nivel y 4, el menor.

Los parámetros analizados para determinar dicha auditoria son: visión y estrategia; liderazgo y gestión; entrenamiento; educación; programas de partidos; ciencias del deporte y medicina; desarrollo y promoción del jugador; identificación del talento y captación; instalaciones; y sostenibilidad corporativa y financiera.

Este proceso de auditoría se repetirá cada tres años para renovar dicha licencia y entre una auditoría y la siguiente, se realizará un seguimiento continuo.

El sistema determina un mínimo de inversión anual y un máximo subvencionado, el cual puede ser sobrepasado por libre elección. Dentro de la horquilla marcada para cada una de las categorías, el club recibirá una subvención de gran envergadura, cubriendo un gran porcentaje del presupuesto final. A su vez, existen unas demandas para cada categoría en cuanto a instalaciones, staff, número de horas de entrenamiento y otros criterios técnicos, organizativos y económicos.

En lo relativo a las políticas de captación, existen regulaciones con variaciones entre categorías. Por ejemplo, los jugadores en edad de la fase de fundación no pueden ser captados para entrenar a más de una hora de distancia de su domicilio. Para la fase de desarrollo, la limitación es de una hora y media de distancia, excepto para las academias de primera categoría. En cambio, no existe limitación para el desarrollo profesional (juveniles en adelante) pudiendo captar a nivel nacional. Existen numerosas regulaciones y burocracia para tratar de controlar que el proceso de selección sea profesional y justo.

El coste de los traspasos entre academias se encuentra igualmente regulado y preestablecido, teniendo un valor determinado cada uno de los años que el jugador haya pertenecido a la academia de origen y valorando dos aspectos: edad y estatus de ambas academias.

A nivel de entrenamiento y metodología, el sistema obliga a las academias a contar con filosofías de juego y entrenamiento unificadas. Además, deben estipular el número de horas de entrenamiento, así como un currículo de contenidos adaptado a cada una de las etapas (Fundación hasta sub-11; Desarrollo de sub-12 a sub-16; Desarrollo profesional de sub-17 a sub-21).

El departamento de ciencias del deporte de la academia debe contar con un responsable de esta área, un fisioterapeuta, acceso al médico del club y un analista del rendimiento. Según subimos de categoría, estos requisitos se incrementan, tanto en el número del staff como en los cometidos del departamento.

Otro aspecto que destacar es que la Premier League desarrolló una aplicación de gestión total, la cual ha sido extendida a todas la academias, por lo que absolutamente todo queda registrado en una base de datos integral, que comienza por la asistencia, pasando por las evaluaciones trimestrales (cuyo formato se encuentra igualmente estipulado), hasta los test físicos y antropométricos (también determinados y estandarizados), con el fin de poder utilizar dicha información con fines de estudio y benchmarking.

En la última década, la federación lanzó dos programas con el fin de desarrollar el fútbol base, llamados "The Future Game" (El juego del futuro, 2010) y "England DNA" (ADN de Inglaterra, 2014). El primero de ellos desarrolló una línea de trabajo tratando de modernizar la concepción del entrenamiento y el estilo de juego, con el objetivo de adaptar la cultura futbolística del país a las demandas del juego moderno. Dividieron el proceso formativo en las tres fases mencionadas anteriormente. El segundo programa fue más encaminado a establecer un estilo de juego y de entrenamiento de las selecciones nacionales, con la meta de alcanzar dicha identidad, ADN inglés, en el primer equipo en un futuro cercano y así generar una referencia a seguir.

En términos de participación, nos encontramos con un comienzo muy precoz del niño, dada la oferta comercial que existe. Hay una empresa que da servicio en gran parte del país, que comienza a ofertar sesiones con niños de un año y medio de edad, los cuales participan acompañados por el padre o la madre.

A nivel local, la primera competición organizada por las federaciones locales es para niños de 7 años, en la cual no se registran los resultados y no existe clasificación alguna. De hecho, está completamente prohibido publicar los resultados en cualquier tipo de medio. Sub-12 es la primera competición en la que se empieza a ponderar los resultados y la clasificación.

El sistema de promoción y de descenso en estas ligas locales tiene otro concepto, diferente al de España: el mérito viaja con esa generación al pasar a la siguiente categoría. Es decir, si el equipo sub-13 promociona de la segunda a la primera división en la temporada actual, esos mismos chicos disfrutarán de ese mérito la próxima temporada jugando en la primera división sub-14 y el sub-13 reflejará el mérito deportivo que obtuvieron como equipo sub-12 en la temporada anterior.

En las academias, la estructura propia comienza con el grupo de sub-8: los aún más jóvenes suelen estar dentro del programa recreativo para la comunidad u otras versiones fútbol recreativo.

Casi todas las academias cuentan con un equipo pre-academia, compuesto por jugadores sub-7. A diferencia de España, existe una plantilla por cada año de edad, desde sub-8 hasta sub-16 y no se produce la agrupación de dos años de nacimiento hasta la edad sub-18, que acoge dos años, y la sub-23, que agrupa cinco generaciones.

Tratando de evitar la excesiva preocupación por el resultado, no existen campeonatos oficiales de ámbito estatal, desde pre-benjamines hasta sub-15. En su lugar, se organizan amistosos semanalmente. Normalmente, dos clubes se ponen de acuerdo y uno recibe invitados a los años pares y el otro a los impares, o cualquier acuerdo de este tipo entre ambas entidades.

La primera competición oficial se produce en la categoría sub-18. Los resultados quedan reflejados en la clasificación, pero no existen consecuencias de ascensos o descensos, ya que la categoría de la academia queda determinada por el estatus obtenido en la auditoria.

Por poner un ejemplo, la categoría 2 en edad juvenil está compuesta por dos grupos: norte y sur. Los dos primeros clasificados de cada grupo jugarán la fase final para determinar el campeón nacional.

Otra competición, la FA Youth Cup (la Copa Federación Juvenil) es sin duda la más bonita. En ella se enfrentan equipos de todos los niveles, desde local a profesional. Esto es posible gracias a una fase previa para los clubes amateurs, en la cual luchan para acceder a la fase final, en la que se unen los clubes profesionales, de forma progresiva. Los clubes militantes en la tercera y cuarta divisiones comienzan su participación en la primera ronda de la fase final, mientras que los de Premier League y Championship acceden directamente a la tercera ronda. El formato es a partido único y el terreno de juego es determinado en el sorteo. Los partidos han de ser jugados en el estadio principal del primer equipo, salvo excepciones aprobadas por la federación.

Los equipos sub-18, en cualquiera de las categorías, tienen dedicación exclusiva. Esto significa que llegarán al club a las 8 ó 9 de la mañana y no terminan hasta las 5 de la tarde. La formación académica es proporcionada por el club, de forma independiente o en alianza con una organización educativa de los alrededores. Los jugadores cuentan con un sueldo base mínimo de unas 100 libras semanales.

Para que esto sea posible, cada club recibe una subvención que equivale a 18 jugadores en edad juvenil. Las academias de categoría 1 tienen la posibilidad de realizar este formato de dedicación exclusiva o un formato híbrido en la fase de desarrollo previa (de sub-12 a sub-16), con el fin de incrementar el número de horas de entrenamiento (basado en la teoría de las 10.000 horas).

El aspecto educativo se cuida mucho: los jugadores han de tener oportunidades para desarrollarse en la dirección académica que deseen. También existen programas de formación complementaria o preventiva. Como ejemplo, los jugadores reciben charlas sobre prevención de drogas y doping, redes sociales, apuestas o el departamento de educación puede organizar un curso de cocina para esos jugadores que pasan al sub-21 y comienzan a vivir solos en un piso.

Históricamente, en Inglaterra la estructura de cantera concluía con el equipo sub-18. De aquí directamente se pasaba al primer equipo y a su equipo reserva, el cual competía en la liga de reservas. Los equipos filiales no participan en las ligas profesionales. Con la entrada del nuevo programa de academias, desaparece la liga reservas y aparece la categoría sub-21, actualmente sub-23. Por normativa, este equipo pertenece a la academia, pero aquí existen actualmente grandes diferencias en cuanto a la gestión de estas plantillas, principalmente dependiendo de la dimensión del club.

En un equipo de la Premier, esta plantilla será un equipo mucho más independiente respecto al primer equipo. En cambio, en clubes menores seguirá manteniendo muchos parecidos con el antiguo equipo reserva, entrenando a diario en el campo contiguo al primer equipo y a la misma hora. Los managers ingleses tradicionalmente, usan al filial durante los entrenos como equipo *sparring* y mueven jugadores sobre la marcha, de un entreno al otro.

Un aspecto importante es que esta competición se desarrolla normalmente los lunes y los equipos pueden alinear a cuatro jugadores más el portero, mayores de 21 años. Los jugadores del primer equipo que no hayan participado en el encuentro oficial del fin de semana podrán ser alineados con el sub-21. Esta circunstancia resta oportunidades competitivas a los jóvenes e incluso nos podemos encontrar con casos dramáticos como el que experimenté en mi primera temporada en el Bristol City F.C.:

Tres jugadores sub-21 eran parte del primer equipo. Si no eran alineados, podían llegar a bajar a jugar un total siete jugadores más el portero, dejando tan solo tres plazas del once titular para los jugadores que realmente integraban la plantilla del sub-21.

Durante mi experiencia en Inglaterra, también podías encontrarte con situaciones antagónicas, dependiendo de si eras local o visitante, pues los managers son propensos a bajar jugadores cuando el partido es como local, pero no cuando es como visitante, pues quieren evitar que el jugador profesional realice un largo viaje, de forma que no se produzcan conflictos. Y como el club local sí hará uso de los futbolistas del primer equipo, el resultado es que cuando se juega en casa muchas veces terminas enfrentando a medio primer equipo tuyo contra un conjunto rival que es una mezcla de sub-21 y de juveniles, mientras que cuando juegas fuera la situación es a la inversa.

Esta etapa y sus diferentes fórmulas competitivas han estado constantemente en el foco de las críticas, ya que el momento clave para la producción de futbolistas de la casa puede terminar convirtiéndose en el juguete del manager y en un agujero negro para los jóvenes jugadores. Se ha barajado la posibilidad de incluir a los filiales en las competiciones profesionales, pero esto supondría duplicar el número de equipos profesionales, lo que resultaría en demasiadas divisiones o grupos, restándole interés mediático y potencial económico. Además, los principales perjudicados serían los clubes menores (ésos por los que tanto envidiamos a la estructura de fútbol inglesa), que no podrían competir ante los presupuestos ilimitados del gran número de clubes todopoderosos de la Premier y de la Championship.

Para cerrar este capítulo, hay que volver a mencionar la fórmula de las subvenciones. Los clubes reciben grandes ayudas. Para que podamos hacernos una idea comparativa con el fútbol español, cuando me incorporé al Bristol City, éste militaba en la tercera división inglesa (League One), equivalente a la Segunda B española, donde competía el San Roque de Lepe que recientemente dirigí. El presupuesto de la academia inglesa multiplicaba por tres el total del presupuesto del primer equipo andaluz.

Las federaciones y el resto de organizaciones cuentan con un sistema increíble de apoyo para clubes, técnicos y jugadores. Una de las cosas que más me sorprendió es que se cuenta con un entrenador-consultor regional, que representa a la federación y proporciona servicios de consultoría al club: esto incluye desde proporcionar cursos formativos para los técnicos a ejercer de mentor individualmente para los entrenadores.

LA FILOSOFÍA DE JUEGO EN INGLATERRA

La forma de entender el juego del fútbol en las Islas Británicas es bien diferente al resto de Europa. Tanto el profesional como el aficionado, histórica y culturalmente, lo abordan desde un enfoque más emocional, en el que se reconoce el esfuerzo por encima de la estética.

Cierto es que tanto la Premier League, como en los últimos años la Championship (a la que su potencial económico la equipara a la mayoría de las primeras divisiones vecinas), van adquiriendo cada temporada un carácter más europeo, dada la influencia del numeroso desembarco de técnicos y jugadores foráneos.

Por ello, siempre he opinado que es en la League One donde debemos analizar el juego para conocer el verdadero estilo inglés actual, ya que está principalmente formada tanto por técnicos como por jugadores nacionales.

Mientras la mayoría de los aficionados españoles no verían con buenos ojos una construcción del juego basada en envíos largos, esto no supone un problema para el aficionado inglés, debido a que habitualmente esto suele venir acompañado de llegadas al área y frecuentemente desemboca en saques de esquinas y faltas en las inmediaciones de la portería rival. Y este tipo de acciones son celebradas como si de una gran ocasión de gol se tratara. En cambio, si el equipo local mantiene la posesión durante largos períodos y con un control total del juego, pero esto no se traduce en llegadas al área y en ocasiones de gol, pronto se comenzará a escuchar el runrún y el público reprochará dicha actitud a los jugadores, tratando de empujarlos para que les entreguen el espectáculo que vienen buscando.

Esta forma de entender el fútbol, tácticamente se traduce en un estilo más directo en el plano ofensivo, donde se pretende llegar más rápido y más veces al área rival. Dada esta verticalidad, se produce un mayor número de segundas acciones y una acumulación de jugadores en torno al balón, lo cual implica una fase de inicio muy diferente de la construcción posicional que se da en nuestro país. La tendencia hacia la verticalidad se mantiene en los últimos metros, con una propuesta muy agresiva, basada en numerosos centros con muchos jugadores llegando a zonas de remate o disparos exteriores.

En el apartado defensivo, nos encontramos con equipos muy físicos e intensos. Nunca olvidaré los primeros quince minutos de mi primer partido en Inglaterra. Previamente no había experimentado una presión tan alta y enérgica. Defienden muy encima y los rivales saltan a la presión constantemente. En situaciones de medio campo incluso pueden aparecer marcajes individuales.

Defender el juego directo, los centros y el balón parado es esencial en este fútbol, algo que condiciona bastante el criterio de captación de los defensores. Puedes encontrarte con laterales cuyo físico es propio de un central, pues la concepción que se tiene de esta posición es bastante clásica, con expectativas defensivas muy exigentes, así que no se encuentran demasiados laterales habilidosos.

Otro aspecto que merece la pena resaltar es la atención que ponen en, y la capacidad que tienen para, bloquear los centros en acciones de uno contra uno en banda. Para hacer frente a este tipo de juego, en España es tendencia mantener el bloque defensivo fuera del área, demorando al máximo en el tiempo el momento de hundir la línea defensiva. En cambio, aquí existe una tendencia a comenzar con el bloque defensivo hundido en el punto de penalti. Quizás esto se encuentre provocado por las características físicas de los jugadores, con más envergadura, pero también más lentos y pesados, lo que conlleva que se encuentren más cómodos defendiendo balones dentro del área que corriendo hacia atrás.

Respecto al entendimiento general del juego, bajo mi opinión éste me resulta un tanto superficial, volviendo a imponerse la emocionalidad del juego, lo que no favorece un análisis profundo, conceptual y estructural. Pero, de nuevo, considero que esto se encuentra ahora mismo en evolución, dada la influencia de la Premier y de otras ligas europeas. Como sabemos, en España el enfoque es más cognitivo y profundo, con preferencia por el juego de posición, que convierte el campo en un tablero de ajedrez en el que se atiende al detalle de cada posicionamiento, posición corporal o control.

PECULIARIDADES DEL PAÍS QUE AFECTAN AL FÚTBOL

La extensión geográfica facilita mucho la organización, tanto a nivel profesional como a nivel de formación. La distancia más larga en Inglaterra conduciendo está en torno a las 6 horas, cuando un desplazamiento de esta duración en España se puede dar sin salir de Andalucía. Esto permite que las primeras cinco divisiones sean un único grupo y que tanto a nivel semi-profesional como en el fútbol base las divisiones se subdividan a su vez en dos o tres grupos (norte, central y sur).

El clima en invierno es frío y lluvioso, pero el mayor de los enemigos es el viento. No olvidemos que Inglaterra no deja de ser una isla y sin apenas grandes montañas. Dichas condiciones no afectan en exceso a los equipos y a los campos de las dos primeras divisiones, ya que los terrenos de juego son de gran calidad y las instalaciones están preparadas para ello. Sin embargo, en las divisiones menores y en el fútbol base, la incidencia meteorológica se incrementa. Es habitual el aplazamiento de varios partidos por temporada en cada competición, debido a campos congelados o inundados. Y si el encuentro llega a disputarse, el estilo de juego se verá gravemente condicionado. Al mismo tiempo, el paso del invierno condiciona en gran medida la organización de los entrenamientos y su desarrollo, pues el viento dificulta la comunicación y aumenta la sensación térmica.

Es por este motivo que uno de los principales requisitos para adquirir el estatus de Academia nivel 1 y 2 es el acceso libre a un campo cubierto. En el caso de la máxima categoría, ha de ser de dimensiones reales, mientras que en el segundo nivel debe tener al menos proporciones de Fútbol 9.

Hablemos de los fans: el espectador entiende su rol como un elemento activo del club, por lo que se puede apreciar mucha más participación del aficionado, animando y de una forma bastante positiva. Habitualmente se producen desplazamientos de aficionados cuando el equipo juega fuera, incluso en la quinta división. Si nos referimos a la Championship, las cifras pueden alcanzar los miles de seguidores. El fútbol es un evento social en todos los niveles y los estadios cuentan con salas interiores, restaurantes y todo tipo de equipamientos, cada club en la medida de sus posibilidades. Al fútbol se acude en familia o con el grupo de amigos. Dependiendo del nivel adquisitivo, en la previa se disfruta de unas cervezas en los alrededores o también se puede comprar entradas que incluyen comida previa al partido y aperitivos durante el descanso y en el post partido. Tanto la atmósfera del día de competición, como la gestión y el aprovechamiento de los estadios es algo que admirar.

En cuanto a la asistencia a los estadios, sirva un ejemplo: el primer partido que presencié en Inglaterra fue un encuentro de pretemporada de la quinta división, con una asistencia de al menos 2.500 personas. En la previa, disfrutamos de un catering en el palco presidencial ("director's box").

Por entonces, mi club, Bristol City FC se encontraba en League One y la ocupación del estadio oscilaba entre los 17.000 y los 21.000 espectadores.

Este aspecto, la asistencia, es muy bien gestionado por los organismos rectores del fútbol inglés. Los partidos de todas las divisiones tienen horario unificado, sábado a las tres de la tarde, momento en el que no está permitido retrasmitir ningún partido por televisión. El fin es simple: proteger la existencia de los clubes menores, garantizando que la gente siga acudiendo a presenciar el partido de su club local en directo.

Los partidos televisados en cada categoría son seleccionados y se adelanta o retrasan, dejando al menos 30 minutos de diferencia entre el comienzo y el final del partido televisado y los de horario unificado. De esta manera, quien lo desee puede disfrutar del partido televisado por la mañana, acudir al estadio de su equipo local y después regresar a casa o al pub para disfrutar del segundo partido televisado.

Todos sabemos que la explotación del negocio del fútbol inglés y el reparto de los derechos televisivos son un ejemplo a seguir. Su reparto más equitativo y la regulación de la utilización de dichos fondos garantizan que la inversión de los clubes sea más diversificada. Con esto se trata de evitar que todo ese dinero se esfume en fichajes del primer equipo y, en lugar de eso, que los clubes mejoren sus infraestructuras, academias, etc. En este aspecto, en España nos queda mucho que aprender y hay un largo camino que recorrer.

MÉTODOS DE ENTRENAMIENTO EN INGLATERRA

La gran mayoría de las academias están adoptando un estilo más europeo, basado en el juego de posesión a través de los diferentes tercios del campo. En cambio, el fútbol sénior, excepto la Premier League y, en parte, la Championship, sigue manteniendo características más tradicionales.

Aunque cada vez se tiende a integrar más el trabajo, la cultura anglosajona se decanta por estructuras analítica y organizadas en departamentos, dando así lugar a procesos muy ordenados y eficientes.

En cambio, a nivel de academias, esto en ocasiones dificulta la integración del trabajo. Cada departamento de entrenamiento, ciencias del deporte, educación, etcétera, suele tener su propia idea y desarrolla el plan de forma separada. Luego, tratan de unir las partes y acordar una propuesta común.

Esto difiere de la tendencia española en entrenamiento, de la creencia de que el todo es más que la suma de las partes. Este concepto integral y específico con el que contamos como norma está muy sustentado en la formación multidisciplinar de técnicos y preparados físicos. No es habitual encontrar en el Reino Unido preparadores físicos con titulaciones de entrenador o entrenadores con licenciaturas en ciencias de la actividad física y el deporte. Basándome en mi experiencia, el método de trabajo en España es más pragmático y específico.

Debido a los amplios recursos económicos disponibles, el acceso a tecnología por parte de los clubes y técnicos es brutal. Quizás sea más gráfico exponerlo a través de ejemplos:

La Academia del Bristol City F.C. cuenta con una tablet para cada técnico, dos licencias profesionales de Sportcode, un trípode portátil que permite grabar desde una altura de 8 metros y pulsómetros, entre otras herramientas. En academias 1 y 2 es habitual contar con GPS desde edades bastante precoces. Los ingleses se encuentran a la orden del día en cuanto a la aplicación de nuevas tecnologías y persiguen la evidencia científica. Esto les lleva a cuidar cada detalle, lo que en ocasiones implica que se alejan del pragmatismo necesario en el día a día, en la alta competición.

Los managers a nivel profesional, en ligas menores, son muy tradicionales a la hora de gestionar el grupo, ya sea en métodos de entrenamiento o en la construcción del modelo de juego.

La cultura modela al inglés para ser educado, correcto y empático. Existe una tendencia a evitar el conflicto, por lo que las cosas se insinúan dando muchas vueltas, en lugar de utilizar la calle del medio. Aprender a captar estos mensajes cobra gran importancia para poder gestionar las situaciones y las personas. Diría que tienen una mentalidad abierta, dispuestos a escuchar activamente opiniones y planteamientos diferentes a los suyos. Al mismo tiempo son muy tradicionales y se encuentran muy orgullosos de su hacer y de sus convicciones.

INFRAESTRUCTURAS Y MEDIOS DE ENTRENAMIENTO Y DE TRABAJO

Hablando de infraestructuras, Inglaterra es el paraíso. Las ciudades deportivas con las que cuentan los clubes de las dos primeras divisiones de cantera son cinco estrellas. Disponen de un gran número de campos, la mayoría de hierba natural, y los terrenos de juego cubiertos están presentes en casi todas estas academias. Como ya se ha dicho, en el caso de las academias de categoría 1 y 2, esto es un requisito fundamental para obtener dicho estatus.

En el resto de categorías, cada club cuenta también con su propia ciudad deportiva, aunque su dimensión es proporcional a la magnitud de la entidad. Algunas de ellas son en propiedad propia, mientras que otras son alquiladas a universidades, colegios o entidades similares.

En una academia categoría 1, podemos encontrarnos con prácticamente todo el material con el que un entrenador puede soñar. Las expectativas en este sentido para categoría 2 siguen encontrándose muy por encima de la situación del fútbol base español. Por ejemplo, observar maniquíes inflables es algo habitual en este tipo de organizaciones. Tanto las instalaciones como el acceso a lo último en tecnología y materiales proporciona la plataforma perfecta para un trabajo de máxima calidad.

Los recursos humanos que podemos encontrarnos en los primeros equipos, especialmente en Premier League y Championship, son interminables: cuerpos técnicos compuestos por más de un profesional por área, sumando varios analistas y preparadores físicos especializados en diferentes aspectos. El Derby County de la segunda categoría es un ejemplo excepcional, pues cuenta con un departamento de análisis táctico compuesto por seis profesionales. Algo de este calibre en España solo podría imaginarse en los equipos más grandes. Desde categorías menores, como la quinta división, podemos encontrarnos con cuerpos técnicos muy completos.

CONTEXTO LABORAL PARA POTENCIALES INMIGRANTES ESPAÑOLES

Antes de abordar los detalles, no debemos olvidar que este mercado es el más codiciado por todos los profesionales del fútbol debido a su cultura, potencial económico e infraestructuras. Este hecho dificulta el acceso a las oportunidades de trabajo.

La demanda de entrenadores extranjeros es muy grande en los primeros equipos. Podemos observar que el número de entrenadores ingleses/británicos en la Premier es muy reducido y cada vez se incorporan más entrenadores extranjeros en la segunda división.

En cuanto a las oportunidades de trabajo, podríamos hablar de tres diferentes escenarios. El primero de ellos lo integrarían los primeros equipos profesionales, con condiciones económicas excelentes. El segundo, las academias profesionales, a las cuales es todavía más difícil acceder. Salvo casos contados, no se encuentran muchos extranjeros trabajando en el fútbol base. En este contexto, la horquilla salarial puede ser muy amplia, ya que los salarios de los entrenadores a tiempo completo pueden oscilar de 20.000 a 75.000 euros anuales, dependiendo del nivel del club, el cargo, la formación y la experiencia del candidato. Es habitual que los paquetes de condiciones ofrecidos contengan otros beneficios, como ayuda para casa, coche y teléfono móvil.

La tercera de las vías es entrenando en clubes de menos recursos y menos repercusión, en las categorías más bajas en el escalafón. En la práctica, es factible ganarse la vida de este modo porque existen puestos de trabajo a tiempo completo en clubes pequeños o en empresas privadas y equipos universitarios que podrían rondar salarios de unos 15.000-35.000 euros anuales.

También existen entrenadores que se ganan la vida con varios trabajos a tiempo parcial, normalmente una sesión de entrenamiento (hora y media) se paga a una media de 35 euros.

CONTEXTO LEGISLATIVO PARA LA CONTRATACIÓN DE TRABAJADORES ESPAÑOLES

Actualmente, desde el punto de vista del contexto legislativo, trabajar en Inglaterra es una cuestión fácil, al ser miembro de la Unión Europea. No sabemos qué deparará el futuro con el Brexit...

Apenas existen diferencias burocráticas respecto a un traslado de trabajo dentro de nuestro propio país. Tan solo necesitas tu DNI para viajar y, una vez instalado, empadronarte en tu localidad.

La de entrenador de fútbol es considerada una profesión más y, como elemento añadido, el técnico está mucho más protegido legalmente en el Reino Unido. Por ejemplo, para realizar un despido, la empresa ha de seguir los pasos de un proceso formal, el cual consta de tres amonestaciones por escrito. Pero esto va más allá, pues si el motivo de dichas amonestaciones es que el trabajo del sujeto no está cubriendo las expectativas esperadas, la empresa está obligada a proporcionarle herramientas y formación complementaria para que el empleado pueda adquirir el nivel necesario para cumplir con las expectativas. De no ser así, la empresa tendrá que asumir una gran suma en concepto de indemnización por despido improcedente. Simplificándolo, han de tener un motivo para terminar el contrato unilateralmente. Bien sabemos que, en España, esto sería mucho más sencillo: unos pocos días por año trabajado y asunto solucionado.

Por supuesto, existen contratos con un carácter más deportivo y con otro tipo de cláusulas, más habitual en los primeros equipos, pero un técnico de fútbol base contará con un contrato laboral, al igual que el empleado de un banco. En conclusión, bajo mi punto de vista y desde mi experiencia, trabajar en Inglaterra solo cuenta con ventajas, en comparación con la situación actual para nuestro gremio en España.

UNA HISTORIA REAL: CARLOS ANTÓN EN INGLATERRA

Siempre había estado dentro de mis deseos trabajar en el extranjero y principalmente en Inglaterra. Por ello, había realizado un par de viajes con anterioridad visitando diferentes academias, con el objetivo de formarme, conocer el fútbol del país y establecer algunos contactos.

La oportunidad de tener una experiencia laboral en Inglaterra surgió mientras trabajaba el Málaga CF. El Everton F.C. contaba con scout afincado en Málaga que cubría el sur del país, una legenda del Bristol City F.C., con más 450 partidos en sus piernas y que terminó su carrera siendo manager-jugador. Por lo visto, había seguido varios partidos de mi equipo e incluso algún entrenamiento. Durante mi primera temporada en club de la Costa del Sol, se puso en contacto conmigo y me traslado su intención de regresar a Inglaterra en futuro cercano y que yo formara parte de su proyecto. Un año después, en pleno proceso de renovación, recibí su llamada explicando que el momento había llegado. Recibí la visita del director deportivo del primer equipo, el cual presenció uno de los partidos del equipo y mantuvimos una reunión. Tras un par de viajes y reuniones con la propiedad y el manager, el acuerdo se había formalizado: entrenaría al equipo sub-18 del club. Aunque la intención la intención inicial de ambas partes era que dirigiera el equipo sub-21 (filial), debido a la barrera lingüística finalmente llegamos a la concluimos que lo mejor sería dar un paso previo entrenando al juvenil.

Sin realmente pretenderlo, la forma en la que el Bristol City ejecutó mi incorporación a la estructura no fue la mejor: la academia sufrió una importante reestructuración para incorporarme en el equipo juvenil, de la cual, unos salieron beneficiados y otros no tanto. Fue un aspecto importante con el que lidiar y exigió por mi parte un ejercicio extra en cuanto a gestión de las relaciones personales y profesionales con mis nuevos compañeros. A eso había que añadir la barrera lingüística, pues mi inglés "mapache" había sido suficiente para terminar de convencer a los dueños y al manager, pero en los inicios resultó limitado para las necesidades del día a día, especialmente si hablamos de gestión de personas. Afortunadamente, el club me facilitó un profesor, lo que aceleró mi proceso de aprendizaje.

El aterrizaje no pudo ser mejor en lo estrictamente deportivo: la respuesta tanto de los medios como de los aficionados fue muy cálida y positiva. Todo marchó sobre ruedas en lo que se refiere a resultados, mucho antes de lo esperado en mis mejores sueños: enlazamos cinco partidos consecutivos sin conocer la derrota y realizando un juego muy atractivo. Los jugadores aceptaron muy bien la propuesta del juego posicional y otros conceptos tácticos que fueron introducidos.

La actuación en la Copa Juvenil de la Federación es uno de los hechos más destacados. Habitualmente el equipo accedía directamente a la tercera ronda de la fase final, mérito reservado para clubes de la Championship o Premier League. Tras el descenso del primer equipo la temporada anterior, debíamos sin embargo comenzar la competición en la primera ronda. Aun así, fuimos capaces de completar la mejor participación en la historia del club, llegando hasta la quinta eliminatoria.

Momentos gratos para recordar, tanto por los resultados obtenidos, como por el juego desarrollado. Esta competición se lleva a cabo en el estadio principal del club y tiene una gran cobertura mediática, por lo que tuvo una amplia difusión.

La segunda temporada fue más complicada. Debido a un motivo que, por supuesto eran buenas noticias para todos, más de ocho jugadores de primer año pasaron a formar parte del filial antes de que terminara la temporada previa. Desafortunadamente, la generación que venía por detrás no tenía el mismo nivel que la anterior, ni era tan numerosa. Esto fue un aprendizaje nuevo para mí, ideando cómo construir un equipo teniendo pocos jugadores para entrenar.

Mi paso por este club y por este país fue una experiencia deportiva fantástica, muy formativa. Desde el plano táctico, me obligó a adaptar el modelo de juego a nuevas demandas y contextos. En cuanto a liderazgo, fue una grandísima lección de cómo gestionar personas y situaciones con diferentes códigos y culturas. Por último, en el aspecto personal, ha sido muy enriquecedor. Me traje de vuelta un nuevo idioma y numerosos aprendizajes de todo tipo, fruto de la convivencia del día con esta sociedad y cultura tan avanzadas e interesantes.

CONSEJOS PARA EL EMIGRANTE NOVATO

Me gustaría dedicar unas breves líneas dirigidas al antes: al cómo puede uno provocar que suceda la oportunidad y como puede uno prepararse por si algún día llegara.

Lo primero es estudiar idiomas, obviamente en especial el inglés. En mi caso, lo hice de forma muy relajada, desde que comencé a abrirme a esta la posibilidad de emigrar. Mi nivel inicial era bajísimo, pero el trabajo que realicé durante un año me dio el empujón suficiente para permitir que mi oportunidad fuera posible. Fui capaz de manejarme y de lidiar tanto en las reuniones, como en las negociaciones.

Para aquéllos a los que les gustaría encontrar una oportunidad en el extranjero, siempre he pensado que es más fácil ir tú a buscarlo, que esperar a que ello venga a ti. Por este motivo, viajar, visitar clubes, además de formarte, incrementa las posibilidades de que suceda, gracias a las conexiones que vas construyendo por el camino. Siempre será más fácil para el responsable darle la oportunidad a alguien que ha conocido previamente, del que tiene sensaciones, quien ha mostrado intereses por conocer y aprender, que al que conoce por una mera foto y un puñado de frases en un currículum, un texto de presentación vía e-mail o un mensaje en Linkedin el cual debe seleccionar entre tantos otros.

Una vez la oportunidad se ha materializado, un aspecto fundamental es estudiar la historia y cultura, tanto del país como del club de destino. Sin esto, habrá muchas cosas que no podrás comprender o que te llevarán más tiempo del necesario o disponible.

Precisamente el tiempo es el elemento más preciado para un entrenador, sobre todo en los inicios. Mi mujer y yo decidimos ir más allá, evitando las relaciones con otros españoles expatriados, más cómodas y placenteras, pero que nos alejarían de construir conexiones con personas de lugar. Como consecuencia, mejoramos el idioma más rápidamente y adquirimos un conocimiento más profundo de la cultura y de sus códigos, desde la propia vivencia.

Probablemente esta fue la mejor decisión que tomamos en cuanto a cómo abordar nuestra adaptación al nuevo hogar.

En el trabajo, escuchar mucho y hablar poco. Acercarse a la gente mayor o con más tiempo en el club. Preguntar y dejar hablar. Ellos cuentan con una experiencia que solo el tiempo te dará y no la puedes desperdiciar. No subestimes el trabajo del compañero ni la valía profesional de éste. Si algo se hacía anteriormente, seguro que algún motivo había para ello. Esto no quiere decir que no cambies cosas y que las evoluciones, de hecho, es tú obligación, pero valorar cada uno de estos aspectos te ahorrará sorpresas evitables.

Ten siempre presente que no hay nada más difícil de cambiar que las creencias y culturas. Por ello, tendrás que adaptar tanto tu modelo, como a ti mismo, de forma constante. Al jugador puedes convencerle si lo que le ofreces le ayuda, le facilita las cosas y tiene resultado.

Por último, me gustaría desearte suerte, tanto si eres un expatriado como yo o si estás en la búsqueda de unirte al club. Es importante no olvidar que somos el extranjero. Debemos comportarnos como el invitado de honor que somos, respetando las creencias, costumbres, siendo agradecidos y realizando un trabajo de máxima calidad. Así contribuiremos a que el reconocimiento y la demanda del técnico español siga intacta o creciendo y de este modo posibilitaremos que los compañeros que vienen por detrás (y que desean tanto como nosotros disfrutar de este tipo de experiencias) puedan hacerlo algún día.

KAZAJISTÁN

Pablo Valenzuela

EL AUTOR

Me licencie (2003) en Ciencias de la Actividad Física y el Deporte en el INEF de Madrid, haciendo la Maestría en Fútbol, al tiempo que continuaba mi carrera como futbolista amateur en la Comunidad de Madrid. Puerta Bonita, San Fernando de Henares, Villalba, Coslada o Trival fueron algunos de los clubes en los que jugué entre los años 2000 a 2010.

Por aquellos años no pensaba en otra cosa que no fuera fútbol y compaginaba los estudios y mi carrera como futbolista con mis primeros pinitos como entrenador de fútbol sala en el colegio Alkor de Alcorcón.

Durante más de diez años estuve dirigiendo equipos de fútbol sala de distintas categorías y en el año 2002 entrené mi primer equipo de fútbol, un alevín, en el colegio Montpelier de Madrid como prácticas de mi maestría en fútbol de la Universidad.

Entre los años 2010 y 2012 eché una mano con la preparación física en el Pinto B y en el Goya, ambos de categoría Sénior en la Comunidad de Madrid.

Posteriormente, me saque los títulos de entrenador Nivel I y Nivel II, quedando pendiente sacarme el Nivel III en cuanto vuelva a España, asunto que se ha ido retrasando porque ya son cuatro los años que llevo fuera de mi país.

Estando en Edinburgh (Scotland) en el año 2013 recibo un email de un amigo que me cuenta que están buscando entrenadores para una academia de fútbol en New Jersey (EEUU), así que un mes más tarde fui a las prueba y entrevista que hacían en Manchester.

El resultado fue que durante los años 2014 y 2015 estuve entrenado en Estados Unidos en TSF Academy (New Jersey), dirigiendo equipos de distintas categorías y edades, tanto masculinos como femeninos.

En diciembre de 2015 doy por cerrado mi ciclo en Estados Unindos y decido volver a España. Tras tres meses buscando trabajo y solo realizando algunos trabajos como entrenador personal, recibo una oferta de SOXNA para entrenar en Kazajistán Oriental, más concretamente en Oskemen.

Y aquí estoy, desde abril de 2016, entrenando al equipo del 2001 del Altay-Soxna, junto a otros cuatro españoles: el Head Coach de todos los técnicos y otros tres técnicos que se encargan de las generaciones 2003, 2002 y 2000. Los cinco, más dos traductores, formamos parte del proyecto Soxna-Altay, que tiene el objetivo de implantar el modelo de juego español en esta academia.

EL FÚTBOL EN EL CONTEXTO DEPORTIVO DE KAZAJISTÁN

El fútbol es uno de los deportes más practicados en Kazajistán, junto con los deportes de contacto (boxeo y lucha), el hockey hielo, el atletismo y la halterofilia. No puedo decir a ciencia cierta cuál es el principal deporte del país, porque si bien al consultar Internet otorgan al fútbol el primer puesto, los lugareños consideran más importante el hockey sobre hielo, la lucha y el boxeo.

Lo que es cierto es que el fútbol está creciendo en Kazajistán, tanto a nivel profesional como en la base, y el gobierno está invirtiendo para su desarrollo y mejora.

Así, encontramos equipos jugando competiciones internacionales: el Astana se enfrentó al Atlético de Madrid en la Champions League en la temporada 2015-2016. En el presente año, el Kairat ha estado jugando las eliminatorias previas de Europa League, pero finalmente solo el Astana jugará de nuevo una competición europea.

La práctica del fútbol femenino también está presente en Kazajistán. En nuestro club contamos con dos equipos femeninos y en varias ocasiones me han arbitrado chicas, con lo que se percibe que este deporte también está en auge para las féminas.

En general, el deporte está creciendo en Kazajistán y los deportistas Kazajos están cosechando importantes resultados. En Londres 2012, Olga

Ripakova, consiguió un oro en la modalidad de triple salto de longitud y en los pasados Juegos Olímpicos de Río obtuvo un bronce. Olga reside en Oskemen, donde construyeron una pista cubierta de Atletismo con su nombre, en la que suelen entrenar ella y muchos más jóvenes que sueñan con seguir sus pasos.

En la pasada Eurocopa de fútbol sala (2016), España eliminó a la selección kazaja en semifinales, obteniendo ésta posteriormente una meritoria tercera posición. El equipo ciclista Kazajo Astana está presente en las grandes rondas ciclistas y la selección kazaja obtuvo un total de 17 medallas en los Juegos Olímpicos de Río de Janeiro (2016). Todo ello prueba que el dinero y el esfuerzo invertido por el gobierno kazajo está dando sus frutos.

En lo que respecta al fútbol español, el pueblo kazajo nos admira tanto por estilo como por resultados y lo siguen por televisión, a pesar de que por la diferencia horaria tengan que acostarse tarde para seguir la Liga Española.

Esa admiración del estilo español es la razón por la que estamos aquí: ellos no solo quieren resultados, sino que buscan un fútbol bonito en el que prime la posesión del balón, el buen trato del esférico y en el que se creen numerosas ocasiones de gol.

Por eso se les llena la boca al hablar de lo bien que juega el Real Madrid, el Barcelona y nuestra selección española.

LA ESTRUCTURA Y EL NIVEL DEL FÚTBOL EN KAZAJISTÁN

La liga profesional se desarrolla entre marzo y finales de octubre, debido a que durante el invierno en Kazajistan se pueden alcanzar temperaturas de hasta 50 grados bajo cero y la nieve y las bajas temperaturas hacen imposible la práctica del fútbol al aire libre.

Los equipos durante los meses de invierno entrenan a cubierto. El Astana dispone de estadio cubierto y el Kairat dispone de instalaciones a cubierto, mientras que su estadio tiene una parte cubierta.

Los equipos más importantes del país son el Astana y el Kairat. El primer equipo kazajo en jugar competición europea fue el Shakhter de Karagandy, en el año 2013. Todos los equipos están subvencionados totalmente por las distintas federaciones regionales, a excepción del Kairat, al que avalan la federación y un sponsor privado.

Por segundo año consecutivo, el Astana estará disputando la fase de grupos de una competición europea, esta temporada en la Europa League, y es un claro ejemplo de que el fútbol kazajo está mejorando, tanto en juego como en la calidad de sus jugadores. Este año, el internacional ruso Arshavin ha fichado por el Kairat de Almaty, equipo en el que estuvo jugando el español Sito Riera durante las temporadas 2014 a la 2016.

Si tuviera que hacer una comparativa entre el fútbol profesional de Kazajistán y el español, solo puedo basarme en los entrenamientos y partidos que he visto de nuestro primer equipo, el FC Altay, surgido por la fusión del Vostock de Oskemen y el Spartak de Semey. Actualmente, está peleando por ascender a la Premier y diría que el nivel es el de un Segunda B de la liga española, por lo que creo que el nivel del fútbol de la Premier kazaja se corresponde a los de Segunda y Segunda B de nuestra liga.

Los dos primeros partidos de liga de nuestro equipo en casa generaron gran expectativa y al estadio acudieron unas 2.000 personas, entre jugadores de las categorías inferiores, niños de distintas edades y los seguidores del club, algunos de ellos con una predisposición negativa, debido a la fusión de dos clubes que hasta entonces eran rivales directos.

En la actualidad, la selección de fútbol kazaja tiene poca repercusión, ya que hasta la fecha no ha conseguido clasificarse para ninguna competición, ya sea Eurocopa, Mundial o Juegos Olímpicos. Sin embargo, como ya he señalado, la selección de fútbol sala obtuvo un valioso tercer puesto en la pasada Eurocopa en 2016.

EL FÚTBOL BASE EN KAZAJISTÁN

El fútbol base juega un papel muy importante en Kazajistán. El gobierno está invirtiendo dinero para su desarrollo. Un ejemplo de ello es que las federaciones regionales de Shymkent y de Oskemen (la nuestra) han contratado técnicos españoles para trabajar en el fútbol base. En el caso de nuestro club, Altay, el gobierno subvenciona por completo el fútbol base.

Después de preguntar a varias personas del mundo del fútbol kazajo, puedo afirmar que en Kazajistan los niños no pagan por jugar al fútbol. Se realizan pruebas y si el jugador es seleccionado por el equipo solo se tiene que preocupar por entrenar y jugar. Recibirá su equipación deportiva de más o menos calidad, dependiendo de la financiación del club, y éste se hará cargo de todos los gastos de gestión de fichas y arbitrajes.

En nuestro club contamos con jugadores de la ciudad y con jugadores de otras ciudades y pueblos que han sido seleccionados. Los jugadores de fuera de Oskemen están becados, viven en una residencia con otros deportistas (lucha, atletismo o voleibol) y van al colegio de la propia residencia.

En cuanto a la competición, los jugadores de menor edad disputan ligas municipales, siendo el equipo más joven el de 2009, en el que juegan fútbol-8 hasta que cumplen 12 años, momento en el que pasan a fútbol-11.

Ya en esa modalidad, en el caso de los clubes de élite se replica la liga Premier en las distintas categorías de base: desde 2004 hasta 1998. Esta competición es nacional, con movilidad por todo el país.

Para organizar los partidos y salvar las distancias geográficas en la medida de lo posible, la competición se organiza con tours, que tienen lugar una vez al mes y duran una semana. En ellos, se agrupa a los equipos en un par de ciudades y se disputan los enfrentamientos correspondientes, con un mínimo de 3 y un máximo de 5 partidos en ese tiempo.

En total, son 4 tours a lo largo de la temporada regular, en los que cada equipo habrá completado su calendario.

Tras esta fase regular, llegan los play-off, en función de su clasificación. Del primero al octavo, se dividen en dos grupos, dos tours, clasificación impar por un lado y par por otro. Los dos primeros de cada grupo jugarán eliminatorias para dirimir las posiciones del primero al cuarto, mientras que los demás lo harán del quinto al octavo. Un formato similar seguirán los clasificados en la liga regular del noveno al decimoséptimo.

Es un sistema de competición muy bonito, porque viajas por todo el país y las fases finales son muy emocionantes. Pero también es duro, porque se produce un gran desgaste, al jugar hasta 4 o 5 partidos en solo una semana.

En mi opinión, un jugador con talento en Kazajistan tiene muchas posibilidades de vivir profesionalmente del fútbol. Por dos motivos: uno, no son muchos los jugadores que juegan al fútbol en comparación con países europeos; y dos, el nivel es más bajo, con lo que llegar a la segunda división de aquí (un Tercera puntero de España) es factible y puedes vivir de ello.

LA FILOSOFÍA DE JUEGO EN KAZAJISTÁN

El fútbol kazajo se caracteriza por el juego directo. Sin embargo, algo está cambiando en los últimos años y algunos clubes están contratando a técnicos extranjeros para modificar esta filosofía en sus clubes.

Preguntando a técnicos y jugadores que han jugado a nivel profesional en el país, coinciden en esta afirmación y comparan el estilo tradicional del país con el modelo inglés, pero también afirman que poco a poco hay equipos que están evolucionando esta filosofía de juego y apuestan por un juego más elaborado, basado en una mayor posesión del balón.

Basándome en mi experiencia, que es el fútbol base kazajo, y por lo que he visto durante la competición de la generación de 2001 (en ese momento, equivalente a cadete de primer año en España), la mayoría de los equipos practican un fútbol directo, basado en la fuerza física y en aprovechar las segundas jugadas.

Su esquema táctico favorito es el 1-4-1-4-1, dándole mucha importancia al "opornik", como ellos lo llaman, un medio centro defensivo o jugador entre la defensa y la media, una especie de libero detrás de la línea media que se aprovecha de esas segundas jugadas y rebotes para iniciar el juego ofensivo, casi siempre directo buscando la espalda de la defensa con balones largos.

El corte de este futbolista suele ser: jugador fuerte y alto que maneja el juego de cabeza y con buen desplazamiento de balón.

Otro prototipo de futbolista que se repite es el del delantero alto y fuerte que se aprovecha de su corpulencia para aguantar el balón de espaldas, para pelearse con los centrales y aprovechar su envergadura y su juego de cabeza en la estrategia a balón parado.

Pero como ya he dicho antes, hay excepciones y me han sorprendido gratamente equipos como el Kairat. Partimos de la base que el Kairat es el "Real Madrid kazajo": disponen de excelentes instalaciones deportivas, residencia para sus futbolistas de fuera de Almaty y una gran selección de jugadores. Dicho esto, me gustó su propuesta de fútbol, basada en el juego asociativo, jugando con los extremos muy abiertos y en el que primaba la movilidad y la libertad de sus futbolistas para intercambiar posiciones en el campo.

La otra propuesta que me llamó la atención fue la del equipo de Shimkent, dirigido por un técnico español, en el que destaca el orden del equipo, la buena circulación del balón y la calidad de sus jugadores de arriba.

Nuestra propuesta de juego está basada en la posesión del balón y en la rápida recuperación de éste cuando no lo tenemos. En el proceso para acercarnos a lo que buscamos, hubo que trabajar mucho con los porteros y la línea defensiva, ya que venían acostumbrados a jugar en largo como primera opción.

Por suerte, el futbolista kazajo es muy disciplinado y el proceso de convencerles no ha sido muy difícil.

A diferencia de los equipos de aquí nuestro esquema táctico es un 1-4-2-3-1, con un medio centro recuperador y otro organizador, un media punta o enganche y dos extremos rápidos que se incorporan al ataque.

La evolución del equipo ha sido muy satisfactoria y basándonos en nuestra filosofía de juego hemos quedado en sexta posición tras la fase regular, consiguiendo así el objetivo marcado, que era quedar entre los ocho mejores equipos del país.

Del fútbol kazajo, destacaría la fortaleza física, la disciplina y la competitividad de sus futbolistas. Los partidos son de mucha intensidad, pero en ocasiones se echa en falta esa pausa, el tocar con el de atrás e iniciar por el otro lado o el alternar el juego corto con el largo, dependiendo de las circunstancias del juego.

Creo que también hay una falta de trabajo técnico en la base y los jugadores llegan con carencias a edades en las que no deberíamos detenernos en aspectos como el control o el pase, lo cual dificulta la evolución en el juego.

No obstante, todo parece una cuestión de tiempo y confío en que, si se trabaja en la línea correcta, se continuará con la mejora, tanto a nivel técnico como en la comprensión de las distintas fases del juego, lo cual hará del fútbol kazajo un fútbol mejor y más completo.

PECULIARIDADES DEL PAÍS QUE AFECTAN AL FÚTBOL

Kazajistán es el noveno país con mayor extensión de superficie del mundo, con 2.727.300 km² y solo 18,3 millones de habitantes (estimado 2015 wikipedia). Su densidad de población es baja: algo más de 7 habitantes por kilómetro cuadrado.

Esta extensión geográfica condiciona enormemente la competición, no tanto a nivel profesional, en el que la liga se disputa una vez cada fin de semana, pero sí en el fútbol base, en el que, como se ha explicado, la competición se desarrolla en formato de tour, 4 ó 5 partidos al mes, disputados en la misma semana y sede, con el fin de disminuir desplazamientos y gastos.

A nivel personal, hemos jugado en Pavlodar, a 550 km de Oskemen, lo que se traduce en 10 horas de autobús por estas carreteras. También en Astana, a 1.032 km (unas 18 horas en autobús); Karaganda, a 885 km; o

Almaty, a 1.111 km desde Oskemen, lugar al que por suerte fuimos en tren (el mítico Talgo español) y empleamos unas 17 horas.

Aquí cada viaje es una aventura: puedes estar cientos de kilómetros sin ver nada más que estepa. Ni una gasolinera, ni un bar, ni por supuesto gente. Las carreteras en algunos tramos no están asfaltadas, lo que dificulta y ralentiza el viaje. Si tienes suerte y a tu destino puedes llegar en tren, éste te ahorrará algunas horas de viaje y ganarás en comodidad, pero a lo más que puedes aspirar es a viajar en el Talgo español y no es precisamente rápido.

Así que después de al menos 10 horas de viaje, solíamos llegar el domingo a nuestro destino para realizar un entrenamiento ligero por la tarde para desentumecer piernas y al día siguiente... ¡a jugar!

Kazajistán es un país extremo en lo que se refiere a climatología: en invierno se puede llegar a los 50 grados bajo cero, mientras que en verano se pueden registrar incluso 40 en algunas zonas. Las competiciones se desarrollan entre los meses de marzo a octubre.

Este proyecto comenzó en el mes de octubre, lo cual dificultó mucho la selección de jugadores, ya que la mayor parte del scouting se realizó a cubierto y en pistas de fútbol sala. Hasta el mes de marzo, todos los entrenamientos se realizaron a cubierto y en pista de fútbol sala, teniendo que adaptar las tareas.

El equipo de 15 años disputó un torneo amistoso previo a la competición en el mes de marzo, para lo cual se desplazaron dos semanas antes a la sede, Shymkent, situada al sur del país, lugar en el que las temperaturas son más altas. De este modo, pudieron entrenar en campo grande, al aire libre y afrontar con más garantías el torneo en el que jugaban los mejores equipos del país.

En lo referente a costumbres, llama la atención que por parte del club nos pidieron que los jugadores debían situarse organizadamente en formación y cantar el himno nacional antes de cada entrenamiento, lo cual se ha cumplido rigurosamente.

MÉTODOS DE ENTRENAMIENTO EN KAZAJISTÁN

Partiendo de la base de que la globalización ha llegado a todas partes y que hoy en día con Internet los técnicos de diferentes partes del mundo pueden investigar y visionar videos con tareas de diferentes ligas, apostaría por que la tendencia a seguir es la española.

En 2012, Pep Serer fue fichado como técnico en el Kairat. Actualmente, la federación de Shymkent cuenta con tres técnicos españoles. Además, estamos nosotros trabajando en la región de Oskemen y el pasado mes de junio (2016) la Fundación Real Madrid realizó un Clinic en Almaty, con lo que dudo que haya en Kazajistán una influencia mayor que la española a la hora de entrenar.

En nuestro club, la preparación física está integrada en las diferentes tareas futbolísticas y el balón se encuentra presente, buscando la transferencia al juego real y al tipo de esfuerzo que realizamos en un partido.

Pero observando entrenamientos, he comprobado que algunos técnicos locales trabajan la parte física de una forma analítica, incluso en edades tempranas. Así, pude ver cómo un equipo de niños de 7 años daba vueltas al campo, hacían sentadillas, distintos ejercicios de coordinación y cambios de ritmo. A esta parte del entrenamiento dedicaron 25 minutos y los 35 restantes a trabajar la conducción y el pase.

En mi opinión, ésta no es la norma general en el país, pero también es cierto que si yo vi este entrenamiento es porque hay técnicos que optan por este tipo de trabajo.

En ocasiones, técnicos kazajos me han preguntado por qué no trabajamos mas la parte física, ya que algunos de ellos no entienden que se puede trabajar la condición física con tareas con balón.

Parte del proyecto en el que estamos se dedica a la formación de técnicos de la región y la mayoría de los técnicos muestra un gran interés por aprender nuestra metodología, además de nuevas tareas y modelos de juego.

Me ha sorprendido gratamente el uso del video como apoyo a los entrenamientos. En el club, hemos contado con cámara de video y siempre que lo hemos solicitado nos han grabado entrenamientos o partidos amistosos y posteriormente hemos podido visionarlos en el proyector.

De igual modo, en las diferentes sedes de los tours se graban todos los partidos, con lo que puedes analizar con mayor profundidad los partidos y a los rivales.

INFRAESTRUCTURAS Y MEDIOS DE ENTRENAMIENTO Y DE TRABAJO

Kazajistán cuenta con buenas instalaciones deportivas. No solo en lo referente al fútbol: también cuenta con piscinas, pistas de atletismo, gimnasios y zonas para entrenar lucha y boxeo.

En todas las sedes en las que he jugado había al menos un campo de césped artificial y el estadio principal del primer equipo, en ocasiones de césped natural, en buenas condiciones.

Nuestro club dispone de dos campos de césped artificial y de un pabellón cubierto, con pista de fútbol sala para entrenar durante el invierno.

Me llamó la atención la ciudad deportiva del Kairat, con un campo de césped artificial y otro de hierba natural al aire libre, más dos campos de hierba artificial cubiertos para el invierno. Además, contaban con un gimnasio y con varias salas para el visionado de sesiones y partidos. Todo ello para las categorías inferiores, ya que me dijeron que el primer equipo disponía de su propia ciudad deportiva y del estadio cubierto.

En lo que respecta al material de entrenamiento, siempre hemos dispuesto de todo lo necesario para llevar a cabo las tareas, pero sí que he echado en falta más calidad en los balones, ya que los que usaba nuestro club eran procedentes de China y sus características no eran las mejores.

En nuestro proyecto, cada equipo cuenta con un entrenador que se encarga también de la preparación física, supervisada por un licenciado en ciencias de la actividad física y el deporte (hay dos personas en este rol). Tenemos un asistente kazajo, un traductor y un entrenador de porteros, además de un doctor, que está presente en todos los entrenamientos. Todos los asistentes kazajos tienen al menos el primer nivel de entrenador de Kazajistán.

El cuerpo técnico del primer equipo está formado por el entrenador, el segundo entrenador, el preparador físico, el entrenador de porteros y un fisioterapeuta. Todos ellos cuentan con formación y con el título oficial, sin el cual no pueden ejercer en este país.

CONTEXTO LABORAL PARA POTENCIALES INMIGRANTES ESPAÑOLES

Como ya he mencionado anteriormente, Kazajistán es un país que está invirtiendo en el desarrollo deportivo, por lo que no duda en ofertar trabajos a entrenadores y jugadores extranjeros. En la liga profesional han militado jugadores españoles en las filas del Kairat. También eran españoles su primer y segundo entrenador en el año 2012.

Actualmente, estamos los técnicos españoles en la Academia de Shimkent y nosotros en Oskemen, desde octubre de 2015 y actualmente pendientes de renovar el contrato.

Los salarios son elevados en comparación con lo que podría ganar un técnico trabajando en las categorías inferiores de cualquier cantera española. Aparte de eso, te facilitan la vivienda. En nuestro caso, estrenábamos la casa y era de lo mejor que se podía encontrar en la ciudad. También podemos disfrutar personalmente de unas excelentes instalaciones deportivas: pista de atletismo cubierta, gimnasio y piscina olímpica climatizada. Para desplazarnos al estadio, disponemos de un chofer.

CONTEXTO LEGISLATIVO PARA LA CONTRATACIÓN DE TRABAJADORES ESPAÑOLES

Una vez que el gobierno kazajo o una empresa de aquí quiere contratarte, hay que iniciar las gestiones para obtener un visado de trabajo. En nuestro caso, fueron gestiones rápidas, ya que es el gobierno quien nos contrata. En mi caso, la gestión de mi visado tardó alrededor de dos semanas.

Una vez que estás en el país, tienes un plazo de 15 días para ir al registro para que conste que has entrado en país, gestión de la que se ocupa el club cada vez que entramos en Kazajistán.

En el caso de no tener visado, dispones de un máximo de 15 días de permanencia en el país, que ha sido el caso de mi novia cuando me ha visitado. También existe la posibilidad de que, a través del gobierno kazajo y el club, se expida una carta para tramitar un visado de 30 días para visitas familiares.

Aproximadamente a los 15 días de estar en la ciudad tuvimos que pasar un reconocimiento médico completo, en el que comprueban que no tienes ninguna enfermedad y que estas capacitado para trabajar en el país.

UNA HISTORIA REAL: PABLO VALENZUELA EN KAZAJISTÁN

Esta oportunidad surge después de estar tres años lejos de casa (Edinburgh y New Jersey) y desde el convencimiento de que me quedaría en España, si no era para siempre, sí por una larga temporada.

De todos, es sabido cómo está la situación laboral en nuestro país, así que cuando recibí la oferta de entrenar durante ocho meses en Kazajistán con tan buenas condiciones, acepté la aventura.

Oskemen es una ciudad a la que hay que venir concienciado de lo que uno viene a hacer aquí y a qué dedicará su tiempo libre. Es una ciudad bastante gris, con escaso ocio y con unos niveles altos de contaminación. Por suerte, vivo a las afueras de la ciudad, donde el aire es más limpio y, en lo referente al tiempo libre, tenía claro que el deporte seria mi principal ocupación.

Cuando escribo estas líneas, estoy exactamente a tres semanas de volver a casa y puedo decir que el tiempo se ha pasado muy rápido y la experiencia ha sido, una vez más, muy enriquecedora. Estoy sorprendido por cómo está creciendo el fútbol en este país y la importancia que tiene el deporte a nivel nacional.

He disfrutado muchísimo entrenando un equipo de cadetes, pero a nivel profesional: con una selección de futbolistas, dobles sesiones cuando el calendario escolar nos lo ha permitido, organización de viajes, supervisión de comidas... y todo ello compitiendo a lo largo y ancho de todo el país.

Por desgracia, es muy difícil desempeñar un puesto como éste en nuestro país con unas condiciones que siquiera se aproximen las que hemos disfrutado en Kazajistán.

Me marcho de este país agradecido por la acogida del pueblo kazajo, enriquecido a nivel deportivo por todas las experiencias que hemos vivido en estos meses y admirando a estos chicos que con poco son felices y que no dejan de sonreír, a pesar de las adversidades.

CONSEJOS PARA EL EMIGRANTE NOVATO

Vivir en más de un país es algo que creo que todo el mundo debería experimentar. Cuando viajas a otro país, cambia tu perspectiva de muchas cosas y abres tu mente al mundo.

El primer consejo que daría es la actitud: hay que ser positivos, estar abiertos a conocer nuevas culturas, costumbres y formas de hacer las cosas, posiblemente diferentes de lo que estamos acostumbrados.

Hay que ser pacientes. Todo el mundo necesita un periodo de adaptación y los comienzos nunca son fáciles: idioma, comida y clima. Una vez que domines el idioma, creo que es muy interesante hablar con las personas del lugar, no cerrarte en tu círculo de amigos o compañeros, que te limitarán el conocimiento real del país, de sus lugares y sus peculiaridades.

En lo referente a lo deportivo, el respeto y la humildad creo que deberían ser universales. En Kazajistán, como en cualquier país, tienen su propia manera de hacer las cosas. Es cierto que nos contrataron para implantar un modelo nuevo, pero todo cambio conlleva unos plazos y hay que dedicar el tiempo que haga falta para explicar el porqué de las cosas y a qué se deben los nuevos sistemas de entrenamiento.

Como anécdota, en el mes de octubre de 2015, cuando mis compañeros iniciaron los procesos de scouting, este acontecimiento tuvo una gran repercusión en la zona y acudieron un gran número de deportistas. Y digo deportistas y no futbolistas porque la sorpresa llegó al verles calentar: ¡había chavales que hacían sombra para entrar en calor! (hacer sombra es golpear al aire, como forma de ejercicio). Allí había de todo: luchadores, boxeadores… y sí, también algún chaval que sabía lo que era un balón de fútbol.

Un año más tarde iniciamos de nuevo los procesos de scouting, pero de manera muy diferente. Ya teníamos cuatro equipos formados y entonces lo que hicimos fue buscar posibles refuerzos. Partíamos del conocimiento del nivel de nuestros futbolistas, de la competición y con el filtro hecho por los entrenadores de los alrededores, tras el cual solo nos enviaban a sus mejores futbolistas.

Estoy seguro que seguiremos creciendo en todos los niveles: jugadores, técnicos y modelo de juego. Y confío plenamente en que podamos seguir disfrutando de esta increíble experiencia kazaja.

OMÁN

Juan Ramón López Caro

EL AUTOR

Juan Ramón López Caro (Lebrija, Sevilla 1963) es Entrenador Nacional de Futbol UEFA PRO.

Equipos en los que ha entrenado:

•	U.D. MELILLA	•	1997-1998
•	R.C.D. MALLORCA "B"	•	1998-2000
•	REAL MADRID CASTILLA	•	2000-2005
•	REAL MADRID	•	2005-2006
•	RACING DE SANTANDER	•	2006
•	LEVANTE U.D.	•	2006-2007
•	CELTA DE VIGO	•	2007-2008
•	SELECCIÓN ESPAÑOLA SUB-21	•	2008-2010
•	F.C. VASLUI	•	2010-2011
•	SELECCIÓN ARABIA SAUDI (Director Deportivo)	•	2011-2012
•	SELECCIÓN ARABIA SAUDÍ	•	2013-2014
•	SELECCIÓN OMAN	•	2016

EL FÚTBOL EN EL CONTEXTO DEPORTIVO DE OMÁN

Sin ninguna duda, el fútbol es el principal deporte en el país y se vive con mucha pasión. Sin embargo, deben destacarse algunos aspectos respecto de la forma en que ellos vivencian esa pasión. Así:

En los países árabes no hay una tendencia masiva a la práctica de ejercicio físico y podríamos decir que son bastante sedentarios en general. Sin embargo, en relación a los demás países limítrofes (Arabia y Emiratos, sobre todo), el pueblo omaní practica más ejercicio físico que el resto de países. Así, es normal ver a la caída de la tarde a muchas personas corriendo y jugando partidos en la arena de las estupendas playas del país, y además de ello, hay una afluencia importante de personas que practican ejercicio físico en los numerosos gimnasios que hay en todas las ciudades.

El fútbol profesional tiene escasos seguidores en Omán, al menos en lo referente a seguidores que presencien los partidos en los estadios. Es normal ver partidos con no más de 200 seguidores en el estadio viendo a sus equipos a pesar de que no suelen cobrarse las entradas al campo. En el caso de partidos internacionales de la selección, la afluencia también es escasa y no suele pasar de 3-4 millares de personas animando al equipo. Una de las razones puede ser las altas temperaturas que hay en varios de los meses del año, pero en general puede decirse que no se interesan en exceso por asistir a los campos.

Sin embargo, los omanís son fervientes seguidores del futbol europeo, y en especial del fútbol inglés y español, y conocen perfectamente las alineaciones y los jugadores de los equipos más importantes de dichos países. Es normal que una de las primeras preguntas que te hagan al conocerte es si eres del Madrid o del Barça, recomendándote que si quieres agradar y acertar, es más fácil hacerlo si tu respuesta es que eres del Barça y que tu jugador preferido es Messi.

Respecto de la edad de los aficionados, llama la atención que se ven pocos niños en los estadios de fútbol y la gran mayoría de aficionados son jóvenes y hombres de mediana edad que no suelen ir acompañados de sus hijos a los partidos de fútbol.

Respecto del sexo de los aficionados, Omán es un país en el que está "permitido" que vayan mujeres a los partidos. Sin embargo, es muy excepcional ver mujeres animando o viendo los partidos en directo. Y si pasamos al apartado de la práctica femenina del fútbol, hemos de decir que, aunque se están haciendo esfuerzos por incentivar la práctica femenina del fútbol, hasta ahora se ha conseguido escasa aceptación por las mujeres.

El futuro del fútbol de Omán no es muy halagüeño, y ello es porque el nivel de las competiciones es muy bajo. La mayoría de los jugadores cobran sueldos muy bajos en los equipos y tienen que compaginar el fútbol con otros trabajos para llegar a obtener unos ingresos aceptables. Una gran parte de los jugadores profesionales son militares en horario matutino y futbolistas en el horario vespertino, lo cual limita claramente su rendimiento y motivación.

En cuanto a la práctica de otros deportes, el tenis, baloncesto y atletismo son tal vez los deportes que siguen al fútbol en número de practicantes, aunque en mucha menor medida debido a que tampoco es un país en el que haya muchas instalaciones deportivas de calidad. Y junto a ello, hemos de hacer referencia especial al "cricket" que se practica masivamente por parte de los numerosos trabajadores pakistaníes e indios que habitan en Omán. Los fines de semana es común ver animados partidos de este deporte en los parques o zonas de tierra.

LA ESTRUCTURA Y EL NIVEL DEL FÚTBOL EN OMÁN

El fútbol en Omán lo organiza la Omani Football Association (OFA) y las ligas y detalles sobre las competiciones existentes son los siguientes:

Omantel Professional League. Es la equivalente a la Primera División de España (aunque su nivel es muy inferior). Se compone de 14 Equipos. Los equipos profesionales juegan dos partidos por semana (sábado un partido y otro el miércoles). Ello se debe a que el periodo de competición es más corto (de septiembre a mayo), y además de ello, es un país en el que hay varios periodos intermedios en que se suspende la liga profesional para dar paso a competiciones locales, Copa Mazda, competiciones militares y campeonatos de fútbol sala. Es bastante común que los jugadores profesionales figuren también como jugadores en otros equipos de fútbol-sala o equipos militares e incluso equipos de futbol-playa.

La liga se juega en cuatro sedes ubicadas estratégicamente en cuatro ciudades a lo largo del país (Muscat, Sohar, Sur y Salalah). No existen grandes estadios en todos los núcleos urbanos y los equipos cercanos comparten un mismo estadio que suele pertenecer al Estado.

First División League. Es la equivalente a la Segunda División de España (pero con un nivel muy inferior). Se compone de 14 equipos. También suelen jugarse dos partidos por semana. Los equipos juegan en sus propias instalaciones de entrenamiento que en general son muy deficientes

Second División League. Es la equivalente a la Segunda B de España. Se compone de 15 equipos. Los partidos se juegan en el campo del equipo local.

Liga Junior de Clubes (43 equipos). Los 43 equipos de las categorías anteriormente citadas tienen varios equipos de cantera que juegan ligas organizadas por la OFA. Dichas ligas se organizan en diferentes fases con una primera fase de competición territorial y una segunda fase de cruce con los equipos ganadores de las fases territoriales. Encontramos: U21 League Clubes, 19 League Clubes y 16 League Clubes.

Competiciones locales con equipos comunitarios en cada pequeño núcleo urbano que es donde acuden en muchos casos los equipos profesionales para captar a jóvenes talentos para sus equipos de cantera. Junto a las ligas citadas, se disputan también los siguientes campeonatos durante la temporada:

- 1.- Mazda Professional Cup
- 2.- His Majesty´s Cup
- 3.- Super Cup

En lo referente a los equipos nacionales, se contemplan diversos equipos, y es muy normal que los jugadores profesionales compaginen su participación en varios de ellos:

1.- Equipo Nacional Senior

2.- Equipo Nacional Under 22

3.- Equipo Nacional Under 19

4.- Equipo Nacional Under 16

5.- Equipo Nacional Fútbol-Sala

6.- Equipo Nacional Fútbol Playa

7.- Equipo Nacional Militar

8.- Equipo Nacional Policial

El nivel de las competiciones es en general muy bajo, y así, con respecto a España, podemos decir que el nivel del mejor equipo de la

Omantel Professional League (la máxima categoría en Omán), se corresponde con el nivel de un buen equipo de la Segunda B de España. La OFA es conocedora de este bajo nivel y es este uno de los principales hándicaps que tiene el país para conseguir grandes resultados con sus equipos nacionales.

EL FÚTBOL BASE EN OMÁN

La estructura del fútbol base de Omán es en general muy deficiente y los aspectos más destacables son los siguientes:

En las escuelas no se fomenta la práctica deportiva debido a que los colegios públicos no suelen contar con instalaciones deportivas adecuadas. Sólo los colegios privados cuentan con aceptables instalaciones deportivas.

El fútbol base en Omán se estructura a través de los 43 equipos de las tres ligas existentes (Omantel, First División y Second División). Cada uno de estos equipos cuenta con un equipo de cantera U21, U19 y U16, pero en general, no prestan excesiva atención a la labor de cantera y no cuentan con entrenadores capacitados.

Fuera de esos 43 equipos, el fútbol se articula de tres modos:

1. A través de campeonatos escolares con escasa organización y competitividad.
2. En escuelas privadas de fútbol gestionadas por entrenadores locales que alquilan una instalación deportiva y por un precio anual, ofrecen formación en fútbol a los jóvenes del barrio o de la ciudad.
3. En escuelas privadas con el nombre de grandes equipos europeos (Barcelona y Arsenal están en Muscat por ejemplo), y que por un precio anual ofrecen formación con entrenadores europeos.

La escasa formación de los entrenadores y el escaso número de entrenadores con titulación es, junto con las escasas y deficientes instalaciones deportivas, el mayor hándicap que tiene el fútbol base para su desarrollo, y así, es muy normal que los chicos lleguen a la edad de 15 años sin haber participado en ningún campeonato o liga con un nivel aceptable de organización.

Los jugadores con talento son captados por los equipos profesionales e integrados en su organización de cantera

Respecto a los torneos internacionales, Omán participa en todos ellos con sus selecciones inferiores U22, U19 y U16.

LA FILOSOFÍA DE JUEGO EN OMÁN

¿Qué fútbol gusta?

El tipo de fútbol que gusta en los países árabes en general y en Omán en particular es un tipo de fútbol técnico y sin excesivos condicionantes tácticos. Ello se debe sobre todo a dos aspectos: por un lado, a que hay muchas reminiscencias de todos los entrenadores brasileños y sudamericanos que han trabajado de forma masiva en estos países durante años, y por otro lado, se debe a que el tipo de futbol está muy condicionado por las elevadas temperaturas en que suelen desarrollarse la gran mayoría de partidos.

¿Qué fútbol se practica?

La tendencia ha cambiado. En los últimos años se han contratado muchos entrenadores europeos en los clubes y selecciones nacionales, los cuales han trasladado una concepción futbolística de mayor rigor táctico. Así, el fútbol que "se intenta" practicar en las ligas profesionales es muy parecido al modelo europeo de equilibrio entre la fase defensiva y ofensiva. Y decimos que "se intenta" porque los jugadores omanís tienen muy interiorizado un modelo de juego con escasa intensidad defensiva sobre el rival poseedor del balón y es difícil la mejora en este aspecto a pesar de que todos los entrenadores lo intentan.

Como norma general, la mayoría de equipos suele utilizar un sistema 1-4-2-3-1 actuando en ataque con laterales e interiores profundos, con frecuentes cambios de orientación y buscando la amplitud, el contraataque y los centros de banda. En defensa, en general con repliegue y con escasa intensidad defensiva.

Como fortalezas principales se podrían mencionar las siguientes:

- El Jugador omaní es respetuoso y realiza los trabajos con buen nivel de aceptación.
- Los jugadores tienen buenas condiciones físicas en general (aunque poco desarrolladas)

Como áreas de mejora se pueden citar las siguientes:

- La gran mayoría de jugadores "profesionales" compaginan el fútbol con otras ocupaciones laborales, y así, hay muchos jugadores que son militares o policías. Ello se debe a que los jugadores profesionales cobran por lo general un sueldo bajo y no les queda más remedio que buscar ampliar ese dinero. Todo ello ocasiona que haya un escaso sentimiento de profesionalismo en los jugadores.
- El nivel de formación de los técnicos locales es bajo en general.

¿Cuál es el nivel competitivo y la adaptación a la alta competición del futbolista tipo del país?

- En general, el nivel competitivo de la liga en Omán es bajo, y ello se debe por un lado a lo difícil que se hace competir con las elevadas temperaturas existentes durante gran parte del año, y por otro lado a la propia idiosincrasia del pueblo omaní que es un pueblo tranquilo y sin excesiva tensión en su vida diaria.
- Respecto de la posible adaptación de los futbolistas a la alta competición, debe decirse que, salvo excepciones, a los jugadores omanís les cuesta mucho salir del país e intentar aventuras en el extranjero y en ligas más competitivas. Ello se debe a que tienen una mentalidad en que priman más los aspectos de familia, religión y apego a la tierra que los aspectos de mentalidad competitiva y desarrollo profesional.

PECULIARIDADES DEL PAÍS QUE AFECTAN AL FÚTBOL

Omán tiene una extensión geográfica de 300.000 km2 con una franja de costa de 1.600 kilómetros que tiene importantes distancias entre sus ciudades principales, lo cual sin duda condiciona los desplazamientos y las competiciones. Es por ello que la principal liga del país denominada Omantel Professional League se desarrolla tan solo en los estadios de 4 ciudades situadas estratégicamente (Muscat, Sohar, Sur y Salalah).

Respecto de su clima, Omán tiene un clima cálido con temperaturas muy altas que llegan a superar los 50º y con escasas lluvias. En Mascate, que es la capital del país, las precipitaciones medias anuales son de 100 mm, cayendo sobre todo en enero. Sin embargo, en el Suroeste, en la región de Dhofar en que está la ciudad de Salalah, las precipitaciones son elevadas entre los meses de junio a septiembre como consecuencia de los vientos provenientes del Océano Indico, de la humedad fría y la intensa niebla, lo cual hace que Salalah se convierta en un oasis de vegetación verde y frondosa durante dichos meses de verano. Sin embargo, las elevadas temperaturas no condicionan el desarrollo de la liga, y la única cautela que se tiene es que no se juega en los meses veraniegos y más calurosos como julio y agosto al igual que se hace por ejemplo en España.

Las instalaciones deportivas, ya hemos dicho en anteriores puntos que son escasas. Sin embargo, los estadios de las principales ciudades son infraestructuras modernas y de aceptable calidad. No existen estadios cubiertos para la práctica del futbol.

El visitante que quiera ver un partido de fútbol lo tiene muy fácil en Omán ya que, como norma general, la asistencia a los campos es muy escasa y es difícil observar más de 500 personas en un partido de la Omantel Professional League. Además de ello, no suelen cobrarse las entradas para el acceso a los estadios.

Respecto de las costumbres que pueden afectar al desarrollo del fútbol en el país, podemos mencionar la obligación del rezo. Así, aunque no es un país en que se siga de modo estricto dicha obligación, debe decirse que es normal que un entrenamiento se demore unos minutos en su inicio debido a que los jugadores están rezando en grupo dentro del vestuario. La recomendación en esta materia es que se respeten al máximo este tipo de costumbres.

Por último, y en relación al nivel económico del país, debe decirse que Omán tiene un nivel económico elevado. Ello condiciona el desarrollo del futbol dado que los equipos de fútbol casi no tienen ingresos y están subvencionados por el Gobierno. Debe decirse que como en el resto de países árabes, comienza a observarse que la crisis del petróleo está afectando gravemente al fútbol dándose incluso el caso de que algunos equipos profesionales no pueden pagar a sus jugadores durante varios meses de la temporada. Por otro lado, el apoyo de sectores de negocio como la publicidad no aportan grandes cantidades para el fútbol debido a que la afluencia a los campos es muy escasa.

MÉTODOS DE ENTRENAMIENTO EN OMÁN

La influencia occidental es limitada, ya que la mayoría de entrenadores que dirigen a los 14 equipos de la OPL (Oman Professional League) son nacionales o de origen árabe (egipcios, marroquís, tunecinos…). De forma esporádica aparece algún entrenador holandés, serbio, español o italiano pero el legado que pudieran dejar es ínfimo ya que los entrenadores rara vez superan los 3-4 meses en un mismo club.

En relación al uso de la tecnología no hay un solo club que utilice GPS, cardiofrecuenciómetros o analizadores de lactato.

No se puede considerar al futbol omaní pionero en ningún ámbito ni por tanto innovadores. No significa que sean retrógrados en sus planteamientos. Trabajar en las condiciones que lo hacen tiene mucho mérito, ya que éstas son lamentables y paupérrimas.

Las reuniones que hemos podido tener con los diferentes cuerpos técnicos a lo largo del año nos ofrece un escenario de resignación y claudicación con la situación que viven a diario. Aun así, los técnicos locales son abiertos a recibir comentarios o sugerencias que puedan ayudarles en su labor diaria.

INFRAESTRUCTURAS Y MEDIOS DE ENTRENAMIENTO Y DE TRABAJO

Las instalaciones de las que disponen los Clubes son escasas, limitadas y en muy mal estado.

Por norma general disponen de un campo de entrenamiento en muy mal estado (zonas calvas, césped sin cortar, terreno irregular y ausencia de riego).

El material disponible es muy escaso y se encuentra en mal estado. Se observan entrenamientos de equipos de Primera sin balones para cada jugador, con algunos conos, petos y poco más.

La inversión económica en material deportivo es ínfima y del que se dispone es insuficiente y no ayuda en lo más mínimo en ayudar o mejorar las condiciones generales de un entrenamiento.

Los cuerpos técnicos, por lo general, disponen de 3-4 integrantes (Primer Entrenador, Asistente y/ó Preparador Físico, un Entrenador de Porteros). En relación a la titulación requerida para dirigir a nivel profesional, actualmente en el 2016, las licencias necesarias son las siguientes:

- 2016/2017   Primer Entrenador (UEFA A) Segundo Entrenador (UEFA B)   Preparador Físico (OFA) Entrenador de Porteros (L1)
- 2017/2018   Primer Entrenador (UEFA Pro) Segundo Entrenador (UEFA B)   Preparador Físico (AFC) Entrenador de Porteros (L2)
- 2018/2019   Primer Entrenador (UEFA Pro) Segundo Entrenador (UEFA A)   Preparador Físico (AFC) Entrenador de Porteros (L2)

CONTEXTO LABORAL PARA POTENCIALES INMIGRANTES ESPAÑOLES

Es un país con escasa, por no decir ínfima, historia con entrenadores españoles. En la actualidad se está viviendo una situación atípica ya que el Seleccionador era español (el primero en la historia) y dos técnicos españoles iniciaron como primeros entrenadores de equipos de la Liga Profesional (OPL), concretamente en el Al Nassr y Omán Club. El técnico del Al Nassr renunció a las pocas semanas y en el Oman Club también hay un preparador físico español. Hay que destacar la presencia de tres chicos que gestionan una escuela de fútbol privada bajo el sponsor (patrocinio) de un empresario local.

El idioma es una barrera importante y es más usual encontrar técnicos tunecinos, egipcios o marroquís.

Normalmente un contrato laboral incluye vivienda, coche y algún billete de avión. Las características de cada una de ellas dependen del potencial económico del club y del prestigio del entrenador.

Los hay que deben compartir casa y coche porque a la hora de la verdad el club no ha cumplido con las obligaciones contractuales.

El sueldo medio debe rondar los 1500-2000 OMR (al cambio unos 3000€ - 4000€), pero la clave de todo es que esa cantidad se llegue a percibir. Los clubes suelen sufrir a lo largo de una temporada algún plante por parte de la plantilla por adeudos. Por tanto, estar al día de cobro es un gran éxito.

CONTEXTO LEGISLATIVO PARA LA CONTRATACIÓN DE TRABAJADORES ESPAÑOLES

De todo el Medio Oriente, Omán posiblemente sea el país que mejor acoge a los extranjeros y cuyos nativos más afables se muestran en el trato diario.

Hay que destacar que el Sultán de Omán es un líder de gran prestigio internacional al cual se le llama cuando hay conflictos enquistados para tratar de resolver las diferencias de forma pacífica. Ha mediado en conflictos internacionales de gran importancia y la sociedad omaní sigue a la par en su comportamiento. Es difícil discutir con ellos porque tienen un temple muy tranquilo y muy conciliador.

Por tanto, lo anteriormente expuesto queda reflejado en el día a día cuando un expat (inmigrante) llega al país. Por lo general, todo suelen ser ayudas para facilitar el proceso de adaptación. Si bien es cierto que los tiempos burocráticos son más lentos de lo que estamos acostumbrados.

UNA HISTORIA REAL

Ésta es una experiencia anónima que vivió un cuerpo técnico extranjero la pasada temporada antes de un partido internacional con su club.

Viajaron al extranjero el día antes del partido y al llegar al hotel el entrenador informa a los jugadores de la hora de entrenamiento. El manager del equipo se acercó al entrenador y le dijo que los jugadores querían hacer turismo porque era un país a visitar y rara vez volverían a tener oportunidad de estar allí. Los jugadores, junto a directivos, se fueron del hotel y no regresaron hasta el día siguiente a la comida previa al partido.

Sobran comentarios sobre la reacción y cómo se sintió el entrenador ante dicha circunstancia.

Es un caso puntual pero real. Lo más normal es llegar al entrenamiento y no saber de cuántos jugadores dispones para entrenar. Jugadores que están bajo arresto militar y nadie te informa, jugadores que sólo asisten al último entreno de la semana porque están de maniobras militares o tienen alguna competición interna con su departamento.

En fin, hay que armarse de infinita paciencia, temple y sobre todo saber gestionar y diferenciar muy bien cuáles son las batallas que uno está dispuesto a perder y cuáles son las guerras que son innegociables y jamás ceder.

CONSEJOS PARA EL EMIGRANTE NOVATO

Una vez firmada la relación contractual con el club, el paso más importante a dar para poder operar de forma independiente y legal es solicitar al club la Resident Card. Puede tardar varios días o varios meses según el interés del sponsor (empresa que te paga) y de sus habilidades burocráticas.

Sin la Resident Card no se puede abrir una cuenta bancaria, no se puede tener línea de móvil a tu nombre y no se puede tener carnet de conducir omaní por lo que es imprescindible solicitarla a la mayor brevedad posible.

El carnet de conducir español tiene una vigencia de 3 meses en Omán. Posterior a esa fecha hay que estar en posesión de la Licencia Omaní (Pruebas Psicotécnicas).

Una vez en posesión de la Resident Card, hay que dirigirse a la Embajada Española para inscribirse como residente en la misma y poder beneficiarse de las ventajas que ofrece la residencia fiscal en Omán una vez cumplidos los plazos marcados por la Agencia Tributaria española.

En caso de vivir en alquiler, lo normal es pagar un mes de fianza y la terminación prematura del contrato laboral no exime del pago total del contrato de alquiler.

En caso de recibir visita por parte de un familiar o amistad no es necesario viajar con el visado de turista ya tramitado. La solicitud y expedición del mismo se hace en el aeropuerto antes del control de pasaportes y tiene un coste determinado según la duración de la estancia:

- < 10 dias   5 OMR (pasaporte vigente por más de 6 meses)
- < 1 mes   20 OMR (pasaporte vigente por más de 6 meses)
- < 1 año   50 OMR (pasaporte vigente por más de 1 año)

Por último, destacar que es un país idóneo para vivir en familia por la calidad de vida, seguridad, escuelas internacionales, destinos turísticos, clima y sobre todo por la calidez de la población y su gentileza.

PORTUGAL

Julio Velázquez

EL AUTOR

Julio Velázquez es un entrenador de reconocido prestigio en el fútbol de élite nacional e internacional.

Su experiencia en el fútbol portugués comenzó en diciembre de 2015, con 34 años de edad, cuando se hizo cargo del Os Belenenses, de la Primera División portuguesa. El club lisboeta se encontraba en aquel momento en una difícil situación clasificatoria y el trabajo de Julio al frente del equipo fue exitoso, finalizando la temporada novenos y a doce puntos del descenso, lo que le permitió renovar su contrato para la temporada 2016-2017.

En España, su carrera como entrenador se inició a los 15 años en el San Nicolás, un club de barrio de Valladolid. Durante su etapa de formación como técnico pasó por todas las categorías del fútbol base (excepto Alevín) y entrenó en otros clubes de la región como La Sur, La Laguna o el Betis de Valladolid. Tras pasar por la regional cántabra, completar el Nivel-3 (Entrenador Nacional de Fútbol) con 23 años y una Maestría en Preparación Física, y después de recalar en la Gimnástica Arandina, hace su debut en Tercera División, en el Grupo Balear, en el Escastel de Menorca.

La División de Honor Juvenil fue la siguiente parada en la carrera profesional de Julio Velázquez, primero en el Poli Ejido y después en el Real Valladolid, club este último en el que toma su primer contacto con el fútbol profesional al realizar labores de analista para el primer equipo de la entidad. Su salto desde el Juvenil A del Valladolid al filial de Tercera División se produjo en pocos meses, durante su primera temporada en el club, y su debut en Segunda División B llega solo unos meses después, de nuevo en el Poli Ejido, esta vez en el primer equipo.

Los buenos resultados del equipo y la imagen que muestra sobre el campo son un escaparate para Julio, que recibe al año siguiente la oferta para ingresar en uno de los clubes con más prestigio en España, como es el Villarreal. Primero en el Villarreal C y después en fútbol profesional, en el Villarreal B (Segunda División A), equipo al que encuentra en puestos de descenso en el ecuador de la temporada y al que dejó en mitad de la tabla.

El nombre de Julio Velázquez da el salto definitivo al primer plano de los entrenadores españoles de élite cuando se hace cargo del primer equipo del Villarreal en Segunda División en 2012. En ese momento, Julio tiene 31 años de edad, pero su carrera como entrenador suma ya un total de 16 años y ha alcanzado el fútbol profesional.

En esta ocasión, los resultados no acompañaron todo lo necesario y, pese a ocupar puestos de promoción de ascenso en Segunda, Julio Velázquez fue destituido de su cargo. Sin embargo, su relación con el Villarreal continuó siendo, como lo era hasta entonces, excelente.

Su inquietud por mantenerse activo y continuar aprendiendo le llevan a viajar al extranjero (Inglaterra) para conocer otras culturas futbolísticas, aunque regresa pronto a España, para dirigir, de nuevo en Segunda División A, al Real Murcia, que en una temporada inolvidable alcanzó ese año la cuarta posición y, por lo tanto, disputó el play-off de ascenso a Primera División.

El Real Betis (Segunda División) fue el siguiente destino en España de Julio Velázquez. El 25 de noviembre de 2014 fue cesado tras 14 jornadas de competición y con el equipo clasificado en puestos de promoción de ascenso. En 2015, tras varios meses estudiando el fútbol nacional e internacional y distintas metodologías de trabajo, inició su etapa como entrenador español emigrante en Lisboa (Portugal), antes de regresar en octubre de 2016 a España, donde cogió a la A.D. Alcorcón en los puestos de descenso a la Segunda División B y consiguió finalmente la permanencia. Además, en esa misma temporada logró el hito histórico para el club de alcanzar los Cuartos de Final de la Copa del Rey.

EL FÚTBOL EN EL CONTEXTO DEPORTIVO DE PORTUGAL

Nuestro vecino de la Península Ibérica es un país muy similar a España en cuanto a gustos deportivos. Como aquí, el fútbol es, con diferencia, el deporte nacional, seguido muy de lejos por las siguientes opciones.

Se trata de una realidad que responde tanto a las preferencias de los aficionados (no en vano, los canales de televisión ofrecen una amplísima gama de campeonatos nacionales e internacionales), como de los practicantes, ya sea a nivel adulto y aficionado, o de base.

Es destacable que la afluencia a los estadios de fútbol no es tan masiva como cabría esperar, si se exceptúa a los clubes de mayor potencial o tradición del país. No es raro ver gradas con bastantes huecos en cualquier categoría del fútbol portugués. Eso implica que el seguimiento masivo del fútbol se concentra principalmente en las categorías profesionales, que son las que se retransmiten por televisión, mientras que las más amateur y fútbol base reciben un seguimiento (únicamente presencial en los estadios) más modesto.

Es significativo el hecho de que la mayoría de los clubes en Portugal son polideportivos. Es decir, su actividad no se restringe al fútbol, sino que cuentan con más secciones deportivas, de entre las cuales la del fútbol suele ser la más importante, pero no la única. Por lo tanto, sociedades emblemáticas como Benfica, Oporto, Os Belenenses o Sporting cuentan con equipos de baloncesto, hockey y otras varias modalidades deportivas.

LA ESTRUCTURA Y EL NIVEL DEL FÚTBOL EN PORTUGAL

El fútbol en Portugal está organizado siguiendo un patrón parecido al de España. La Primera División (*Primeira Liga*) está formada por 18 equipos, con plazas directas (que varían según el ranking UEFA) para las dos competiciones continentales: Champions League y Europa League. En total, suelen sumar 6 plazas europeas. Dos equipos descienden de categoría. Además, hay dos torneos de Copa, al igual que en Inglaterra o Francia, aunque solo uno de ellos (la *Taça de Portugal*) da acceso a Europa (una de las seis plazas mencionadas), mientras que el otro (la *Taça de la Liga*) no cuenta con este premio.

La Segunda División portuguesa (*Liga de Honra*) se integra por un total de 24 equipos y precede al *Campeonato de Seniores*, que equivale a lo que en España serían la Segunda División B y la Tercera División, con diferentes grupos según las regiones de los equipos participantes. El fútbol profesional en Portugal se circunscribe a las dos primeras categorías. Por debajo del *Campeonato de Seniores*, se encontrarían las competiciones más amateur, en un ámbito totalmente regional.

Respecto a los filiales, éstos son relativamente recientes. Hace alrededor de un lustro se dio la opción a varios clubes de *Primeira Liga* para crear estos equipos e inscribirlos en la *Liga de Honra*. Por lo tanto, en estos momentos hay varios equipos profesionales que cuenta con un filial, mientras que hay otros que no disponen de ese recurso y se encuentran en la tesitura de instituirlos y de que se determine en qué categoría ingresarían esos filiales de nueva creación.

Hay que señalar que la difícil situación económica que ha atravesado Portugal en los últimos años ha condicionado y continúa condicionando sensiblemente al negocio del fútbol nacional. La crisis parece que va amainando poco a poco en intensidad, pero los problemas económicos son aún importantes. En lo relativo a salarios, las diferencias con España son evidentes. De forma comparativa, si exceptuamos a los primeros equipos de los clubes más representativos del país (Oporto, Benfica, Sporting, Braga y Guimaraes), los presupuestos que se manejan para las plantillas en la máxima categoría son equivalentes en España a equipos de Segunda División de la parte baja de la tabla.

EL FÚTBOL BASE EN PORTUGAL

El fútbol de cantera en Portugal cuenta con una salud extraordinaria, equiparable por ejemplo al nivel de España. La atención que los clubes prestan al fútbol base es alta, la materia prima es buena (los niños tienen pasión por el fútbol y talento innato), los medios de trabajo y las instalaciones son adecuadas y los técnicos están bien formados.

La prueba de todo lo anterior es que las categorías inferiores de la *Federação Portuguesa de Futebol* suelen obtener buenos o muy buenos resultados en los campeonatos internacionales. Además, las canteras de los clubes portugueses nutren con frecuencia a sus primeros equipos, lo que denota una sólida salud del fútbol juvenil de este país y supone un activo estratégico para el negocio del fútbol portugués en general, puesto que es un mercado enfocado a la exportación más que a la importación de jugadores. El producto que genera es de calidad y funciona en las competiciones nacionales y en el extranjero, por lo que se puede afirmar que el fútbol base de Portugal trabaja con éxito.

LA FILOSOFÍA DE JUEGO EN PORTUGAL

El entrenador portugués trabaja bien en el día a día y es ejemplar en cuestiones metodológicas. Hay técnicos muy preparados y capaces.

En cuanto a la filosofía de juego, no es posible colocar una etiqueta al fútbol portugués (ni, en general, a ningún país). A partir de esa premisa, sí es cierto que en el fútbol profesional de Portugal se prioriza mucho la estructura y el orden.

Esta orientación no ha derivado, al menos por el momento, en crear un perfil de futbolista portugués específico o con un determinado sello. Como en casi todas partes, la tipología del jugador de fútbol portugués es bastante heterogénea y puedes encontrar grandes talentos con características y perfiles totalmente dispares.

PECULIARIDADES DEL PAÍS QUE AFECTAN AL FÚTBOL

Portugal y España comparten su espacio en la Península Ibérica, por lo que son hermanos casi gemelos en cuanto a las peculiaridades de clima o culturales que puedan afectar al fútbol.

¿Diferencias? Por ejemplo, el almuerzo se realiza alrededor de las 12 de la mañana, lo que puede modificar algo las prácticas habituales en contextos especiales como las concentraciones. Además, ya sabemos que el horario portugués se rige por la franja horaria de Londres, por lo que amanece y anochece una hora antes respecto a regiones españolas como por ejemplo Galicia.

MÉTODOS DE ENTRENAMIENTO EN PORTUGAL

En general, Portugal no es solo un escenario que desarrolle buenas prácticas en cuanto a metodología de entrenamiento, sino que ha sido capaz de generar en los últimos años sus propias tendencias, con corrientes tan identificativas y marcadas como la periodización táctica. Vítor Frade fue el principal precursor y a partir de ahí han surgido nombres que se han convertido en auténticos agentes de exportación de este producto nacional portugués, como han sido José Mourinho, Vítor Pereira o André Villas-Boas, entre muchos otros que dentro y fuera del país han seguido y evolucionado el método de entrenamiento basado en la periodización táctica.

A partir de ahí, existen los sellos personales que cada entrenador imprime en su trabajo, pero en general existe un muy buen proceso metodológico, que se basa en la actitud curiosa e innovadora del técnico portugués y en la enseñanza que se imparte a través de las universidades y los cursos de la Escuela de Entrenadores.

Sin duda, Portugal es un país muy avanzado en cuanto a metodología de entrenamiento y de trabajo. Todo eso se traduce en sesiones de entrenamiento de alta calidad y en un manejo avanzado de las situaciones de juego durante la competición, tanto por parte de los entrenadores desde fuera, como de los jugadores desde dentro.

INFRAESTRUCTURAS Y MEDIOS DE ENTRENAMIENTO Y DE TRABAJO

El pulso económico de cada club, además de su tradición y de sus instalaciones históricas marca la diferencia entre unas instalaciones y otras. Hay clubes que cuentan con una Ciudad Deportiva propia, bien equipada tanto para el primer equipo como para la cantera y hay otros que alquilan las instalaciones y son algo más nómadas en este sentido.

De nuevo, encontramos en esta diversidad una gran similitud con el escenario español y una amplia diferencia de ambos con países punteros en este aspecto, como dentro de Europa puede ser Inglaterra, en el que hay más clubes que cuentan con mejores instalaciones.

CONTEXTO LEGISLATIVO PARA LA CONTRATACIÓN DE TRABAJADORES ESPAÑOLES

Lógicamente, al formar parte de la Comunidad Económica Europea, Portugal ofrece todas las facilidades legislativas para el movimiento migratorio procedente de España.

UNA HISTORIA REAL: JULIO VELÁZQUEZ EN PORTUGAL

La oportunidad de entrenar en la primera división portuguesa, una de las principales competiciones en Europa, no es flor de un día. Detrás se encuentran años de formación y de trabajo, además de una red de contactos que se van tejiendo y que, en definitiva, son imprescindibles para que las conexiones necesarias se vayan produciendo y sea factible evolucionar en un contexto de fútbol profesional.

Portugal me acogió a las mil maravillas y sin duda se trata de un país que reúne todos los requisitos para ser feliz. En el ámbito deportivo, la clave está en optimizar los recursos de los que disponemos y maximizar las posibilidades del equipo.

Disfruté, aprecié y agradecí por completo haber podido vivir esta experiencia personal y profesional, en un país excelente.

CONSEJOS PARA EL EMIGRANTE NOVATO

Como país para vivir, Portugal es un lugar excepcional. Acogedor y con un muy buen nivel de vida. En lo deportivo, hablamos de uno de los miembros de la élite del fútbol europeo y mundial.

Las capacidades profesionales del individuo son un requisito imprescindible, igual que lo son los contactos que uno pueda tener en el país o a nivel de representación internacional y sin los cuales es más complejo tener una oportunidad.

SUIZA

Lorenzo Guerrero

EL AUTOR

Entrenador de Fútbol con la titulación Diploma C+ suizo y cursando en 2017 el Diploma B (equivalente al UEFA B), Lorenzo Guerrero es licenciado en Derecho por la Universidad de Granada. Tiene un Master in International Sports Law (ISDE, Madrid) y otro en Derecho Deportivo, Edición Iberoamericana, celebrado en Ciudad de México, Buenos Aires, Rio de Janeiro y Barcelona/Lleida.

Su formación se completa con la asistencia a diferentes congresos internacionales en España, Estados Unidos y Brasil, y con la visita a distintos clubes, como Estoril Praia y Porto FC en Portugal, Corinthians y Sao Paulo en Brasil y FC Zurich en Suiza, con el fin de estudiar y entender aspectos metodológicos de ciertos clubes o entrenadores.

La trayectoria como entrenador de Lorenzo Guerrero comenzó en Zurich en la temporada 2012-2013, en la que realizó las funciones de entrenador asistente en el equipo Red Star Zurich II (equipo amateur de categoría regional). En dicha posición permaneció dos temporadas con dos entrenadores diferentes. En la temporada 2014-2015 le ofrecieron la oportunidad de ser el entrenador principal (convirtiéndose en el único entrenador de habla no germana que entrenaba al equipo en sus más de 100 años de historia). La categoría en la que competía el equipo equivaldría a lo que en España es la Autonómica, es decir, una por debajo de la Tercera División.

En marzo de 2015, Fabio Celestini es contratado por el Lausanne Sport, equipo de Segunda División, para intentar salvar al equipo, que se encontraba a pocos puntos del descenso. Lorenzo Guerrero recibió la propuesta de incorporarse a su cuerpo técnico en la función de analista táctico. Durante el periodo de marzo a julio 2015 compaginó ambas actividades: entrenador principal de Red Star Zurich y entrenador asistente con funciones de analista táctico en el Lausanne Sport. El

Lausanne logró asegurar la permanencia con varias jornadas de antelación.

Durante la temporada 2015-2016, Lorenzo formó parte a tiempo completo del cuerpo técnico de Fabio Celestini en el Lausanne Sport en Segunda División, año en el que consiguieron el ascenso a Primera División, siendo campeones del torneo. En la 16-17, el equipo disputa el campeonato de Primera División y persigue el objetivo de la permanencia en la categoría.

EL FÚTBOL EN EL CONTEXTO DEPORTIVO DE SUIZA

En Suiza, el fútbol comparte importancia con el hockey y el esquí alpino. En números absolutos hay un mayor número de practicantes de fútbol que de hockey y esquí, pero los tres juntos son los deportes más importantes del país y sobre todo el hockey rivaliza con el fútbol en número de aficionados que asisten a los encuentros, tanto en vivo como por televisión.

Otro deporte de mucha repercusión es el tenis. En el esquí, estrellas como Lara Gut (actual bronce en el Mundial) y en tenis campeones como Roger Federer, S. Wawrinka o Martina Hingis en femenino, hacen que dichos deportes tengan mucha afición entre la población del país helvético.

En fútbol, la media de espectadores en la temporada 2015-2016 de los equipos de primer nivel fue:

- FC Basel: 28.597
- BSC Young Boys: 16.938
- FC Saint Gallen: 12.941
- FC Luzern: 11.292
- FC Zurich: 8.701
- FC Sion: 8.262
- Grasshopper: 6.461
- FC Thun: 6.067
- FC Lugano: 4.241
- FC Vaduz: 4.006

La tendencia del fútbol suizo es de crecimiento. Es un país que desde hace algunos años ya viene mejorando las condiciones y el nivel futbolístico, tanto en lo que respecta a la liga nacional, como en las actuaciones de la selección. Para que el fútbol suizo siga evolucionando y progresando hay un factor vital, que es precisamente la Selección Nacional y su clasificación para los grandes torneos internacionales, es decir, Eurocopa y Mundial. Dicha clasificación reporta unos ingresos económicos muy importantes a la Federación Suiza, que sirven para que esta entidad continúe su proceso de inversión en formación y en proyectos para la captación y desarrollo de jóvenes talentos. La inyección económica de la Federación en los clubes, sobre todo a nivel de formación, es muy importante y para ello se necesita que el equipo nacional participe de las fases finales de los grandes torneos.

Por otro lado, la venta de los derechos televisivos del campeonato de Primera División a una empresa que los comercializa en EEUU también supone un elemento que ayuda al crecimiento del fútbol en este país, pues los clubes comienzan a recibir cantidades interesantes por la venta de esos derechos televisivos. Actualmente, en América se pueden ver los partidos de la Super League Suiza, con el consecuente atractivo que esto conlleva.

Por último, hay que destacar que los clubes están cada vez más profesionalizados y va en aumento el atractivo que supone para jugadores extranjeros venir a competir en la liga suiza, ya sea para posteriormente dar un salto a una liga de superior nivel o bien para terminar sus carreras en este país.

La práctica de fútbol femenino en Suiza aún no alcanza la importancia que ocupa en los países nórdicos, como Finlandia o Suecia, ni en la de países como Alemania, Francia o España. No todos los equipos de Super League tienen la categoría de fútbol femenino. Sí se podría destacar al FC Zurich, cuyo equipo femenino alcanza con bastante frecuencia las últimas rondas de la Champions League femenina, habiendo disputado las semifinales en varias ocasiones. Por otro lado, la Selección Suiza comienza ahora a clasificarse para torneos finales internacionales, si bien es cierto que está lejos aún de lograr buenos resultados. El fútbol femenino no tiene atractivo económico, al menos todavía, y por ello no se invierte en él.

El fútbol español es admirado y muy respetado en Suiza. La mayoría de aficionados al fútbol siguen cada semana el campeonato español. El Real Madrid y el FC Barcelona cuentan con muchos adeptos en este país, más de lo que pudiésemos imaginar a priori, si bien la Serie A italiana, la Ligue One francesa y la Bundesliga alemana son campeonatos con muchos seguidores, dada la proximidad geográfica. No obstante, cada vez más, el amante del fútbol suizo conoce en profundidad a equipos como el Sevilla, Villarreal, Atlético de Madrid, Valencia, Málaga o Athletic de Bilbao. Es decir, el fútbol español tiene bastante tirón en este país y sus jugadores son especialmente admirados por sus condiciones técnicas, algo de lo que carece el fútbol de aquí en términos generales.

Señalar también que muchos entrenadores que realizan los cursos de formación comienzan a realizar visitas a clubes de nuestro país para saber cómo trabajan los equipos profesionales y los del fútbol de base, para así aprender nuevas metodologías.

LA ESTRUCTURA Y EL NIVEL DEL FÚTBOL EN SUIZA

El fútbol profesional en Suiza lo conforman la Primera División (Raiffeisen Super League) y la Segunda División (Challenge League), compuestas ambas por 10 equipos. Las dos competiciones se disputan a nivel nacional. El campeón de la Super League tiene acceso directo a la fase final de grupos de la Champions League, mientras que el segundo participa en la ronda previa de clasificación para la fase de grupos de esta competición. El tercero entra en la última ronda previa a la fase de grupos de la Europa League y el cuarto clasificado debe disputar toda la fase previa de clasificación para la fase final de grupos de la Europa League.

A veces ocurre que un quinto equipo suizo obtiene una plaza más en la Europa League. Esto puede ocurrir en varias situaciones:

Por ejemplo, el campeón de Copa tiene plaza directa en la fase de grupos de la Europa League. De este modo, si el campeón es un equipo que no ha finalizado entre los cuatro primeros clasificaría igualmente para la Europa League. En este sentido, en la temporada 16-17 se ha dado un caso muy curioso, pues el campeón de Copa fue el FC Zurich, que había quedado último del campeonato y descendido a Segunda División. Pues bien, el FC Zurich ha participado en la fase de grupos de la Europa League enfrentándose curiosamente a un equipo español, el Villarreal.

Otra posibilidad es que tanto el campeón como el subcampeón de Copa sean equipos que tienen asegurada sus plazas en competiciones europeas (Champions y/o Europa League) en cuyo caso se libera una nueva plaza (la quinta de la clasificación del campeonato) para otro equipo.

Otra posibilidad es que el FC Vaduz (equipo que disputa el campeonato suizo pero que geográficamente está en Liechtenstein) quede entre los cuatro primeros. En ese caso, como FC Vaduz disputaría competiciones europeas representando a Liechtenstein y no a Suiza, liberaría una plaza más para el resto de equipos.

En la Super League desciende cada temporada un sólo equipo a Challenge League. De la Challenge League asciende solo el campeón y desciende un solo equipo.

Por debajo de estas dos divisiones nos encontramos la Promotion League que es una división nacional, no profesional, donde compiten 16 equipos. Es en esta división donde algunos filiales de los equipos de Primera y Segunda compiten, pues no está permitido para un filial de la Super League jugar el campeonato de Challenge League.

Tras la Promotion League encontramos la Erste/Premier League, compuesta por tres grupos de 16 equipos cada uno. Esta última competición no se disputa a nivel nacional, sino a nivel interregional, es decir, entre cantones, lo que en España vendría a ser Comunidades Autónomas.

La base de la pirámide del fútbol de competiciones vendría compuesta por las ligas de ciudades donde nos encontramos la Segunda Interregional que es la máxima categoría para los equipos que compiten en una misma ciudad y después la Segunda Regional, Tercera Regional y así sucesivamente.

La Primera División Suiza es un campeonato con un nivel bueno, en el que quizás tres o cuatro equipos podrían competir en la Liga española. No obstante, el resto de equipos de la Primera División tendrían dificultades para competir por las plazas de ascenso en una supuesta participación en la Liga Adelante. Hay bastante desequilibrio a nivel presupuestario y ello conlleva el distanciamiento lógico entre los equipos importantes y los más humildes. Por mencionar un ejemplo, el Basilea, equipo que domina el campeonato suizo año tras año (ha sido campeón en las 8 últimas ediciones), compite bastante bien en la Champions League, habiendo sido capaz de ganar y eliminar a equipos como Arsenal, Liverpool y Manchester United y de alcanzar con bastante frecuencia los octavos de final de la Champions League.

En cuanto a la Selección Nacional Suiza, hay que destacar su clasificación para fases finales de Mundiales y Eurocopas con bastante frecuencia. En los últimos 20 años ha disputado cuatro fases finales del Mundial (EEUU 1994, Alemania 2006, Sudáfrica 2010, siendo el único equipo que ganó a nuestra selección, y Brasil 2014). En cuanto a Eurocopas, ha disputado Inglaterra 2006, Portugal 2004, fue organizadora en 2008 y volvió a disputar Francia 2016.

Los jugadores que componen la Selección Suiza juegan casi en su totalidad en campeonatos extranjeros, principalmente en Alemania (10), Inglaterra (5), Italia (2) y Francia (2). Suiza ha tenido una época dorada de 2008 a 2014 de la mano de su seleccionador, Ottmar Hitzfeld, campeón en varias ocasiones con Dortmund y Bayern Munich, logrando en dos ocasiones la Champions League. Actualmente, el seleccionador es el Bosnio Vladimir Petkovic, que metió al equipo en octavos de final en Brasil 2014, perdiendo en los últimos compases con Argentina, así como alcanzó los Octavos de la Eurocopa de Francia, siendo también eliminada en penaltis por Polonia.

No existe un campeonato de fútbol universitario como suele existir en otros países de centro y norte de Europa. Lo que sí se organiza en ocasiones es una jornada anual del deporte en donde participan diferentes universidades o escuelas superiores. El fútbol universitario por tanto no tiene ninguna relevancia.

EL FÚTBOL BASE EN SUIZA

El fútbol base en Suiza se organiza de la siguiente manera:

En la base de la organización se encontraría el llamado 'Futbol de Niños', que comprende las categorías de Júniors E, D, C, B y A, que equivaldrían a lo que en España se conoce como benjamines, alevines, infantiles, cadetes y juveniles. Estas categorías de fútbol base están organizadas por las Asociaciones Cantonales de Fútbol (Canton Vaud por ejemplo correspondería a las ciudades Lausanne, Renens, Montreux, Nyon, Morges y algunas más).

En un segundo peldaño encontramos lo que se conoce como Programa Footeco (**FOO**tball - **TE**chnique - **CO**ordination), que es un proyecto organizado por la Asociación Suiza de Futbol (ASF) para la identificación y promoción de potenciales talentos en las edades de 12, 13 y 14 años. Para la edad de 12 años existen 130 equipos y centros de formación repartidos por todo el país. Para la edad de 13 años hay 70 equipos y 16 selecciones regionales y para la edad de 14 años, 60 equipos y 13 selecciones.

Lo que se pretende mediante este programa Footeco es que los chicos con más potencial en las edades mencionadas formen parte integrante del mismo equipo-selección, para que comiencen a entrenar bajo la filosofía y metodología de la ASF, para que empiecen a adquirir una serie de competencias técnicas, de inteligencia de juego, de personalidad, así como de velocidad gestual, que les permitan pasar al tercer nivel de formación que es el que se conoce como Futbol de Élite.

El Fútbol de Élite lo componen las categorías sub 15, sub 16, sub 18 y sub 21. Como es normal, todos los equipos de Primera y Segunda División cuentan con equipos en estas categorías y muchos de los niños que pasan por estas etapas de Fútbol de Élite consiguen alcanzar el primer equipo. Es una evidencia el hecho de que resulta mucho más fácil para un chico suizo que pasa por las categorías inferiores de un club de Primera División acabar jugando como profesional que para un chico español.

Los jugadores deben pagar una cuota anual por la práctica del fútbol en los diversos equipos de los diferentes niveles de formación. Para el fútbol de base, la cuota suele ser unos 200 francos anuales, mientras que para los del programa Footeco son unos 450 y para los del Fútbol de Élite hay que desembolsar unos 750. En esas cuotas están incluidas las equipaciones, los gastos de desplazamiento para disputar los partidos, así como las fichas federativas.

El deporte en general, y el fútbol en particular, ocupa un lugar muy importante en la educación y formación de los niños de este país. Existen muchas opciones para que los niños puedan practicar diferentes deportes y desde las escuelas y clubes se promociona muchísimo la práctica deportiva. Esto puede resultar a veces inconveniente para el fútbol, ya que a la falta de una población grande (Suiza es un pequeño país) se debe sumar que muchos niños optan por practicar esquí, tenis, atletismo, hockey y algunos otros por delante del fútbol. El fútbol no tiene el poder de atracción que posee en otros países, dado que los niños saben que llegar a ser profesional de este deporte en su país no les asegura unas condiciones financieras mejores que quien estudia una carrera universitaria o quien es profesional en otra especialidad deportiva.

Es por esta razón que tanto desde la Asociación Suiza de Fútbol (ASF), como desde las asociaciones cantonales y clubes, se realiza un gran esfuerzo de promoción, pero sobre todo de formación de los jóvenes (como el mencionado proyecto Footeco). El objetivo es que, teniendo en cuenta el escaso número de niños que juega al fútbol en comparación con otros países, se obtenga el mayor número posible de jugadores de calidad que puedan representar al país en las competiciones internacionales, que al fin y al cabo es lo que más importa a la Federación Suiza.

La ruta de un jugador amateur suele ser la de pasar por las categorías Juniors E, D, C, B y A, para posteriormente jugar en un equipo en liga Regional o Interregional.

La de un jugador con talento suele ser iniciar el camino con las categorías de Juniors E, D, para posteriormente formar parte del programa Footeco y finalmente pasar a un equipo de fútbol de élite.

LA FILOSOFÍA DE JUEGO EN SUIZA

Para entender el fútbol suizo hay previamente que entender la cultura del país, ya que ésta tiene un impacto muy importante en el tipo de fútbol que se practica. Suiza es ante todo un país muy organizado, donde casi absolutamente todo funciona con la precisión de un reloj suizo, nunca mejor dicho. La sociedad está muy bien estructurada y organizada. No existe el caos de las culturas latinas o de países mediterráneos.

Esta situación, a pesar de ser bastante positiva, pone de relieve al mismo tiempo algunas carencias que a mi entender irían relacionadas con la capacidad de imaginación y con una capacidad para la resolución de problemas que salga de lo común, de lo establecido. Hay carencia de improvisación, de fantasía para inventar. Lo que conocemos en España como pillería o picaresca en la sociedad suiza no existe (obviando las excepciones, claro está) y ello se puede observar en el fútbol practicado por los jugadores y por los equipos suizos.

Jugadores y equipos suelen destacar por su organización, por ser muy correctos en la aplicación de las propuestas organizadas y estructuradas de sus entrenadores, pero escasea el jugador que a nivel individual hace la diferencia mediante algo extraordinario, ya sea un regate, un recurso técnico inesperado o mediante una acción de pillería. Por el contrario, todo suele ser bastante previsible.

Hasta hace poco tiempo casi todos los equipos jugaban con el clásico sistema 1-4-4-2, en línea o en rombo, y ningún entrenador se atrevía a proponer algo diferente.

Es necesario conocer un poco el contexto futbolístico del país para entender por qué el sistema 1-4-4-2 ha prevalecido durante los últimos años, casi inamovible:

Desde su participación en 1966 en la Copa del Mundo, Suiza estuvo casi 30 años sin volver a participar en una fase final del mismo. Fue en EEUU 1994 de la mano del seleccionador inglés, Roy Hodgson, que Suiza volvería a competir a nivel internacional. Hodgson clasificó a Suiza enfrentándose a rivales muy duros en la fase de clasificación, Italia, Portugal o Suecia, e implementando el sistema que por aquel entonces era el más utilizado en el fútbol inglés, el 1-4-4-2 en línea y con defensa en zona. Debido al éxito que la selección alcanzó, disputando los cuartos de final y cayendo eliminada por España en un encuentro que finalizó 3-0, el 1-4-4-2 pasó a ser el sistema táctico de base usado por los equipos suizos durante muchos años, tanto de la Selección como de los equipos que disputaban el campeonato suizo.

Mucha organización defensiva y poca imaginación ofensiva. Se prestaba mucha atención a las acciones a balón parado (dado que éstas se pueden estudiar, medir y aplicar a rajatabla) y en ataque las transiciones ofensivas muy rápidas cobraban una especial trascendencia.

Debemos señalar otro aspecto político-cultural que tiene una gran incidencia en el fútbol reciente. Hablamos de la llegada de inmigrantes procedentes de Italia, España o Portugal y de asilados de los Balcanes. Esta inmigración se ha reflejado en el fútbol, dado que los jugadores de estos países aportan un mayor grado de calidad individual, así como mayor hambre por jugar al fútbol profesional. Debemos tener muy en cuenta que como en Suiza la calidad de vida siempre fue y continúa siendo bastante alta, el niño-jugador suizo no posee esa necesidad vital de éxito en el fútbol, porque con otra profesión puede ganarse la vida mejor que siendo futbolista. Esta tendencia la cambian los inmigrantes de primera y de segunda generación. Ellos sí aportaron al fútbol ese trinomio calidad-pasión-hambre que faltaba en un país que también tiene como característica cultural importante la neutralidad.

Todos estos aspectos han configurado de forma particular y especial el fútbol de este país.

Otro aspecto que hay que destacar es el hecho de que en Suiza se hablen cuatro idiomas oficiales, siendo el alemán, el francés y el italiano los de mayor uso. Este factor condiciona la forma de relacionarse de los jugadores suizos entre ellos, así como la tendencia que tienen por un futbol con aspectos propios de Alemania, Italia o Francia, por ejemplo. No es raro observar que en Zurich y otras ciudades de los cantones alemanes-suizos se mira más a Alemania como país al que imitar, mientas que en las ciudades de los cantones franco-suizos se pone más un ojo en Francia y en las ciudades del Ticino, cantones suizo-italianos, se tiene como referencia indiscutible a Italia.

Por todo ello no sería difícil apreciar cómo un equipo del Ticino puede practicar un fútbol más italianizado, donde el rigor táctico y la pasión sean las notas que destacan del equipo. En la parte francesa, tendremos equipos en los que la fuerza del jugador de raza negra y la calidad técnica son las que destacan. En la parte alemana, la organización y la mentalidad ganadora serán las características identificadoras de sus equipos.

Actualmente se está llevando a cabo una especie de revolución a nivel de juego y también a nivel táctico en algunos equipos de la Super League. Sin ningún lugar a dudas, uno de los culpables de dicha revolución es el actual entrenador del Lausanne Sport, Fabio Celestini.

Como jugador además de en Suiza, jugó en Francia (Troyes y Olimpique de Marseille) y en España: en el Levante y en el Getafe de los años gloriosos, en los que fue finalista de Copa y en que caería en la Copa de la UEFA con el Bayern de Munich en un partido de vuelta épico. Su etapa de formación como entrenador la llevó a cabo en Suiza e Italia. Dichas experiencias en diferentes países han confeccionado a un entrenador muy polifacético, con conocimientos táctico extensos y sobre todo con una clara vocación por el juego de posesión y por el fútbol ofensivo que interiorizó en su etapa en España.

Sus equipos son un reflejo de su personalidad y el Lausanne Sport consiguió no solo el ascenso de Segunda a Primera División, practicando un fútbol totalmente diferente a lo que se había visto en este país, sino que continúa en Primera División desplegando un futbol de posesión, de ataque y atractivo, con un contingente de jugadores muy jóvenes y con escasísima experiencia en Primera División. Todo ello le ha valido para ser reconocido en enero de 2017 como mejor entrenador del país en 2016.

El Lausanne Sport ha jugado con varios sistemas en estos dos años que Celestini ha estado al cargo del equipo. Ha jugado con defensa de 4 y de 3, con centro del campo en rombo, en cuadrado o con 4 atacantes. Pero especial repercusión ha tenido el 1-3–5-2 que en fase defensiva pasa a ser un 1-5-3-2, dado que actualmente viene siendo utilizado por varios equipos que antes no lo practicaban.

Otro impacto positivo que ha marcado tendencia en Suiza sería la salida de balón desde zona 1. Hasta este año, era habitual observar que el portero lanzaba en largo, los equipos disputaban el segundo balón y desde esa situación se organizaban ofensivamente. Ahora los equipos intentan jugar desde atrás, con centrales abiertos y algún mediocampista que se mete entre los centrales o al lado de uno de ellos para salir combinado de la forma más limpia posible. Cada vez es menos utilizado el juego directo y los equipos intentan dominar el control del balón, conservando la posesión el mayor tiempo posible.

Es justo decir que Fabio Celestini ha iniciado lo que podría denominarse como una pequeña revolución, impregnando con ideas nuevas y frescas el campeonato suizo. Otros equipos han tenido que buscar soluciones a los planteamientos propuestos por el Lausanne o incluso coger ideas parecidas y adaptarlas a sus modelos.

El hecho de contar con un equipo muy joven en Super League, sin grandes nombres, y de haber conseguido resultados muy positivos (llegó a estar segundo en octubre), así como el hecho de haber rivalizado con los equipos grandes, ha puesto sobre la mesa el debate de si los equipos pequeños pueden o no pueden jugar un fútbol de posesión y vistoso, pero sobre todo ha puesto en tela de juicio por qué los equipos con más presupuesto y grandes jugadores no practican un futbol más vistoso y de ataque.

Durante gran parte del campeonato, los medios de comunicación se han hecho eco de este debate y han destacado al Lausanne como ejemplo de referencia, llegando a denominarlo cariñosamente como el Barcelona suizo, no solo por el estilo de juego, sino también por el gran número de jugadores canteranos que componen la primera plantilla.

Todo ello ha tenido y está teniendo un efecto muy positivo, pues se observa actualmente que hay más tendencia a querer jugar el balón en corto y por bajo, que en largo y por el aire.

PECULIARIDADES DEL PAÍS QUE AFECTAN AL FÚTBOL

El clima de Suiza tiene una incidencia directa en la organización de los campeonatos. El mayor impacto es que durante los meses de diciembre y enero no se disputan partidos, debido a la nieve. Tanto el fútbol profesional como el amateur cierran por vacaciones en este periodo invernal.

Esto conlleva que el campeonato comience antes que otros torneos europeos: la Primera y la Segunda División Suiza comienzan la segunda semana de julio, para acabar la primera vuelta en la primera semana de diciembre. La segunda vuelta se inicia en torno a la primera semana de febrero y el campeonato concluye la última semana de mayo o la primera de junio. Por consiguiente, la liga se divide en dos partes bien diferenciadas: julio-diciembre y febrero-mayo/junio.

Todo lo anterior implica algunas particularidades:

El jugador profesional suizo tiene muy poco tiempo de recuperación entre dos temporadas, lo que repercute en la preparación de la pretemporada de verano.

La pretemporada de invierno por el contrario se asemeja más a una pretemporada de verano de otros países, dado que el jugador descansa unas tres semanas en diciembre y posteriormente realiza una pretemporada de 4-5 semanas.

El campeonato de Primera División suele ser más igualado al inicio del mismo. Esto se debe a que los cuatro equipos más fuertes de Liga participan en las rondas previas de las competiciones europeas y suelen dar más prioridad a estos partidos que al campeonato nacional, lo que implica que el nivel se iguala en las primeras jornadas.

Otra particularidad es que, como la liga la componen solo 10 equipos, se juegan 4 vueltas. Esto hace que los equipos se conozcan muy bien unos a otros. Puede resultar aburrido o poco atractivo jugar 4 veces con el mismo rival.

Dadas las condiciones climatológicas, hay una particularidad en relación al tipo de césped de algunos terrenos de juego. Hay dos equipos (Young Boys y Thun) que poseen césped artificial. Eso les proporciona en mi opinión cierta ventaja, dadas las diferencias que existen con respecto a los terrenos de césped natural.

En lo referente a geografía, el país es pequeño y los desplazamientos son cortos, con un máximo de cuatro horas en autobús. Normalmente todos los equipos viajan el día antes del partido y se concentran en un hotel.

Los campos de Primera División están muy bien acondicionados y son bastante nuevos en general. Los estadios son cubiertos y los aficionados no corren excesivo riesgo de mojarse cuando llueve o nieva.

Ir a ver un partido de fútbol para un aficionado supone un gasto de entre 30 y 120 francos, en función del asiento y del partido. En mi opinión, es un poco caro asistir al fútbol, a pesar de que el nivel de vida en Suiza es muy superior al de España. Un aficionado que vaya con algún hijo puede gastar en total unos 100 francos perfectamente sin tener en cuenta si se han tenido que desplazar desde otra ciudad.

En cuanto al volumen de aficionados, los equipos grandes cuentan con un grueso bastante importante. Basel, Saint Gallen, Young Boys o Luzerne movilizan en torno a 15.000 personas en sus estadios cada semana. Basel llega a los 25.000 con relativa facilidad. Otros equipos como Thun, Vaduz o Lausanne son respaldados por unos 5.000 aficionados por partido. A pesar de las condiciones climatológicas y del nivel futbolístico del campeonato, que a veces no acompaña, se puede decir que la afluencia de público es buena. En España no todos los equipos meten a 25.000 personas en cada partido.

MÉTODOS DE ENTRENAMIENTO EN SUIZA

De entrada, en Suiza se le sigue otorgando una importancia prioritaria a la preparación física (en mi opinión, de forma excesiva), por encima de otros aspectos. Por lo que conozco, son pocos los equipos que entrenan anteponiendo lo táctico o lo técnico.

En mi experiencia por el fútbol amateur y profesional de este país, puedo decir que pocos son los entrenadores que utilizan la periodización táctica, por ejemplo, como metodología. Se sigue hablando en muchos círculos de conceptos quizás un poco en desuso en otros países, como entrenamiento integrado, transferencia de los ejercicios físicos a los entrenamientos técnico-tácticos, velocidad en el sentido más lineal y atlético de su concepto, etcétera.

Pienso que en las sesiones se sigue trabajando mucho de forma general (un poco de esto, con un poco aquello) y se prepara con poca profundidad, con poco detalle, el día de la competición, el próximo partido. Se da bastante a menudo la contradicción de equipos que entrenan de una forma durante la semana y juegan de otra el domingo. Ejemplo típico es el de entrenadores que proponen muchos ejercicios de posesión durante la semana y en la competición esos equipos se caracterizan por el juego directo y las transiciones rápidas.

Hay poca profundidad táctica en las sesiones de muchos equipos profesionales, donde no se dirige el objetivo de la sesión a lo que será el escenario que el domingo se encontrarán los jugadores. Ejemplo evidente de este factor que menciono es que a pocos conjuntos se les puede identificar por su idea de juego de forma clara. A mi juicio, éste es un aspecto que mejorar bastante en el futbol suizo.

En general, casi todos los equipos de Super League hacen uso de la tecnología para la medición de datos físicos, a través de la utilización de los diversos productos que existen en el mercado. Pienso que existe la tendencia, no solo en Suiza, sino en los medios de comunicación de otros países también, de dar excesiva importancia a los datos físicos (número de kilómetros totales, numero de sprints, numero de aceleraciones y desaceleraciones) así como a datos técnicos vinculados al número de pases, remates a portería, centros, corners, faltas, porcentaje de posesión de balón... Todos estos datos son muy tenidos en cuenta por los equipos para intentar explicar lo que a veces no tiene explicación, o peor incluso, para justificar aspectos del juego que poco tienen que ver con la medición exacta de ciertas acciones que poco o nada vienen a decir de por qué un equipo ha ganado o ha perdido, o de si un equipo ha jugado mejor o peor.

No se puede decir que Suiza sea un país retrógrado en cuanto a la aplicación de metodologías, pero sí que están un paso o dos por detrás del resto de países importantes. De ahí que muchos de los entrenadores suizos, así como personal que trabaja en la federación suiza de fútbol, se interesen por viajar a otros países para conocer nuevas tendencias de entrenamientos y de tecnología aplicada al futbol.

En los años 90, período en el cual el fútbol suizo llevó a cabo un gran progreso, existieron dos países principales a los que los suizos dirigieron sus miradas para aprender y para captar ideas y métodos. Fueron los centros de formación Clairefountaine en Francia, así como la escuela holandesa del Ajax.

Actualmente, si bien es cierto que Francia y Alemania siguen siendo los referentes principales para la educación, el progreso y la innovación del fútbol suizo, España ha pasado a ser también un modelo de mucho prestigio y cada vez son más los formadores, instructores y entrenadores que viajan a nuestro país para entender qué se hace aquí y cómo pueden importar ideas que se adapten a las vicisitudes del fútbol suizo.

INFRAESTRUCTURAS Y MEDIOS DE ENTRENAMIENTO Y DE TRABAJO

Las infraestructuras de los clubes suizos de Primera División son buenas por lo general. Hay que destacar que tan solo dos equipos, Basilea y Grasshoppers, cuentan con campus propios, entendiendo éstos como el lugar donde se entrena el primer equipo, así como las categorías inferiores y donde existe la posibilidad de que los jugadores de la base puedan dormir en dichas instalaciones. El resto de clubes cuenta con centros de entrenamientos que no necesariamente son de titularidad propia sino de la ciudad. Esas instalaciones suelen estar bastante bien acondicionadas y no tienen mucho que envidiar a lo que serían las instalaciones de equipos españoles que no sean los 4-5 grandes.

A día de hoy, se discute a nivel político cuáles son las ciudades con un potencial real para tener equipos fuertes de Primera División que puedan competir con garantías en competiciones europeas y que puedan nutrir al equipo nacional de jugadores para los próximos años. Esas cinco ciudades son Zurich, Berna, Lucerna, Basilea y Lausanne. En estas cinco ciudades existe población suficiente, así como empresas fuertes que pueden apostar por la inversión en el fútbol para conseguir un mayor crecimiento y mejora. Se discute asimismo la posibilidad de crear más campus de fútbol que ofrezcan las mejores posibilidades no solo a profesionales sino también a jugadores de la base.

Los equipos de Primera División cuentan con un personal adecuado de recursos humanos. En todos los equipos, el cuerpo técnico está formado por el entrenador principal, un asistente, un entrenador de porteros y un preparador físico, además de los correspondientes fisioterapeutas, médicos y masajistas. En ciertos equipos, este último grupo, compuesto por médicos principalmente, fisios y masajistas no suele trabajar a tiempo completo para el club, sino que tiene sus propias consultas y, adicionalmente, presta servicios a los clubes. En nuestro equipo, Lausanne Sport, el staff está compuesto por el entrenador, asistente, dos preparadores físicos, entrenador de porteros y analista.

La figura del analista aún no está muy presente en los equipos. Personalmente, solo he conocido a otro analista, del FC Sion, que, como yo, viaja cada semana a ver partidos de rivales y se dedica 100% al análisis técnico-táctico de rivales y del equipo propio. Creo que es un área que tiene mucho margen de mejora y desarrollo en Suiza.

CONTEXTO LABORAL PARA POTENCIALES INMIGRANTES ESPAÑOLES

A pesar de que el campeonato dispone de tan solo 10 equipos y de que el idioma es un importante factor que influye de manera limitante en la contratación de entrenadores, dado que el alemán, francés e italiano (o el inglés en su defecto) son las lenguas obligatorias para poder entrenar, no son pocos los entrenadores extranjeros que trabajan en este país.

No obstante, no es un mercado fácil para el entrenador español, quizás principalmente por la limitación lingüística que pueda existir. En cambio, para entrenadores alemanes, franceses e incluso italianos, es un destino posible y diría que hasta atractivo dado que dichos entrenadores pueden aportar no solo bastante experiencia sino también un conocimiento cualificado y diferenciado en un fútbol que sigue en desarrollo y crecimiento. Ejemplos de entrenadores extranjeros que han trabajado en Suiza y han llegado a tener bastante éxito son: Ottmar

Hitzfeld, Markus Babbel, Didier Tholot, Zdenek Zeman, Gennaro Gatusso, Paolo Sousa o Vladimir Petkovic (actual seleccionador).

Existen dos precedentes de entrenadores españoles en Suiza: Joaquin Caparros (Neuchatel Xamax, 2011) y Victor Muñoz (Neuchatel Xamax 2011 y Sion 2012). Otro conocido de la liga española, Gabi Calderon, entrenó al Lausanne Sport en la temporada 93-94.

En cuanto a jugadores, pienso que Suiza no es un destino interesante para jugadores de Primera División, dado que el nivel futbolístico, así como el nivel económico no están a la altura de las grandes ligas europeas. Pocos son los jugadores españoles de renombre que han disputado el campeonato suizo. En la época en la que Caparrós y Muñoz dirigieron al Neuchatel Xamax y al Sion, varios españoles llegaron con ellos: Victor Sanchez (ex Espanyol), David Navarro (ex Valencia), Javier Arizmendi (ex Deportivo de la Coruña), Gabri (ex Barcelona) y algún otro conocido de la afición española como Walter Samuel (ex Real Madrid) o Walter Pandiani (ex Deportivo de la Coruna, Osasuna, Villarreal y Espayol) han acabado su carrera en Suiza (en Basilea y Lausanne Sport respectivamente).

En cambio, sí pienso que sería un destino muy atractivo para jugadores de Segunda o de Segunda B, así como para jóvenes formados en las canteras de equipos de Primera División que quieran tener un primer contacto con el fútbol profesional y poder así hacerse un nombre a nivel europeo. Teniendo en cuenta la proximidad geográfica de campeonatos como el alemán, el francés o el italiano, no es difícil pensar que un jugador joven que hiciese una buena temporada en Suiza pudiera dar el salto a alguno de esos países, sobre todo al alemán, que cuenta siempre con numerosos scouts que siguen de manera regular la competición suiza.

Los salarios para entrenadores pueden ir de los 1.500 francos mensuales para un entrenador amateur a los 100.000 francos mensuales para un entrenador importante de Super League. Depende mucho del club, del caché y de la experiencia del entrenador. Por lo general, la gran mayoría de entrenadores no profesionales no tiene suficiente para vivir con lo que ganan como entrenadores. De ahí que tengan como actividad laboral alguna otra. Aunque un salario de 3.000 francos mensuales (unos 2.500 euros al cambio) pudiera parecer más que suficiente en España, el coste de la vida en Suiza no te permite cubrir las necesidades más básicas con dicho salario.

Para los jugadores, el salario también puede variar mucho dependiendo de la liga en la que jueguen y del club para el que lo hagan. En los equipos de fútbol amateur de categoría más baja los jugadores casi no ganan dinero, sino que reciben algún que otro premio por objetivo, por ejemplo, el regalo de ir de pretemporada a otro país (España, Turquía, Sudamérica...) con todos los gastos pagados. Es muy común que todos los equipos suizos de cualquier categoría y edad (incluso los chicos de la base) se marchen entre una semana y diez días en los meses de febrero o marzo a algún país como los mencionados anteriormente para preparar la segunda parte de la temporada.

En otros equipos amateurs de ligas más superiores (Primera Liga y Primera Liga Promoción), las cantidades varían mucho dependiendo de los clubes y propietarios de esos clubes, pero difícilmente algún jugador de este nivel puede vivir solo del fútbol.

En Challenge League, los salarios son bajos, comparados con los salarios de Segunda División de otras ligas. Son muchos los jugadores que además del fútbol dedican su día a día a estudiar o a trabajar, en definitiva, a prepararse para cuando el fútbol se acabe. Y en Super League, la diferencia entre los que menos y los que más ganan puede variar muchísimo también. Hay jugadores que están en los 5.000 francos mensuales y otros de los grandes equipos que están en el millón anual.

De nuevo, para un jugador de Segunda o Segunda B o para un joven recién salido del filial, Suiza podría ser un destino interesante a nivel económico. Si obtiene un salario de entre 5.000 y 8.000 francos, así como otras prestaciones como por ejemplo la casa o el coche, y teniendo en cuenta la seriedad que existe en este país a la hora de los pagos, podría resultar ventajoso venir a probar suerte durante un par de años.

CONTEXTO LEGISLATIVO PARA LA CONTRATACIÓN DE TRABAJADORES ESPAÑOLES

Al no formar parte de la Unión Europea, Suiza no tiene habilitado el derecho de libre circulación de trabajadores, por lo que cualquier persona de la Unión Europea que pretenda trabajar en este país se enfrenta de partida con los límites lógicos de movilidad con los que no contaría en otros países miembros. Hasta hace pocos años Suiza absorbía bastante inmigración y permitió a muchas personas de diversos países entrar y establecer su vida en este país. En los últimos cinco años, la situación ha cambiado y hay muchas más restricciones.

En lo que a la situación de un jugador de futbol profesional se refiere, existen ciertos requisitos que privilegian a aquellos jugadores que son ciudadanos de un estado miembro de la Unión Europea en comparación con quien no lo es.

Para que un jugador no suizo obtenga el permiso de residencia para poder trabajar necesita que su club envíe a las autoridades pertinentes una serie de documentación (los requisitos pueden variar de cantón a cantón), pero normalmente son los siguientes:

Copia del pasaporte del jugador, copia del contrato de trabajo, documento con la información pertinente a la fecha de llegada al país y partida de nacimiento del jugador.

Si el jugador no fuese perteneciente a un estado miembro de la Unión, además el club debe rellenar un formulario (n. 1350) y si dicho jugador llegase con familiares, se debe presentar copia del pasaporte de todos ellos, partidas de nacimiento y acta matrimonial (si estuviesen casados).

Además de estos requisitos legales, la Federación de Futbol Suiza (SFL) establece ciertos criterios en relación a quien es considerado extranjero, quien no lo es, límite de extranjeros por equipos, etc.

Según el Reglamento de la SFL, cada equipo tiene derecho a un máximo de 5 jugadores extranjeros por partido. Solo los jugadores no pertenecientes a la Unión Europea son considerados extranjeros. Los de la Unión son considerados nacionales.

Dicho lo cual, un jugador español tiene bastante fácil poder venir a Suiza a jugar, no existiendo restricciones importantes para su llegada y permanencia en el país.

UNA HISTORIA REAL: LORENZO GUERRERO EN SUIZA

Podría utilizar varias historias para relatar un ejemplo real de un inmigrante que consigue hacerse hueco en la esfera futbolística en un país extranjero, pero ninguna de esas historias las podría conocer de forma tan profunda y en detalle como la mía propia. Por ello intentaré transmitir, de forma breve y sin muchos adornos, la que ha sido mi humilde historia en el país helvético, que me ha dado la oportunidad de conocer el fútbol amateur y profesional desde dentro.

Mi experiencia como entrenador tiene punto de partida en Zurich. Llegué a esta ciudad en 2010 por razones que nada tenían que ver con la carrera de entrenador, pero que curiosamente estaban relacionadas con el fútbol. Llegué acompañando a la que en aquellos momentos era mi pareja sentimental que había conseguido un puesto de trabajo en la FIFA (Federación Internacional de Futbol Asociación). Mi maleta estaba cargada de ilusión y ganas por trabajar en el área profesional a la que dedicaba mi tiempo en aquellos momentos: el Derecho Deportivo. Por aquel 2010, mi objetivo era convertirme en un buen abogado que defendiera a jugadores y a clubes de fútbol. A ello me puse y en un plazo de tiempo prudencial conseguí hacerme un hueco en el mercado trabajando como abogado independiente, con casos en FIFA y en el TAS-CAS (Tribunal de Arbitraje Deportivo).

Siempre pensé que el fútbol, además de ser uno de los deportes más bellos que existen, constituye un potente medio de socialización. Como no tenía amigos en la nueva ciudad, no dudé en contactar a dos equipos de Zurich de nivel amateur. A los pocos días de contactar a una persona del club Red Star Zurich recibí respuesta y fui invitado a realizar unas pruebas. Acabé formando parte de la plantilla y jugando una temporada y media antes de colgar las botas, para dar a partir de entonces mis primeros pasos como entrenador.

En la temporada 2012-2013 fui asistente del que había sido mi entrenador la temporada anterior. El año siguiente ejercí como asistente de otro entrenador que se hizo cargo del equipo para finalmente en mi tercera temporada, 2014-2015, pasar a ser el entrenador principal. Mi experiencia como entrenador principal fue más difícil de lo que hubiera podido imaginar. Teniendo en cuenta que conocía y me conocían la gran mayoría de jugadores, algunos con los que incluso había compartido vestuario como jugador, pensé que la tarea, (salvando ciertas dificultades, como por ejemplo la barrera del idioma, dado que no hablaba alemán) iba a ser más fácil de lo que resultó ser.

Para entender mejor el contexto, es necesario mencionar que pasé a ser el único entrenador de lengua no germana que se había hecho cargo del equipo en los cientos y pocos años de historia del club. Dicho lo cual, para ganarme la confianza de los dirigentes del club, tuve que invertir mucho tiempo y esfuerzo durante los dos años que estuve como asistente para que tanto ellos como los jugadores me diesen el voto de confianza para pasar a ser el entrenador principal.

En la temporada 2014-2015, el equipo decidió subir del filial a muchos jugadores y comenzar a deshacerse de algunos más veteranos que llevaban muchos años en un club que casi más que un club de fútbol es una gran familia.

Dirigir a jugadores tan jóvenes (entre 17 y 22 años) que nunca habían sido entrenados por un técnico que no hablaba su idioma fue un gran desafío para todos. Las primeras sesiones de entrenamientos no fueron fáciles, ya que costó esfuerzo y tiempo inculcar mis ideas y planteamientos tácticos en inglés. Algunos chicos no lo hablaban ni entendían de forma fluida y tuve que apoyarme en algunos jugadores más veteranos, y en mi asistente, con conocimientos de inglés y de español, para que transmitiesen esos planteamientos a varios jugadores. Llevé a cabo bastantes reuniones individuales con aquellos jugadores más jóvenes para transmitirles mis ideas. A las dificultades propias del idioma se sumó la de proponer ideas nuevas, un estilo de juego diferente al que venían utilizando, una metodología de entrenamiento diferente o ejercicios que nunca habían realizado. No obstante, el equipo llegó a desplegar un juego muy vistoso y digno de admiración durante diversos periodos del campeonato. Desafortunadamente, al gran juego practicado los resultados no siempre acompañaron y ello provocó cierto escepticismo en jugadores veteranos que llevaban muchos años en el club y que anteponían los resultados a la forma de conseguirlos.

Hubo fricciones con algunos jugadores, momentos difíciles en la gestión del grupo y tuve que reflexionar y ponderar no pocas veces si debía cambiar mis planteamientos.

A pesar de las dificultades, opté por mantenerme firme en mis convicciones, precisamente porque no quería traicionar mi forma de entender y sentir el fútbol. El equipo salió del bache negativo de resultados que condujo a esas dudas por parte de cierto sector de la plantilla y conseguimos varias victorias importantes que nos acercaron al objetivo de la permanencia, que era la meta principal de ese año. Hubo partidos en los que el once inicial estuvo formado por hasta siete jugadores sub 21, con las connotaciones positivas y negativas que ello conlleva.

Durante ese año aprendí ciertas lecciones que me sirvieron mucho y que a día de hoy me siguen ayudando en mi trabajo diario, ahora ya con una plantilla profesional. Pero quizás el mayor aprendizaje que obtuve de aquella experiencia fue el vivir en primera persona que en el fútbol, como en cualquier otra esfera de la vida, el trabajo duro, el compromiso, las convicciones y mantenerse firme en los momentos complicados, dan resultado.

Además de conseguir la permanencia con el equipo y de celebrarlo como un éxito importante por todas las particularidades y vicisitudes que se habían dado esa temporada, el mayor regalo o recompensa que el fútbol me pudo dar por esos tres años de esfuerzo y dedicación en el equipo zuriqués, fue la vinculación con el Lausanne Sport, equipo con el que viviría (y continuo viviendo) momentos de felicidad y aprendizaje enormes, gracias a la oportunidad que me brindó al que puedo considerar todo un ejemplo de persona y de entrenador: Fabio Celestini.

En relación a mi nueva etapa como miembro del cuerpo técnico del Lausanne Sport, solo puedo decir que es increíble poder trabajar con profesionales que me enseñan cada día la importancia de la pasión, la determinación, el amor al trabajo bien hecho y la perseverancia.

En un mundo tan volátil como el fútbol donde todo pasa de ser increíble a ser nefasto en un tiempo record y como consecuencia de un resultado u otro, los valores y principios mencionados anteriormente son quizás, el único `puerto seguro` al que se puede aferrar un entrenador o cuerpo técnico.

CONSEJOS PARA EL EMIGRANTE NOVATO

El primer consejo que le daría a un extranjero antes de viajar a Suiza es que estudie bien un idioma y venga al menos con el manejo del inglés para poder comunicarse. Sin ello, le resultará bastante difícil desenvolverse en el día a día en este país. Es cierto que existe una amplia representación de población española, portuguesa, italiana y hasta sudamericana y por tanto no sería misión imposible integrarse en ciertos círculos, pero la total integración personal y profesional viene de la mano del manejo de los idiomas.

Por la experiencia personal que he tenido a lo largo de los últimos años, dado que tuve la suerte de vivir en cinco países como Inglaterra, Francia, Finlandia, Brasil y Suiza, estoy convencido de que superar la barrera idiomática es fundamental: no solo para un buen desempeño de las tareas profesionales sino sobre todo, para un mejor aprovechamiento del día a día, para poder impregnarse de la cultura del país y para que la experiencia en todo su conjunto sea lo más positiva y enriquecedora posible. Hablar inglés o el idioma del país al que uno se marcha a vivir, es un elemento primordial.

El segundo consejo que daría es que intente dejar atrás las posibles comparaciones que casi de forma inconsciente, o a veces de forma caprichosa, suelen hacerse con España. Me refiero a comparaciones de clima, de comida, de horarios o de amabilidad y simpatía de las personas. He aprendido en estos años que cada lugar es mágico a su manera, que cada país y cultura pueden proporcionar enseñanzas interesantes que sirvan para el devenir de nuestra vida. Quedarse anclado en las tradiciones españolas, en los horarios, en la forma de hacer las cosas en el pueblo o ciudad de origen no solo te imposibilita vivir el momento presente y exprimir la experiencia maravillosa de vivir en el extranjero con todo su potencial, sino que te impide nutrirte de gran parte de las cosas que ofrece esa experiencia de estar en un lugar diferente. Por ello, mi pequeña recomendación en este sentido sería intentar ser todo lo flexible posible, aceptar las diferencias como parte esencial de la experiencia y tener un espíritu de curiosidad que permita descubrir lo bello y positivo de cada lugar.

Por otro lado, diría que siempre es bueno llegar al país con un poco de información acerca de cómo funcionan las cosas en relación a situaciones básicas como puede ser el tema de abrir una cuenta bancaria, cómo funciona el servicio de salud (que por ejemplo en Suiza es absolutamente privado, cada persona debe pagar una prima mensual para contar con derecho a la sanidad), cómo llevar a cabo el registro en la oficina pertinente como residente o los requisitos exigidos para el alquiler de una vivienda. En resumen, tener al menos identificadas las cuatro cositas básicas que serán necesarias para establecerse en el país al que se llega.

Por último, algo que también le podría transmitir al inmigrante novato es que no tenga miedo y que se atreva a dar el paso de salir de España y conocer otras formas de vida, otras culturas e idiomas, otras formas de entender el trabajo y el ocio. Que llegue con las maletas cargadas de ilusión y motivación. Que acepte el hecho de que habrá muchos momentos difíciles donde quizás piense 'pero ¿qué estoy haciendo aquí con lo bien que podría estar en mi casa?', pero que tan pronto le venga ese pensamiento a la cabeza lo intente remplazar por el de 'todo lo que estoy viviendo y aprendiendo me hace mejor como persona y como profesional, me sirve ahora y me servirá en el futuro'.

Salir del círculo de confort cuesta, pero el precio que se paga por ello es proporcional al beneficio que se obtiene.

TAILANDIA

Carlos Sánchez Rubio

EL AUTOR

Mi experiencia en Tailandia se remonta al año 2013, cuando a través del Club Atlético de Madrid surge la oportunidad de trabajar de forma profesional en este país.

Durante mi periodo de formación, cursé la licenciatura de Ciencias de la Actividad Física y el Deporte, así como la Diplomatura en Magisterio de Educación Física ambas en la Universidad Camilo José Cela.

En el ámbito futbolístico toda mi formación la he desarrollado con la Real Federación Española de Fútbol, la cual me ha trasmitido, más allá de una titulación, la forma que tengo de entender el fútbol y que, con lo que he podido comparar, es mucho más detallada en todos los aspectos que otras formaciones en otros países. Estoy colegiado como entrenador nacional, nivel III, y cuento con la licencia UEFA Pro. Profesores como Don Santiago Coca, Eduardo Caturla Vázquez o Carlos Velasco Carballo han sido excelentes ejemplos de cómo entender el mundo del fútbol desde la posición de entrenador.

Mi primera temporada dentro de un cuerpo técnico fue en el Atlético de Madrid y de la mano de Javier Canal López, que me enseño la pasión que se debe tener para ser entrenador. Dentro del club estuve las siguientes seis temporadas con el primer equipo alevín de la Escuela del Atlético de Madrid.

Durante este tiempo he aprendido unos valores que solo un club como el Atlético de Madrid es capaz de trasmitir: siempre hemos trabajado en un ambiente muy cercano, casi familiar, y toda la gente con la que he estado me ha enseñado el amor que le tiene al club y eso me ha calado muchísimo para formarme como entrenador.

Finalmente, en mayo de 2013 me ofrecen la posibilidad de formar parte del proyecto internacional del Atlético de Madrid en Tailandia y me parece una oportunidad buenísima para continuar mi formación.

Actualmente llevo en el SCG Muangthong United y han sido tres años y medio en los que he entrenado en todas las categorías inferiores y ayudado al desarrollo de entrenadores locales. Hoy ocupo la posición de director de la academia, así como la de entrenador de las categorías infantil y alevín, las cuales son claves para cambiar el estilo de juego de toda la academia.

Estoy esperando a dar el salto al fútbol profesional y ojalá que sea dentro de este club.

EL FÚTBOL EN EL CONTEXTO DEPORTIVO DE TAILANDIA

Actualmente, el fútbol es el principal deporte del país por seguidores, aunque históricamente el deporte nacional de Tailandia es el Muay Thai.

El club en el que trabajo ha pasado de tener menos de un millón de seguidores en Facebook a conseguir más de dos millones para esta temporada, gracias en parte a firmar a las promesas de este país, que actualmente está peleando por clasificarse para el mundial.

A nivel social, este grupo de jugadores está teniendo mucha repercusión sobre el país. Han creado un antes y un después que marca el camino de los jugadores locales tailandeses. Han crecido y demostrado su valía frente a un gran número de extranjeros. Gracias a esta generación, los futbolistas tailandeses están siendo más valorados a nivel deportivo y económico.

Actualmente, la Federación ha creado la primera liga oficial (Thailand Youth League) para las categorías inferiores, hasta ahora inexistente, este primer año habrá una división en las categorías de 13, 15, 17 y 19 años, quedando Tailandia dividida en 8 zonas y un máximo de diez equipos por zona. Una vez finalizada la liga regular, la idea es jugar entre los clasificados para la fase final por ser el campeón de Tailandia. Esta liga también está teniendo mucha repercusión ya que la juegan la mayoría de clubes profesionales y está teniendo cobertura nacional a través de cadenas privadas y redes sociales. Éste es el mayor cambio que estamos teniendo y que crea la base del cambio hacía un sistema más profesional.

Respecto al fútbol femenino, como pasa en España hay una gran diferencia a nivel de patrocinios, inversiones e importancia entre el fútbol femenino y masculino, pero aquí en Tailandia las chicas han demostrado estar capacitadas más que de sobra para representar al país, ya que se clasificaron por primera vez y antes que la selección masculina para el mundial de fútbol de Canadá. Gracias a ello están surgiendo academias interesadas en incorporar una sección femenina, aunque los principales clubes del país no tienen por el momento ese interés.

En cuanto a los competidores del fútbol, como he mencionado anteriormente, el Muay Thai es el deporte nacional de Tailandia por historia. Tiene una gran repercusión a nivel nacional, aunque a nivel económico el fútbol tiene una mayor estructura de inversión.

Las ligas de fútbol extranjeras gustan en Tailandia. Principalmente, se sigue la Premier League, ya que los horarios están mejor adaptados debido al cambio de hora que existe. Con España tenemos 5 o 6 horas de diferencia, con lo que es difícil seguir los partidos que se juegan de madrugada hora local. A pesar de ello, el Real Madrid y Barcelona tienen muchísimos seguidores, sobre todo en las nuevas generaciones y quizás el Atlético de Madrid esté despertando ese sentimiento poco a poco. Lo que sí está presente es el fútbol de la Selección Española, sobre todo en la época del Mundial y la Eurocopa, que cambió la perspectiva del fútbol moderno y nos dio la oportunidad de salir fuera a muchos de nosotros.

LA ESTRUCTURA Y EL NIVEL DEL FÚTBOL EN TAILANDIA

Tailandia cuenta con la Premier League Thai (PLT). La segunda división se conoce como "División 1" y la tercera división, que es regional, como "División 2". A su vez se juegan dos copas: Toyota League Cup y la FA Cup.

- Premier League Thai (PTL): La temporada suele iniciarse a comienzos de marzo y finaliza con las finales de alrededor de octubre. Actualmente, la liga cuenta con 18 equipos. El campeón promocionará a la AFC Champions League directamente, mientras que el segundo clasificado tendrá que jugar los Play Offs. Los últimos tres clasificados descienden de categoría. El campeón de la edición anterior fue el Buriram United.

- División 1: Tiene un total de 20 equipos, los tres primeros acceden a PTL, mientras que los dos últimos descienden a la liga regular RTL División 2.

- División 2: Está divida en 8 zonas. Los dos primeros clasificados juegan la fase final en la que solo dos equipos promocionarán a División 1.

Actualmente, el club donde trabajo, SCG Muangthong United cuenta con 9 jugadores que representan a la selección nacional que está peleando en la última fase para clasificarse para el Mundial. Teerasil Dangda se convirtió en el jugador más importante del país al conseguir un contrato con la UD Almería y actualmente es el capitán de la Selección y del SCG Muangthong United.

El Buriram United ha sido el equipo más fuerte en los últimos años de competición, surgiendo recientemente un nuevo ciclo en el que el SCG Muangthong United quiere disputarle esa condición. Son los dos equipos más prestigiosos del país.

Algunos de los jugadores más importantes del país son: Tanaboon Kesarat (MCD), Therathon Bunmathan (LI), Sarach Yooyen (MC), Chanathip Songkrasin (MCO), Kawin Thamsatchanan (POR), todos ellos jugadores internacionales y que representan a esa generación que está cambiando el fútbol tailandés.

Para hacer una comparativa entre Tailandia y España, solo el Buriram y el SCG Muangthong United podrían jugar en La Liga Española o en Segunda división. Tanto la D1 y la D2 estarían a un nivel de Segunda B y Tercera División respectivamente.

EL FÚTBOL BASE EN TAILANDIA

Existen numerosos torneos para fútbol base que se realizan durante todo el año y que están divididos en dos grupos: los que organizan empresas o clubes privados, con el fin de promocionar su marca o reclutar nuevos talentos, y los que forman parte del plan deportivo del gobierno o las regiones de Tailandia. Estos últimos llevan desarrollándose durante décadas, aunque hoy en día están perdiendo importancia a nivel deportivo, con lo que el Gobierno está retirando parte de las ayudas.

TYL (Thailand Youth League). Actualmente, el fútbol base cuenta con una liga para las categorías de 13, 15, 17 y 19 años, cuya primera edición se juega de agosto a diciembre, dividida en 8 regiones de Tailandia con un máximo de diez equipos por grupo y cuya fase final clasificará a los 16 mejores equipos de Tailandia, que pelearán por ser el campeón del país.

Participan en ella la mayoría de clubes del país tanto de PTL, división 1 y 2. Las academias de fútbol privadas han tenido que firmar un contrato con los equipos profesionales para poder participar en esta liga, ya que no se puede competir bajo el nombre de una academia privada.

Este proyecto sienta la base necesaria para dotar a los chicos de los valores necesarios para dar el salto al fútbol profesional en el futuro, ya que los torneos no ayudaban en esto.

El principal cambio es la competición semanal. Anteriormente, el año estaba dividido en periodos de competición muy cortos con mucha carga, es decir, muchos partidos en pocos días, esto no reflejaba el nivel de crecimiento de los equipos. Se podía tener desde un único torneo al año a por ejemplo 3 torneos solapados en 2 meses y una vez terminados 6 meses sin competición. Gracias a esta liga, el nivel de valoración que podemos tener es más exacto.

Personalmente, creo que éste es el torneo por el que se debería de apostar y me encantaría ver una liga anual para todas las edades, no se puede competir con 13 años, estar prácticamente un año parado cuando el jugador tiene 14 y volver a competir a los 15.

En este salto temporal entran los torneos del gobierno, que tienen bastante peso sobre los clubes y academias.

En Tailandia también existen numerosas academias pertenecientes a extranjeros y que tratan de poner su sello según la nacionalidad, todas ellas de pago, y a las cuales acceden los extranjeros en su mayoría o tailandeses con un mayor poder económico. Básicamente, son negocios en los que se desarrollan más tareas técnicas individuales que integrales.

La creación de la liga (TYL) ha originado una mayor competencia entre los clubes por conseguir contar con los mejores talentos del país. Eso hace que los clubes profesionales quieran llevar a cabo un mayor seguimiento con el fin de no perder esos jugadores.

El nivel de importancia del fútbol base dentro de los clubes profesionales está muy lejos de ser el adecuado para desarrollar a los jugadores a un gran nivel, aunque se está viviendo una evolución a nivel de mejorar instalaciones, cuerpos técnicos y demás medios de trabajo.

Por poner el ejemplo concreto del club donde trabajo, el SCG Muangthong United cuenta con 120 jugadores repartidos entre 11 y 19 años. Contamos con 5 campos de entrenamiento de fútbol-11 de hierba natural y dos campos de césped artificial de fútbol- 7. La inversión que se está haciendo sobre la academia ha mejorado bastante. Por otro lado, se está empezando a ver la importancia de tener un cuerpo técnico capacitado y con la titulación necesaria para desarrollar las capacidades de los jugadores.

En esta línea de trabajo, estamos desarrollando una metodología de trabajo que nos permita reconocer ese juego que hoy en día está desarrollando el primer equipo. Es un proyecto largo y que está madurando lentamente ya que hay que intentar cambiar la forma de ver el fútbol, no solo en los jugadores, sino en el país.

Mi trabajo, más allá de entrenador, es fomentar en los entrenadores locales las ganas de formarse, enfocar una metodología de fútbol integral y crear un estilo que se reconozca más allá del resultadismo que hoy está muy presente en las categorías inferiores.

Por ello, estoy trabajando con los más pequeños: 13, 12 y 11 años. Es fundamental encontrar el talento del jugador en estas etapas y olvidar la ideología de que solo los jugadores grandes (en lo físico) valen para jugar. Hoy en día solo los jugadores que tienen talento como futbolistas pueden pertenecer al club.

Por mi formación, trato de extraer el sello que tenemos hoy en día en España y trasladarlo a la cultura tailandesa. Por este motivo, son básicas estas edades. Si somos capaces de trasmitir los conceptos que tenemos de trabajo en España, finalmente conseguiremos cambiar el fútbol tailandés.

Los clubes se encargan de mantener a los jugadores que firman y que viven en un radio mayor a 20 km. del club. Se les da Residencia y una educación en uno de los dos colegios con los que estamos asociados. Este punto es fundamental para entender el fútbol local: los jugadores viven en el club 24 horas, 7 días a la semana y esto crea una relación con los jugadores muy cercana, casi paternal. Si no hay competición los jugadores pueden volver con sus familias, pero muchas de ellas o viven muy lejos o no pueden hacerse cargo de los jugadores. Por ello debemos entender que están apostando su vida para ser jugadores de fútbol y que están dedicando su vida al club desde los 10 años.

Al principio era chocante ver a mis jugadores de 11 años vivir solos con sus compañeros, pero al final viven en una gran familia que es el SCG Muangthong United.

Actualmente, en el club trabajamos con jugadores de hasta 19 años, y contamos con equipos afiliados en todas las divisiones. De este modo, enviamos a los jugadores según su progresión a un equipo u otro. Hacemos tres valoraciones anuales del desarrollo del jugador en todos los aspectos y a la edad de 19 decidimos en qué equipo puede rendir mejor y, una vez dentro del fútbol profesional, cuantificamos su rendimiento con el fin de cumplir etapas hasta enviar a los mejores al primer equipo.

En otros clubes, la edad inicial en la mayoría de ellos es de 12 años, los jugadores más jóvenes juegan en las academias o colegios cerca de sus casas, mayoritariamente entrenamientos técnicos y dirigidos por padres, familiares o profesores.

Los torneos internacionales son prácticamente inexistentes en las academias de los grandes clubes: únicamente se juega el torneo internacional ASEAN Dream para la categoría U14. Algunos de los torneos que comenté anteriormente, pertenecientes a empresas privadas, promocionan a los mejores jugadores a entrenar con equipos europeos, como el Everton o el Bayern de Munich.

LA FILOSOFÍA DE JUEGO EN TAILANDIA

Durante los últimos años, el fútbol que más repercusión mediática ha tenido es el inglés, un fútbol más directo y físico, y es el estilo que se ha estado jugando en Tailandia en los últimos años, no solo a nivel profesional sino también en la base.

Esto empezó a cambiar en 2014 a raíz de que la Selección Nacional de Tailandia empiece a contar con jugadores que tienen un trato más especial al balón, desarrollando un juego más técnico, menos directo y mucho más atractivo para los espectadores locales.

Este estilo se consolida a raíz de ganar a la selección de Malasia en la final de la AFF Suzuki Cup. A partir de ahí, el fútbol, tanto a nivel de base como profesional, empieza a cambiar y se busca un estilo muy parecido al del equipo nacional.

En el SCG Muangthong United, la idea de los últimos tres años es afianzar un estilo muy parecido al fútbol español: se buscan jugadores diferentes al resto de equipos. Antiguamente en España se rechazaba al jugador pequeño y habilidoso, únicamente por ser pequeño, hoy en día es lo que sigue pasando en Tailandia. En nuestro club tratamos de localizar a jugadores que destacan por ser especiales no solo a nivel técnico sino intelectual, esto nos ayuda a implementar mejor el aprendizaje táctico desde que son pequeños.

Siempre recordare una clase de Santiago Coca en la que nos decía que los entrenadores entrenábamos talento y que el jugador, el niño, debía sacarlo.

Tácticamente, el fútbol tailandés está en un periodo de aprendizaje a nivel de formación de entrenadores, hoy en día existe el ataque y la defensa y principalmente se desarrollan las sesiones de trabajo en esa línea. No hay un trabajo integrado basado en el desarrollo del juego del equipo y cómo combatir o contrarrestar al rival: no se estudia prácticamente al contrario y las acciones a balón parado son inexistentes. Esa falta de trabajo a nivel táctico permite que, durante el juego, un equipo muy superior no consiga controlar el juego, permita muchos contraataques y haya un balance de líneas bastante desequilibrado.

Hoy en día se está empezando a poner en marcha programas de enseñanza a entrenadores con mayor calidad de la que se tenía hasta el momento.

Por otro lado, el número de entrenadores internacionales que viene a Tailandia es muy alto y muy variado, pero en su gran mayoría apenas aportan un trabajo de calidad. Asia hoy en día es dinero. Es una opinión bastante dura, pero mis casi cuatro años de experiencia me han llevado a conocer a numerosos entrenadores cuya metodología no permitía implantar un estilo diferente o simplemente aportar ideas de trabajo más cercanas a las grandes ligas europeas.

Para mí, una de las grandes peculiaridades del fútbol tailandés son las cualidades técnicas de los jugadores. Los más importantes de la selección nacional perfectamente podrían jugar en las grandes ligas europeas si hubiesen adquirido una formación como la que tenemos en España a nivel de fútbol base.

Otro punto a nivel más personal es que los niños que pasan a formar parte de un club se forman para ser jugadores de fútbol: la mayoría de los grandes clubes proporcionan residencia, colegio y entrenamiento desde los 12 o 13 años hasta los 19, cinco días a la semana y 24 horas al día viven dentro del club. Su desarrollo les llevará hasta la máxima categoría o segunda o tercera división, pero prácticamente todos en su totalidad acabarán siendo futbolistas. El nivel competitivo de calidad es escaso en el fútbol base y el salto al ámbito semiprofesional o profesional suele darse de forma prematura, ya que el jugador carece de experiencias suficientes.

Por el contrario, uno de los principales problemas es la mentalidad resultadista de los directivos, profesores o entrenadores en general en el país. Un niño o equipo vale según el número de torneos que gane y eso les hace fijarse en un árbol, en vez de ver el bosque.

Como ya he comentado, todo el sistema con el que se ha estado trabajando durante muchos años va siendo sustituido por otro más atractivo, un cambio lento y que necesita el apoyo y la constancia de la Selección y de los grandes clubes.

PECULIARIDADES DEL PAÍS QUE AFECTAN AL FÚTBOL

En el marco sociocultural, Tailandia es un país en el que hay que saber manejar las opiniones acerca de política o la religión. Los locales no hablan de estos temas en público y es algo que los extranjeros respetamos y continuamos. La religión mayoritaria es el budismo y en zonas del sur de Tailandia, el islam. Parte de la sociedad de clase más alta es cristiana. Dentro del budismo, existen dos ramas, según si su ascendencia es china o india. Cada una sigue el camino de diferentes dioses o profetas.

El sistema político oficial de Tailandia es la democracia. Existe la monarquía y tras el último golpe de estado, el gobierno está en manos del ejército.

Tailandia tiene un clima tropical en el cual desde mayo hasta septiembre u octubre aproximadamente es época de monzones y durante todo el año las temperaturas se sitúan entre los 30 y los 38 grados, con una gran humedad. Es un clima al cual hace falta saber adaptarse. Las mejores horas de entrenamiento son de 6 a 8 de la mañana y a partir de las 4 de la tarde. Los partidos de fútbol profesional se juegan a partir de las 6 de la tarde, hora a la que habitualmente comienza a anochecer.

La humedad y el calor hacen de Tailandia un país en el que soportar 90 minutos de alta intensidad sea difícil para los recién llegados, sobre todo si viene de países muy fríos.

La época de los monzones en Tailandia no implica diariamente lluvias descomunales. En realidad, hay días con un período de dos o tres horas en los que llueve mucho, otros días en los que llueve un poco y otros días llueve como si se fuese a acabar el mundo. Una lluvia a 30 grados de temperatura que hace el momento posterior a esta lluvia inaguantable por el exceso de humedad.

A nivel económico, la vida es bastante barata en todos sus aspectos si la enfocas desde un punto de vista local. Si deseas tener una vida más cercana a la europea, el nivel económico es muy parejo e incluso lógicamente hay productos internacionales bastante más caros. Bangkok es una ciudad con aproximadamente 14 millones de habitantes, lo que la hace bastante multicultural.

En ese primer punto de vista se mueven los precios de las entradas a los partidos de fútbol: son bastante asequibles para la economía de los tailandeses.

El país es acogedor. La cultura y el clima ayudan a ello. Son gente que se toma la vida sin prisas, con tranquilidad y que estudian los problemas varias veces antes de solucionarlos. La primera palabra que me enseñaron es ¨Sabai Sabai¨ que viene a significar 'con tranquilidad' y ésa es su mejor definición. Gente bastante forofa del fútbol, siempre animan, prácticamente las críticas son nulas y desde el punto de vista de la información las noticias siempre respetan al fútbol.

Quizá los árbitros, como en todos los países, son los más atizados, pero en comparación a Europa, bastante menos.

MÉTODOS DE ENTRENAMIENTO EN TAILANDIA

Hoy en día, el fútbol base tiene entrenamientos muy analíticos, prácticamente la idea sería la de España hace 20 – 25 años: técnica básica de forma estática, con un trabajo físico muy aeróbico que implica carrera incluso después de los partidos y en el que la talla del jugador es prácticamente los más importante.

Por otro lado, los clubes de nivel trabajan en otra línea mucho más integrada, aunque lejos de las sesiones de trabajo de España.

El entrenamiento de toma de decisiones no existe de forma específica, por supuesto que una posesión implica tomar decisiones y ésa es la idea que se tiene, pero no se trabaja en cómo y cuándo y por qué tomar las decisiones.

A nivel de trabajo de fisioterapia hay un gran salto en comparación a Europa. Contamos con masajistas bajo el nombre de fisioterapeutas, que desconoces totalmente el uso de las nuevas tendencias en su campo.

Los entrenadores no trabajan con video, no le dan importancia a la información que puede aportar este sistema e incluso los jugadores se sienten atacados si expones errores de forma grupal.

Hoy en día, en mi club se me permite trabajar bajo la filosofía que he aprendido y mis jugadores trabajan de forma integral, con un trabajo guiado que les permita tomar las mejores decisiones de la forma más rápida y con un continuo sistema de corrección, no solo verbal sino visual: el video es fundamental y ellos empiezan a valorar sus acciones de una forma más real.

Este trabajo es inexistente en el país y esto es uno de los grandes problemas que se encuentran los jugadores profesionales: "sé jugar, pero no sé por qué". Poco a poco, espero y deseo que vaya cambiando, pero como he comentado anteriormente ahora mismo estamos en un punto inicial que necesitará varias generaciones para establecerlo.

El tailandés que se mueve de forma habitual en el mundo futbolístico tiene una opinión bastante buena sobre sí mismo y su trabajo. Es algo que valoro, pero que cuestiono al ver la gran diferencia con Europa: podrían aprender más si quisiesen. Vuelvo a recalcar que ésta es la visión en general del país, pero que de forma más focalizada hay clubes, principalmente los grandes, que trabajan mucho más cercanos al futbol europeo.

Por hablar de otros miembros habituales de un staff técnico, hoy en día no existen recuperadores, scouting, fisioterapeutas, psicólogos profesionales dentro de los cuerpos técnicos del 80% de los equipos, y algunas de las figuras prácticamente en el 100% de los equipos profesionales.

INFRAESTRUCTURAS Y MEDIOS DE ENTRENAMIENTO Y DE TRABAJO

Actualmente en mi club tenemos los mejores campos de entrenamiento de todo el país y, aunque están en construcción todas las instalaciones secundarias, el proyecto de ciudad deportiva es bastante bueno. Contamos con 5 campos de fútbol-11 de césped natural y un grupo de trabajo que se encarga diariamente del cuidado de los campos.

A nivel de material es difícil encontrar en el país muchos de los elementos que se usan en Europa, aunque más que suficiente para desarrollar las sesiones de entrenamiento.

Un staff técnico profesional cuenta con el entrenador, segundo entrenador, preparador de porteros, preparador físico, de uno a tres fisioterapeutas, doctor y utilleros. El nivel de cualificación es bajísimo: carecen de formación y la que reciben es de una calidad muy baja, no solo a nivel de entrenador, sino universitariamente la formación es baja. Estamos hablando de los encargados de formar un staff técnico en el ámbito profesional, así que a nivel de fútbol base la cualificación para entrenar con los sistemas actuales es mínima. Y éste es un problema de todos los clubes, aunque los más importantes tratan de corregirlo poco a poco.

Hoy en día se está planteando la idea de empezar a finales de año con la licencia AFC Pro para Tailandia, ya que el seleccionador absoluto necesita esta licencia para las competiciones venideras.

La mayoría de campos de fútbol en Tailandia está dentro de los colegios públicos del país, con lo que su cuidado es escaso y sirve de patio para los alumnos. Por otro lado, prácticamente en ninguno de ellos contamos con instalaciones complementarias. A medida que vamos subiendo de nivel, de base a profesional, estas instalaciones van mejorando hasta un nivel aceptable y confortable.

CONTEXTO LABORAL PARA POTENCIALES INMIGRANTES ESPAÑOLES

Gracias a la Selección Española y al F.C. Barcelona, la demanda de jugadores y entrenadores españoles ha crecido bastante desde 2010 y nos ha abierto las puertas a muchos de nosotros. En Tailandia, cada vez es mayor la idea de fichar españoles. En mi club, actualmente somos 4 españoles: Mario Abrante y Xisco Jimenez (jugadores de la primera plantilla), Joseba Ituarte (entrenador de porteros del primer equipo) y yo.

Una de las plantillas más exitosas de Tailandia, el Buriram United de 2014, contaba entre sus filas con jugadores como Carmelo Gonzalez y Osmar Barba.

Los sueldos para los jugadores de fútbol en la primera división tailandesa son bastante altos para un jugador que viene del futbol profesional en España por ejemplo. Alrededor de 300.000 o 400.000 euros por año, bastante más de lo que ganan la mayoría de jugadores en España en Segunda División. Por supuesto, cuanto mayor es el caché del futbolista en Europa más se paga.

Para el staff técnico, el sueldo se fija por caché y varía bastante. En el ámbito profesional se puede encontrar desde mensualidades de 2.000 hasta 12.000 o 15.000 para primeros entrenadores.

A nivel de fútbol base, prácticamente no hay extranjeros dentro de los clubes profesionales, únicamente como directores de las academias en algunos de ellos y los sueldos van desde 4.000 hasta 1.500 euros el mes, aproximadamente.

En mi posición actual, el sueldo es medio dentro del rango comentado anteriormente y cuento con el pago de la casa para mí y mi familia, coches y desplazamientos a España anuales.

Hoy en día, Asia está creciendo mucho a nivel económico, pero Tailandia está bastante lejos de las grandes potencias asiáticas y las expectativas a nivel económico no son demasiado grandes.

Antes de decidirme a venir a Tailandia, comenté mi situación a Eduardo Caturla y después de hablar con él vi la oportunidad con mejores ojos. Actualmente, el puesto de entrenador en España en Primera o

Segunda División está cerrado para un grupo muy selecto. Los profesionales que no formamos parte de este grupo debemos salir fuera y de esta forma me hizo ver que esta oportunidad me cambiaría la vida y me permitiría desarrollarme en mi profesión. Casi cuatro años después sigo agradeciendo aquellas palabras porque realmente me hicieron dar ese paso. Y eso es lo que se puede encontrar un entrenador que venga a Tailandia, la oportunidad en mayor o menor medida de desarrollarse de forma profesional esperando algún día a volver con un currículum que le permita introducirse poco a poco en círculos más cercanos a las grandes ligas europeas.

CONTEXTO LEGISLATIVO PARA LA CONTRATACIÓN DE TRABAJADORES ESPAÑOLES

Actualmente, el mayor problema que hay son los permisos de trabajo y este aspecto es el único en el que realmente la situación se hace difícil. Es verdad que trabajar en el fútbol te abre muchas puertas, pero también te cierra o entorna la puerta de la legalidad absoluta. Tailandia funciona muy bien con el "trueque" de bienes y a esto se agarran muchos clubes para evitar pagar sus impuestos tailandeses por contratar extranjeros.

Tras el golpe de estado y la posición en el gobierno del ejército se ha intentado corregir ese trueque, con lo que la vía para acceder al permiso de trabajo por un año, y como consecuencia el visado, se ha hecho más difícil.

Siempre está la vía adecuada y correcta de hacer las cosas, lo cual facilita todo bastante, pero muchos clubes se oponen a esta vía.

El principal problema que exponen es que contratar un extranjero conlleva dejar de contratar a entre 3 y 7 tailandeses.

Por otro lado, ellos se alimentan de ese trueque, ya que Tailandia cuenta con un turismo residente durante todo el año altísimo y muchos son los extranjeros que viven aquí, lo cual a su vez permite que se encuentre la gente ilegalmente en el país, a cambio de pagar un máximo de 500 euros una vez que abandones el país. Esto es: desde que se acaba el visado hasta que te vas, ya pueden pasar 10 años, pagas 500 thai baths (12 euros y medio) al día hasta un máximo de 20.000 thai baths (500 euros).

UNA HISTORIA REAL: CARLOS SÁNCHEZ RUBIO EN TAILANDIA

Son ya casi cuatro años, resumidos en varias experiencias que me han hecho cambiar la forma de ver las cosas.

Nada más llegar a Tailandia, me encontré con un buen recibimiento dado que venía del Atlético de Madrid. Durante los meses siguientes fui descubriendo la forma de ver el fútbol en los niños tailandeses y como entregan su vida a intentar ser jugadores profesionales relegando todo lo demás a un segundo plano, incluso los familiares saben que, si lo consiguen, su calidad de vida mejorara, con lo que la educación no es imprescindible. Ese primer impacto me marcó bastante y durante todo este tiempo he sido entrenador y padre de 40 niños que viven 24 horas, 5 días a la semana, en el club y los cuales eran mi responsabilidad como entrenador.

Saber cuidar de 40 niños es difícil, pero más cuando no conoces su cultura, estilo de vida… y eso lo tienes que aprender y adaptarlo a tu filosofía de entrenamiento lo más rápidamente posible. Hay muchos matices en el trato, diferentes entre un niño español y un niño tailandés en un primer momento, una vez establecida una relación de confianza y respeto puedes empezar a interactuar muchísimo más. Para mí, el principal problema es la traducción del mensaje, un mensaje que pierde fuerza desde que lo creas en tu mente, lo expones en inglés, el traductor lo entiende, interioriza lo que quieres, lo emite en tailandés y los niños lo reciben. Por eso, es fundamental aprender el idioma, aunque sea de forma básica, para emitir tú el mensaje de forma directa.

El idioma es fundamental para ir al extranjero, primero el inglés universal, y por supuesto el propio del lugar, que es imprescindible para trasmitir.

Mi evolución tiene como objetivo ser entrenador en el primer equipo, una vez que lo consiga mi siguiente objetivo será formarme en otro país, Tailandia es una estación, y el destino final espero que sea Europa o una selección nacional. El camino, difícil y más para una persona joven y desconocida.

Llevo conmigo una frase de Antonio Machado que marca un poco el rumbo de mi vida - "Todo pasa y todo queda, pero lo nuestro es pasar, pasar haciendo caminos, caminos sobre la mar" - y aquí vamos haciendo caminos, acompañado de mi mujer y mi hijo, que nació en Tailandia y que es la estrella de este proyecto.

La experiencia a nivel deportivo ha ido mejorando, no solo en lo que a mí respecta, sino por lo que veo en el conjunto del país y espero que se cierre con la oportunidad de llegar a ser entrenador del primer equipo.

CONSEJOS PARA EL EMIGRANTE NOVATO

Principalmente, recomendaría conocer el país en el que se va a trabajar, informarte de puntos generales. Aprender el idioma a nivel de usuario siempre que se pueda y disfrutar con una mentalidad abierta, sabiendo que Asia está lejos del nivel de formación de España.

Una vez aquí, tener paciencia y adaptarte rápidamente a todas esas cosas que para los locales son fundamentales.

Y a nivel futbolístico, mucha paciencia porque, como ya comenté antes, en Tailandia todo es "Sabai Sabai": con tranquilidad.

GESTIÓN DE SELECCIONES NACIONALES EXTRANJERAS

Antonio Ruiz Vilches

EL AUTOR

Con una dilatada trayectoria como entrenador en España, Antonio Ruiz Vilches escribe este capítulo desde su experiencia entre 2012 y 2014 como Responsable de Scouting, primer entrenador de varias categorías (U-12, U17, U19) y ayudante en varias categorías (U-16, U-21), dentro de la Federación Nacional de Arabia Saudí.

CONTEXTO

He aquí un resumen del trabajo desarrollado en la Selección Nacional de Arabia Saudí durante tres temporadas, con las singularidades encontradas en el trabajo día a día, la relación contractual con la Federación Nacional de Arabia Saudí y los compromisos generados con el Agente que desarrollo los contratos de todos los entrenadores. También abordaremos las diferencias entre el trabajo que desarrollamos en España y el que se desarrolló en este país extranjero, además de las particularidades con las que se trabajó por cuestiones tanto religiosas como sociales.

En este proyecto participaron varios entrenadores españoles, capitaneados por Juan Ramón López Caro, que en un principio ejerció como Director Deportivo con la responsabilidad de organizar las categorías inferiores de la Federación de Fútbol de Arabia Saudí, pero que antes del primer año también asumió la responsabilidad de dirigir al mismo tiempo al primer equipo Nacional de la Federación Saudí, ya que la rescisión de Frank Rijkaard obligaba a ello.

FIRMA DEL CONTRATO DE TRABAJO

Cuando sales al extranjero a entrenar, es muy importante que el contrato de trabajo esté bien redactado y que se inscriba dentro de la jurisprudencia de las normas FIFA para que, en caso de problemas, éstos no se resuelvan con la jurisprudencia del país donde trabajas, sino que mediante la mediación de FIFA.

Es muy probable que no tengas oportunidad de añadir o de quitar cláusulas y que te digan que, si quieres ir a entrenar a ese país o a ese equipo el acuerdo es el que te presentan y punto, pero hay que saber muy bien lo que se firma porque no es oro todo lo que reluce fuera de nuestro país. En caso de tener problemas (algo que es normal que antes o después suceda), lo importante es que los documentos que has firmado no te dejen sin defensa alguna.

Los contratos de trabajo de todos los entrenadores que fuimos a Arabia Saudí con López Caro fueron gestionados por un único representante, que además no permitió que ningún otro agente participase en la negociación.

En mi caso particular, la oportunidad de formar parte del grupo de entrenadores que fuimos a Arabia llegó porque un entrenador español que se iba para estar con la categoría sub-16 no pudo marcharse. La semana anterior yo había mantenido una conversación con López Caro, en la que me dijo que los entrenadores ya estaban decididos, pero al haber esa baja decidió contar conmigo.

Los contratos que firmamos estaban ya pactados: figuraban cifras por diferentes conceptos, unas cantidades que cobraríamos nosotros y otra en concreto que, aunque la cobrásemos nosotros, sería para el representante, por lo que según nos la pagaban, teníamos que transferírsela a él. Esas cláusulas eran absolutamente innegociables y si no querías firmarlas, sencillamente no ibas.

Posteriormente, el representante nos explicó que esas comisiones que él recibía tenía que compartirlas con una serie de personas que estaban en la Federación Saudí, en diferentes puestos, algo que por supuesto nosotros nunca llegamos a saber si era cierto.

LA MATERIA PRIMA: LA SELECCIÓN DE LOS JUGADORES

Concretamente, la responsabilidad que yo asumí al marcharme a Arabia Saudí fue la de organizar el departamento de captación y seguimiento de los mejores jugadores saudís para todas las categorías, empezando por la sub-12 y terminando en la Olímpica, ya que nuestra responsabilidad al principio no llegaba hasta el primer equipo, puesto que era Rijkaard y su equipo, Albert Roca y Carles Cuadrat los que se encargaban de ello.

Lo primero que nos encontramos a la hora de organizar el departamento de scouting fue la enorme dificultad que derivaba de las grandes distancias existentes entre las ciudades, lo que afectaba directamente a la organización de competiciones por parte de la Federación.

Como primer paso, estructuramos un equipo de trabajo, para lo cual nos apoyamos en personal de la federación saudí, con el fin de que ellos nos aconsejasen sobre cómo dividir y distribuir el país, para peinar todas las regiones y los partidos que se disputasen.

Nos encontramos con la particularidad de que las categorías en las selecciones nacionales empezaban con la sub-12, pero la federación no tenía campeonato para esta categoría, con lo que solo podíamos ver a los jugadores en los entrenamientos con sus clubes.

En las primeras convocatorias, lo que hicimos fue repetir las últimas listas de seleccionados en cada categoría, ya que no conocíamos a ningún jugador y teníamos que empezar por algo y de alguna manera.

Asimismo, la Federación Saudí impuso que dos categorías, la sub-16 y la Olímpica, siguieran siendo dirigidas por entrenadores saudís. Accedimos a ello, siempre bajo la responsabilidad del director deportivo, Juan Ramón López Caro, pero con un entrenador nuestro como ayudante y dentro de cada cuerpo técnico, para tratar de poco a poco ir introduciendo nuestra metodología y nuestro modelo de juego, el cual debía ser igual para todas las categorías.

Como parte de la labor de ir conociendo a los jugadores por categorías, hicimos una distribución territorial del país y cada uno de los entrenadores españoles nos fuimos responsabilizando de ver las competiciones de las categorías que dirigíamos, para después de la primera convocatoria y de conocer ya a esos jugadores, tratar de mejorar todos los equipos con los futbolistas que bajo nuestro criterio se acercaban más al tipo de jugador que buscábamos, en función de lo que nosotros entendíamos que deberían ser los equipos de la Selección Nacional.

En las posteriores convocatorias, fueron muchas las nuevas incorporaciones que incluimos en los equipos.

FORMACIÓN: LA ORGANIZACIÓN DE LAS SESIONES DE ENTRENAMIENTO

En lo que se refiere a los entrenamientos y a las concentraciones que hicimos con las diferentes categorías, la conclusión después de todo el tiempo que estuvimos allí es que fue lo mejor que nos encontramos en el país.

Los chicos demostraron un gran interés por aprender, con muy buena predisposición al trabajo. Eran muy receptivos a todo lo que les planteábamos y nos demostraban que, aunque en sus equipos entrenaban y jugaban de forma diferente, con la selección nacional se adaptaron perfectamente a todo lo planteado.

Por parte de la Federación de Arabia Saudí, la verdad es que nos dieron bastantes facilidades para el trabajo, siempre dentro de las posibilidades que ellos tenían de presupuesto de viajes y de instalaciones propias en el territorio saudí.

En cuanto a la organización de las sesiones de entrenamiento y las concentraciones, pronto nos dimos cuenta de que estábamos obligados a manejar diferentes circunstancias que iban a ser una constante en el país. Cuanto antes las aceptáramos y nos adaptáramos a ellas, mejor para nosotros.

El primer aspecto totalmente relevante es el hecho de que la religión marca el día de todas las personas en este país. Los horarios del rezo son absolutamente sagrados y eso conlleva que los entrenamientos se ven condicionados por estos horarios. Son peculiaridades concretas del país y de la cultura en la que ahora trabajas y de las cuales no te puedes abstraer.

Es incluso más complejo en este caso porque, dependiendo de la ciudad de Arabia, algunos jugadores podían acumular rezos y no necesitaban detener el entrenamiento, mientras que otros sí. Era por lo tanto necesario saber de dónde venía cada uno, para poder planificar esta circunstancia con exactitud.

Por otro lado, las altísimas temperaturas hacen que en ese país sea imposible entrenar en un horario que en España podemos entender como normal. Las 4:30h. de la madrugada era una buena hora para empezar, justo cuando termina el primer rezo del día. A las 6:00 de la mañana se puede estar en ese país a más de 40 grados.

Un aspecto puntual pero igualmente clave es el mes del Ramadán, tiempo en el que los musulmanes practican el ayuno diario, desde el alba hasta que se pone el sol.

Durante ese mes resulta muy difícil entrenar, pero no podíamos parar, así que tocó adaptar los entrenamientos, en horario y en duración, a esta circunstancia.

En Ramadán, la primera comida del día, digamos el desayuno, es cuando se pone el sol. Esto suele suceder sobre las 18:30 (no es igual cada temporada, ya que el Ramadán no siempre es en la misma fecha, pero suele tener lugar entre los meses de junio y julio, aunque realmente es difícil saber cuándo empieza y cuándo termina cada año, hasta casi última hora).

Así que el primer entrenamiento se suele colocar sobre las 22:00h. Después vuelven a comer y se suele entrenar otra vez a las 00:30. Posteriormente, los jugadores se van a cenar, acostándose a las tres ó cuatro de la mañana, porque se suelen reunir en las habitaciones antes de irse a dormir. El día siguiente comenzará ya por la tarde, antes de romper el ayuno en torno a las 18:30 o 19:00.

Hay que pensar que los jugadores no beben ni comen ningún alimento en todo el día, por lo que hay que tener mucho cuidado con la hidratación para evitar lesiones musculares.

Es habitual que en los entrenamientos los jugadores se sientan fatigados y tienes que manejar la intensidad de los mismos, porque, aunque se entrene en los mencionados horarios, las temperaturas en ese mes son altísimas en el país.

En Arabia Saudí hay tres ciudades principales en las que llevábamos a cabo las concentraciones de los equipos nacionales:

Riyadh, que es la capital y donde se encuentra la sede de la Federación Saudí y donde nosotros teníamos nuestra residencia. Se trata de una ciudad situada en el centro del país, con un clima muy caluroso, seco y sin humedad.

Además, estaban Dammam y Jeddah. La primera está situada junto al mar de Arabia, al este del país, y la segunda se encuentra ubicada junto al mar Rojo, en el oeste del país. Ambas cuentan con temperaturas muy altas y también con mucha humedad por hallarse junto al mar.

Al principio, nos encontramos con la sorpresa de que los jugadores de Riyadh lo pasaban francamente mal cuando se entrenaba o competía en Dammam o en Jeddah, debido a la humedad de esas dos ciudades. Son aspectos particulares del país, que es mejor conocer cuanto antes porque van a condicionar el rendimiento de tus jugadores.

Parámetros climáticos promedio de Riad [ocultar]

Mes	Ene.	Feb.	Mar.	Abr.	May.	Jun.	Jul.	Ago.	Sep.	Oct.	Nov.	Dic.	Anual
Temp. máx. abs. (°C)	31.5	34.8	38.0	43.0	46.1	47.0	48.0	47.8	44.5	42.0	39.0	33.0	48.0
Temp. máx. media (°C)	20.1	23.0	27.6	34.0	40.6	42.7	43.4	43.2	41.3	37.1	28.6	21.0	33.1
Temp. media (°C)	14.4	16.9	21.1	26.9	32.9	35.4	36.6	36.5	33.3	28.2	21.4	16.1	26.6
Temp. mín. media (°C)	8.9	9.0	15.0	21.3	26.7	28.6	31.1	29.5	26.7	22.9	14.3	8.4	19.9
Temp. mín. abs. (°C)	-2.0	0.5	4.5	11.0	18.0	21.0	23.6	22.7	16.1	13.0	7.0	1.4	-2.0
Lluvias (mm)	11.7	10.5	24.7	23.3	2.6	0.0	0.0	0.0	0.0	0.7	8.9	13.0	94.6
Días de precipitaciones (≥ 1 mm)	5.6	4.8	9.8	9.0	3.5	0.0	0.0	0.0	0.0	1.2	3.4	6.3	45.2
Humedad relativa (%)	47	38	34	28	17	11	10	12	14	21	36	47	26

Fuente: Ministerio de Medio Ambiente y Meteorología[119]

La experiencia de los primeros meses en Arabia nos llevó a tratar de hacer muchas concentraciones en países europeos, donde el nivel de entrenamiento fuese más rico y rentable para los jugadores, por lo que llevamos a cabo bastantes entrenamientos en Austria, Alemania, España y en países asiáticos como Malasia, Indonesia y Thailandia.

El trabajo diario en la Federación, cuando no estábamos concentrados, consistía en ir por la mañana a la sede para organizar los protocolos que se establecieron para entrenamientos y partidos. Además, revisábamos los procedimientos de alimentación y de descanso de jugadores, al igual que los protocolos de seguimiento de competiciones a nivel nacional. También organizábamos los fines de semana, en los que viajábamos por el país para ver los partidos que considerábamos de más interés, visitábamos a los jugadores en sus clubes y nos reuníamos con sus entrenadores para tener un feedback sobre los jugadores y así recibir información sobre la evolución de futbolistas que pudieran mejorar a los que en ese momento conformaban los equipos de las distintas selecciones.

En definitiva, gracias a la acertada selección de los futbolistas, a una buena organización de los planes de formación y a la buena disposición de los jugadores, los buenos resultados llegaron, superando las dificultades relacionadas con la cultura, la religión y el clima de Arabia.

ENTRENAR CON TRADUCTOR

Algo que hay que entender cuando empiezas a entrenar y que nos resultó a todos un problema al principio fue trabajar con traductor. Es complicado al principio, pues tienes que entender que el traductor quizás no entienda de fútbol y lo primero que tiene que hacer es entender lo que tú quieres trasmitir a los jugadores, para después explicárselo en otro idioma en el que es posible que no exista la misma palabra que tú quieres que el jugador reciba.

Ahora sabemos con certeza que hay un porcentaje de lo que comunicas que no le llega al jugador y eso hace que muchos de los ejercicios y tareas que se plantean no salgan como tú pretendes, sobre todo cuando las trabajas por primera vez. Por eso es fundamental la relación con el traductor/interprete: hablar con el antes de la sesión, explicarle en qué va a consistir, darle una formación en aspectos de fútbol para que él pueda preparar su vocabulario, con el fin de anticipar posibles dificultades y, en definitiva, saber cómo trasmitir los mensajes a los jugadores, para que éstos puedan interpretar lo que se pretende.

Las sesiones teóricas en video adquieren una gran importancia, ya que, si le explicamos al jugador con imágenes lo que pretendemos en las sesiones y en los ejercicios, si les enseñamos mediante el vídeo cómo queremos jugar, las correcciones en el terreno serán mucho más sencillas y la labor del intérprete será más sencilla y provechosa. Como resultado, el jugador entenderá mucho mejor lo que le estamos pidiendo en entrenamientos y partidos.

EL DÍA A DÍA EN UN PAÍS EXTRANJERO

En nuestros contratos, todos teníamos estipulados que el alojamiento en una casa particular estaba incluido y según la redacción sería ¨una casa digna¨, pero sin estipular ninguna cantidad ni mínima ni máxima. El documento también decía que la Federación pondría a nuestra disposición un coche, pero no especificaba ni modelo ni categoría del vehículo.

La realidad nos la encontramos cuando llegamos a Riyadh. Yo lo hice unos diez días después que el resto de entrenadores debido a que mi visado tardó más de la cuenta y porque, al ir en sustitución de otro entrenador, se gestionó más tarde. De entrada, a todos nos instalaron en el hotel Radisson, con la intención de estar unos días hasta que nos dieran la casa definitiva.

Esos días se convirtieron en un año en el hotel, un 5 estrellas en el que estábamos muy cómodos y que a la Federación le costaba mucho dinero. Las razones por las que nos mantuvieron allí tanto tiempo las desconocemos, pero, aunque buscábamos un sitio donde vivir, nunca nos cambiaban.

En Arabia, los occidentales viven en unas residencias que se llaman Compounds, que son zonas residenciales cerradas, con vigilancia por militares para la entrada a los mismos. Algunos de ellos son como cárceles por fuera, pero dentro la vida es occidental y para nosotros normal: las mujeres no tienen que vestir con la túnica saudí, Abaya, pueden conducir dentro del recinto, hay piscinas, restaurantes y tiendas. Incluso puedes mantener una conversación con cualquier mujer, algo que fuera de los Compounds está prohibido: si hablas con una mujer que no es o tu madre o tu hermana, esposa o hija, corres el riesgo de ser detenido por la Motawa, la policía religiosa.

El tema del alcohol en Arabia es otro asunto particular. No se permite ni la tenencia ni el consumo de bebidas alcohólicas en todo el país, exceptuando a las embajadas, siendo una de las causas de pena de muerte que actualmente imperan en el país.

Pasado ya un tiempo de nuestra experiencia en Arabia, personalmente me siento un afortunado de poder haber vivido esa experiencia: haber trabajado con diferentes entrenadores españoles, dirigidos por Juan Ramón López Caro, haber entrenado con jugadores con una educación y una cultura tan diferente a la nuestra, con unos condicionantes tan fuertes como el clima y la religión. Al final, el fútbol nos une a todos y el idioma y los estilos los podemos unificar para que seamos iguales en el terreno de juego.

www.ingramcontent.com/pod-product-compliance
Lightning Source LLC
Chambersburg PA
CBHW081208230426
43666CB00015B/2683